새 언약 성취와 하나님 나라 관점에서 본

신약성경의 이해

Understanding of the New Testament

In view of the fulfillment of the New Covenant and the Kingdom of God

새 언약 성취와 하나님 나라 관점에서 본

신약성경의 이해

채영삼 지음

초판 1쇄 인쇄　2023년 8월 18일
초판 1쇄 발행　2023년 8월 25일
초판 3쇄 발행　2025년 3월 20일

발행처　도서출판 이레서원
발행인　문영이
출판신고　2005년 9월 13일 제2015-000099호

기획, 마케팅 도전욱
편집 송혜숙
총무 곽현자

경기도 고양시 일산동구 백석로71번길 46, 1층 1호
Tel. 02)402-3238, 406-3273 / Fax. 02)401-3387
E-mail: Jireh@changjisa.com　Facebook: facebook.com/jirehpub

책값은 표지에 있습니다.
ISBN 978-89-7435-636-1 (03230)

새 언약 성취와 하나님 나라 관점에서 본

신약성경의 이해

채영삼 지음

이레서원

차례

신약성경, 어떻게 이해할 것인가?

신약성경을 이해하려면, 우선 신약성경의 '하부구조'(substructure) 즉 그 뼈대가 되는 하나님의 '약속과 성취'라는, 구약에서부터 뻗어 오는 '통시적인'(diachronic) 언약의 줄기를 분별할 수 있어야 한다. 그리고 '공시적으로'(synchronic) 신약성경이 당시의 시대 배경인 유대교나 그리스와 로마의 종교, 정치, 사회, 경제, 문화적 요소들과 어떻게 교류하며 그에 응답했는지를 살펴보아야 한다.

이 둘 중에 굳이 어느 것이 '우선적'인가를 묻는다면, 전자가 더 핵심적이라고 말할 수 있다. 구약에서부터 신약으로 이어지는 하나님의 계시와 언약의 역사가 '교회의 정체성과 사명'을 이해하는 일에 결정적이기 때문이다. 먼저 '내'가 존재한 후에 '타인'과 교류할 수 있듯이, 신약성경을 이해하기 위해서는 먼저 신구약 전체를 관통하는 '하나님의 계시에 근거한 약속과 성취의 역사'를 확연히 붙잡아야만 한다. 그리고 이와 함께 신약성경의 시대적 배경을 진지하게 고려해야 한다. 만일 이 우선순위를 뒤집은 채로 신약을 이해하고자 한다면, 그런 사람은 마치 자기 자신을 모르는 채로 남과 대화하겠다고 하는 경우처럼 길을 잃게 될 것이다.

하지만 현실은, 이런 '우선적인 과제' 즉 교회가 무엇보다 '언약' 전통을 통해 자기 자신을 충분히 이해해야 한다는 과제를 제대로 감당할 수 있도록 돕는 것 같지 않다. 신약성경을 소개하는 다소 전문적인 책들을 살펴보면 대체로 서구 근대 이후 발전된 '역사비평학'적인 접근 방식에 의존한 경우가 많은데, 이 방법론을 따르면 신약성경의 각 권을 설명할 때 주로 '자료비평적' 결과를 따라 그 내용을 재구성하게 된다. 이런 방식의 장점은 신약성경을 '역사적 산물'(historical product)로 이해하는 데 도움을 줄 수 있다는 것이고, 단점이 있다면 신약성경을 '파편화'시킴으로써, 신약성경이 단지 역사적 산물이 아니라 '유기적이고 점진적인, 하나님의 계시의 말씀'이라는 사실을 간과하게 만든다는 것이다.

한편, 신약 학계의 경향과는 달리 교회에서 성경을 가르치는 경우에는 종종, 성경 각 권에 집중하여 사복음서, 사도행전, 서신서 즉 바울서신과 공동서신 그리고 요한계시록으로 이어지는 '정경적인' 순차에 따라 그 주제와 내용을 소개하는 방식을 취하곤 한다. 이 방식의 장점은 신약 정경이 배열된 순차대로 가르침으로써 이질감이 적다는 것이지만, 신약성경 전체를 '관통하고 총괄하는 전체 이야기'(meta-narrative)를 깨닫고 그것을 붙잡게 하는 데에는 취약하다는 난점을 갖는다.

이 책은, 위의 대표적인 두 가지 방식과는 조금 다른 방식을 취한다. 첫째, 신약성경을 역사비평학에서처럼 초기 교회가 만들어 낸 '역사적, 문화적 산물'로 다루기 전에, 그보다 우선적으로, 신약을 구약으로부터 이어져 온 '계시의 역사'(history of revelation)에 대한 '성경적 신학'(biblical theology)으로 이해하고 그 성경적 신학의 뿌리와 줄기를 추적한다. 말하자면, 신약을 이해하고자 할 때 예수 그리스도 '이후 초기 교회의 역사'라는 후대의 시점(時點)으로부터 거슬러 올라오기보다는, 그 초기 교회를 태어나게 한 예수 그리스도와 신약의 교회 탄생 '그 이전부터 이어져 온' 구약 계시의 약속과 성취의 역사에서부터 출발하는 것이다.

둘째, 이 책은 신약 각 권의 역사적이고 문학적인 '모든 정보'를 전달하는 것을 목적으로 하지 않는다. 그보다는, 신약성경의 근간(根幹) 즉, 각 권의 주제와 내용들을 관통하는 '뿌리와 줄기'에 해당하는 필수적인 '성경신학적 개념들과 주제들'을 소개함으로써, 이를 통해 신약 각 권이 전달하고자 하는 내용의 핵심이 무엇이며, 그것이 어떻게 신약 전체와 연관되는지를 이해할 수 있도록 돕고자 한다.

이 책의 구상은, 지난 10여 년간 학부에서 가르쳐 왔던 〈신약성경 입문〉 강의에서 비롯되었다. 신약성경의 내용에 익숙하지 않을 뿐 아니라, 성경이 무엇이며, 성경은 무엇을 말하고 있는지, 그리고 신약성경을 어떻게 접근해야 하는지 잘 알지 못하는 청년들에게 신약성경을 어떻게 효과적으로 소개할 것인가를 고민했고, 이 책이 그 열매인 셈이다.

이 책은 신약성경에 관한 '모든' 역사적 정보들을 열거하려고 시도하지 않으며, 신약성경 각 권을 연대기별로 재배열하지도 않고, 각 권별로 주제와 메시지를 요약하는 것을 주요 과제로 삼지도 않을 것이다. 그 대신 이 책은 '계시'에 대한 이해로부터 출발해서, '언약' 개념과 구약에 기록된 '옛 언약들'의 내용, 신약의 근간이 되는 '새 언약'과 그 성취에 관하여, 그리고 마지막으로 이 모든 것을 종합하는 신약에 나타난 '하나님 나라'를 설명할 것이다.

이렇게 하는 목적은, 이 책을 읽는 독자들이 '신약성경을 관통하는 결정적인 성경신학적 관점'을 깨닫고 그것을 숙지하여, 언제든 신약성경을 읽을 때에, 자신이 읽는 말씀이 성경 전체의 문맥 안에서 과연 무엇을 전달하려 하는지를 스스로 확인하고 이해할 수 있도록 돕기 위함이다. 더 나아가 이 책은, 예수 그리스도께서 선포하신 '복음'이 진정 무엇인지, 독자들이 그것을

'신약성경이 소개하고 펼쳐 내는 방식으로' 깨닫고 이해하며 소유하고 누릴 수 있도록 노력할 것이다.

이 책을 집필하게 된 또 하나의 계기가 있었다면, 그것은 필자가 교회에서 강의나 설교를 할 때, 성도들이 신약성경 전체를 관통하는 '새 언약의 성취'에 대해서 거의 무지하다는 사실을 거듭 깨닫게 되었기 때문이다. 신약 시대의 성도들이 '새 언약'에 대해 모른다는 것은, 마치 자신이 태어난 본적(本籍)뿐 아니라, 현재 자신이 살고 있는 현주소를 모르는 것과 유사하다. 그래서 교회의 사역자들과 주일학교 교사들이 이 책을 교재로 삼아 성도를 가르치고자 한다면, 각 과에서 제시되는 '핵심 성경 구절들'을 깊이 묵상하고, 그와 연관된 각 과의 설명을 잘 숙지하여, 그 말씀들을 중심으로 청중에게 잘 풀어 설명해 주기를 기대한다. 그렇게 할 때 청중들은 나중에, 그 말씀을 중심으로 신약을 이해할 수 있는 확실한 토대를 얻게 될 것이다.

각 과의 끝에 첨부된 〈이해와 나눔을 위한 질문〉은, 독자 자신이 배운 내용을 충분히 소화하고 정리할 수 있는 계기를 제공할 뿐 아니라, 각자가 깨닫고 배운 내용을 소그룹에서 함께 나누고 토의함으로써 '사랑과 진리 안에서 함께 성장'하는 교제를 격려하기 위함이다. 신약성경을 알고자 하는 의욕을 가진 그리스도인들이, 이 책의 내용과 그것을 통해 깨닫게 된 내용들을 서로 나누고 격려하는 코이노니아를 통해, 더 풍성한 의미를 깨달으며 함께 성장하는 기쁨이 넘치기를 소망한다.

신약성경이란 무엇인가? 모쪼록 이 책을 읽는 독자마다, 이 질문에 대한 뜻깊고 확신에 찬 답을 얻을 수 있기를 기도한다. 이 자리를 빌려, 교정과 편집에 수고해 주신 오수현 편집자님 그리고 김기섭 사장님을 비롯한 이레서원의 여러 동역자분들에게도 고마운 마음을 전한다. 한없이 부족한 종에게, 이제껏 신약 계시의 그 놀라운 복음과 그 영광스러운 나라를 깨닫게 해 주신 주님께 엎드려 감사드리며, '작은 떡 한 덩이' 같은 이 책을 주님의 발 앞에 내려놓는다. 자신의 교회를 영광스럽게 하시며, 말씀과 성령으로 깨끗하게 하시고, 끝까지 신실하게 인도하실 우리 주 예수 그리스도께 모든 영광과 찬송과 감사를 올려 드린다.

2023년 봄, 천안에서

채영삼

제1장

계시로서의 성경

'신약성경'이 무엇인지 이해하려면, 먼저 '신약'이 무엇이고 '성경'이 무엇인지 알아야 한다. 성경은 성경인데 '신약'성경이란 무엇인가? 하지만 '신약'(新約)이 무엇인지 알려면, 그보다 먼저 '성경'이 무엇인지부터 이야기해야 한다. 그래야 '신약'성경이 무엇인지에 대해 말할 수 있기 때문이다. 그렇다면 '성경'이란 무엇인가? 성경이 무엇인지 알려면, 무엇보다 '계시'(啓示)의 개념으로부터 시작해야 한다. '계시'를 이해하지 못하면, '성경'이 무엇인지 알 수 없기 때문이다.

제1과

성경은 어떤 책이며, 어떻게 읽어야 하는가?

우리는 성경을 읽을 때 종종, '아니, 어떻게 홍해 바다가 갈라져?', '아니, 어떻게 처녀가 잉태해서 아이를 낳는단 말이야?', '뭐, 예수님이 물 위를 걸어? 그게 가능해?', 이렇게 말하곤 한다. 그리고 '말도 안 되는 이야기야!'라고 성경을 덮어 버리기 십상이다.

'이해'가 되지 않기 때문이다. 왜 이해가 되지 않는가? '나의 경험, 나의 이성(理性)'으로는 도무지 담아낼 수 없는 내용이기 때문이다. 이런 식으로 성경을 읽는 사람은, 이미 성경을 '하나님의 계시의 말씀'으로 보지 않고 '인간 경험의 산물'로만 간주하는 셈이다.

그래서 성경을 제대로 이해하고 싶다면 먼저 '계시'(啓示)라는 말을 이해해야 한다. 왜냐하면 우리가 이해하고자 하는 성경은 '하나님의 계시의 말씀'으로 되어 있기 때문이다. 그냥 여느 책을 읽듯이 읽으면 안 되는가? 그래도 된다. 하지만 그렇게 읽으면 여러 가지 장벽에 부딪힐 것이다.

물론, 이런 장벽들에 부딪히면서도, 하나님께서 자신을 드러내시는 강력한 계시의 말씀은, 그렇게 의심하고 혼란스러워하는 독자들을 감화시키고 변화시킬 수도 있다. 성경은 과연, 세상을 창조하신 하나님, 무(無)에서 유(有)를 창조하신 하나님의 말씀이기 때문이다. 그래서 의심을 갖고 있더라도 계속 성경을 읽으라고 권면하고 싶다. 하지만 그것이 성경을 읽는 '정상적인' 방식은 아니다.

우리가 어떤 대상에 대해서 알고 싶다면, 우리가 알고자 하는 그 대상이 '어떤 부류'에 속하는지에 대해 먼저 잘 파악해야 한다. 예를 들어, 사물(事物)에 관해서는 '관찰과 분석'을 통해 지식을 얻고, 사람에 대해서는 무엇보다 '대화와 사귐'을 통해 비로소 제대로 알게 된다. 그렇다면 하나님에 대해서는 어떻게 알 수 있을까? 하나님의 말씀이라고 하는 성경의 경우에는, '어떤 식으로' 접근해야 할까?

1. '계시'로서의 성경

이를 위해서는, 성경이란 하나님이 자기 자신을 나타내신 '계시'라는 사실을 감안하고 읽는 것이 큰 도움이 된다. 그런데 '계시'란 무엇인가? 계시가 무엇인지 알기 위해서, 잠시 계시의 반대되는 개념을 생각해 보자. 만일, '계시'(revelation)가 갖는 핵심 개념과 충돌하는 용어를 하나 고르라면, '경험'(experience)이라는 단어를 들 수 있다.

왜냐하면 '계시'란, 근본적으로 우리 자신의 '경험으로부터 나오는 것이 아니기' 때문이다. 그러니까 성경을 하나님의 '계시'라고 말할 때는, 성경의 '근본적인 출처'가 우리 자신의 경험이나 이성적 지식이나 상상이나 깨달음이나 역사의식이나 도덕성이 '아니다'(!)라는 것을 전제하는 표현이다.

물론 계시로서의 하나님의 말씀도 우리에게 '경험'된다. 당연히, 우리는 하나님의 말씀을 경험함으로써 그 진리성을 깨닫게 된다. 게다가 '하나님의 계시의 말씀'인 성경 역시, 인간들의 경험, 지식, 도덕, 역사의식을 반영할 뿐 아니라, 그런 '경험들을 통해서' 기록되었다.

하지만 성경이 '하나님의 계시의 말씀'이라고 할 때는, 성경의 기원(起源)과 본질(本質)이 '인간의 경험이 아니라 하나님 자신에게' 있다는 뜻이다.[1] '경험'이란 근본적으로 우리 자신에게서 출발하며, 우리 자신 안에 갇혀 있다. 개미가 하늘을 나는 독수리의 경험을 이해할 수 없고, 치타가 바다를 가르는 흰수염고래의 경험을 할 수 없는 것처럼 말이다. 인간의 '경험'이란, 인간 자신에게서부터 출발하고 인간 자신 안에 갇혀 있는 것이다.

이런 점에서, 성경이 '하나님의 계시의 말씀'이라고 할 때, 성경은 '하나님 자신에게서 출발한' 말씀이며 '하나님 자신에게 이르게 하는' 말씀이라는 것을 의미하게 된다. 하나님의 계시는 우리의 경험에서 출발하지도 않고, 우리의 경험을 뛰어넘으며, 우리가 경험할 수 없는 곳으로 우리를 데려간다. 이런 점에서 '계시'는, 우리의 '경험'과 자주 충돌하게 된다. 우리가 우리 자신의 '경험'으로 하나님의 '계시'를 가두고 제한하는 경향에 빠지기 때문이다.

하나님께서 이스라엘 백성에게 홍해를 건너라고 '말씀'하셨을 때, 그들은 아마 '빨리 배를 만들든지, 속성으로 수영을 배우든지 해야 하나?'라고 생각했을 법하다. 경험은 그런 것이다. 예수님께서 이스라엘의 율법사 니고데모에게 "사람이 거듭나지 않으면, 하나님 나라를 볼 수 없다"고 하셨을 때, 니고데모는 "사람이 한 번 태어난 후에 어떻게 어머니 배 속으로 다시 들어갔다가 나올 수 있습니까?"라는 식으로 되물었다. 하나님의 '계시'에 대해 인간의 '경험'이 반응하는 방식의 좋은 예이다.

여기에 '경험'과 '계시'의 차이가 놓여 있다. 중요한 것은, 만일 성경이 하

1 벧후, 1:21, "예언은 언제든지 사람의 뜻으로 낸 것이 아니요, 오직 성령의 감동하심을 받은 사람들이 하나님께 받아 말한 것임이라"; 딤후 3:16, "모든 성경은 하나님의 감동으로 된 것으로, 교훈과 책망과 바르게 함과 의로 교육하기에 유익하니."

나님의 계시의 말씀이고 '단지' 인간의 경험의 산물이 아니라면, 성경을 읽을 때 우리의 태도는 사뭇 달라져야 한다는 사실이다. 왜냐하면 계시인 성경을 읽을 때, 우리의 인간적 경험으로는 이해할 수도 담아낼 수도 없는 이야기들, 내용들이 많을 것이기 때문이다.

이처럼 성경을 '하나님의 계시'라고 전제하고 본다면, 성경을 읽는 우리의 태도를 한 번쯤 깊이 돌아보아야 한다. 성경을 읽을 때, 나의 경험이나 생각에 '이해가 되지 않는 내용'을 만나면, '내가 아직 알지 못하는 무슨 뜻이 있겠지' 이렇게 생각하고, 이해가 될 때까지 더 읽고, 질문하고 대화하며, 생각해 보고 기다려 보겠다는 태도가 필요한 것이다.

이것은 전혀 어려운 이야기가 아니다. 당신이 대학생인데, 다섯 살배기 조카와 대화한다고 상상해 보라. 당신은 과연 당신이 경험하고 알고 있는 이야기 가운데 얼마만큼이나, 그 어린 조카가 알아듣도록 설명할 수 있겠는가? 만일 그 다섯 살배기 조카아이가 자기의 경험만큼만 당신을 이해한다고 하면, 당신은 정말 그 어린 조카가 이해한 그만큼의 사람인가?

아니, 한 걸음 더 나아가서, 당신이 혹시 집에서 기르는 강아지와 대화를 한다고 생각해 보라. 과연 무슨 대화를 얼마만큼 할 수 있겠는가? 강아지가 알아듣는 말은 몇 가지가 되지 않을 것이다. "밥 먹자", "산책 갈까?", "안 돼!", "이리 와!" 이 정도이다. 그렇다면 당신은 정말, 그 강아지가 이해한 만큼뿐인 그런 존재, 그런 사람인가?

성경이 '하나님의 계시의 말씀'이라면, 그것을 읽는 우리와 성경의 참된 저자인 하나님 사이의 대화의 간격과 소통의 어려움은, 위에 예로 든 경우들보다 훨씬 더 크고 깊다. 이런 점에서 성경은, 하나님께서 우리가 알아들을 수 있는 차원으로 자신을 낮추고 우리처럼 육체로 오신 '성육신'(成肉身)하신 말씀이지만, 그럼에도 불구하고 성경에는 우리에게 쉽게 이해되지 않는, 하나님과 그분의 나라에 관한 초월적인 내용들과 요소들이 있을 수밖에 없다.

그러므로 성경을 읽을 때 그 말씀을 그저 '인간적인 경험의 산물'로만 생각하고 읽는다면, 우리는 곧바로 '우리 자신의 한계'에 부딪히게 된다. 성경을 더 이상 읽기가 힘들고 어려워지는 것이다. 답답하기 때문이다. 우리의 수준에서 이해가 되지 않는 내용이 많을 것이기 때문이다. 도무지 납득이 되지 않는 것이다.

그래서 '신약성경을 이해'하려고 한다면, 우선적으로 성경이 '하나님의 계시'라는 사실을 인정해야 한다. 그것은 마치 이제부터 개미가 개미굴에서 나와 사람의 세상을 알아보려 하는 것처럼, 혹은 갓 태어난 어린 아기가 부모를 알아가는 것처럼, 내 머리와 경험으로 이해되는 것이 전부인 양 판단하지 말고, 무엇보다 '겸손한' 마음으로, 그리고 '부지런히' 알아갈 마음으로 접근해야 하는 것이다.

2. '계시'인 성경을 이해하는 일의 특수성

성경을 우선적으로 '하나님의 계시의 말씀'으로 본다는 것은, 성경이 단지 인간 저자의 창작물만이 아니라는 사실을 전제한다. 성경은 하나님께서 인간 저자들을 통해서 기록하셨기 때문에 인간 저자들의 경험, 성품, 역사의식, 신앙, 도덕적 판단 등이 포함되어 있지만, 그것들을 통해서 결국 '하나님께서 말씀하신' 내용임을 알고 읽어야 한다. 성경이 '하나님의 계시의 말씀'임을 감안하고 읽는 것은, 성경을 올바로 이해하는 지름길이다. 아래의 글을 읽어 보자.

> 하나님에 관한 학문으로서 신학을 정의하면 신학은 마땅히 계시에 기초해야 한다. 비인격적인 대상들을 과학적으로 다룰 때는 그 대상들은 피동적이고 우리가 능동적이 된다. 즉, 우리가 그것들을 다루고 검사하고 실험하는 것이다. 그러나 영적이고 인격적인 존재에 관해서는 사정이 다르다. 그러한 존재

가 스스로를 열어 보여 주는 한에 있어서만 우리는 그를 알 수 있다. … 모든 과학적인 연구에 있어서는 우리가 탐구하는 대상이 우리와는 상관없이 존재한다. 그러나 신학에 있어서는 그 반대이다. 하나님은 하나님에 관한 어떤 외부적 지식이 생기기 전에 먼저 피조물들을 창조하신 것이다.[2]

우선, 여기서 '신학'(神學)이라는 용어를 '하나님을 알아가는 것'으로 정의하고 생각해 보라. 성경을 읽으며 하나님을 알아 가고자 할 때, 우리에게는 '하나님을 아는 지식'이 생긴다. 이때, 성경이 하나님의 '계시'임을 전제하는 것이 성경을 읽는 바른 태도를 위해 결정적이다. 왜냐하면 하나님께서 자신과 자신의 뜻을 드러내신 '계시'로서의 성경은, 우리가 여타의 대상을 관찰하고 이해할 때와는 '다른 차원의 대상'이기 때문이다.

이렇게 생각해 보자. 당신이 실험실에서 개구리를 해부하거나, 고대 유적지에서 공룡의 화석을 찾아 관찰하고 있다고 가정해 보라. 이 경우, 당신이 관찰하고 이해하고자 하는 개구리는 핀으로 고정되어 있고, 당신이 칼로 베고 자르고 파헤치는 대로 많은 정보를 얻어 낼 수 있다. 공룡의 뼈도 마찬가지다. 원하는 대로 분석하고 측정해서 많은 데이터를 찾아낼 수 있다.

하지만, 만일 당신이 분석해야 하는 대상이 그런 물건이나 물체가 아니라 '인격(人格)인 사람'이라면 어떻게 되겠는가? 실험실에서는 관찰자인 당신이 '주체'이고 분석하는 그 개구리가 '대상'이지만, 인격인 사람을 파악하고자 하는 경우에는 상황이 달라진다. 설사 당신이 그 사람에 관한 정보를 많이 찾아내었다고 해도, 결국 그 사람이 '자신의 마음을 열어 자신에 대해 이야기해 주기 전까지는' 그에 대해 알 수 있는 내용이 매우 제한되기 때문이다.

'인격'이 지식의 대상인 경우에는, 그 사람을 알고자 하는 내가 '객관적인

---

2 Geerhardus Vos, *Biblical Theology: Old and New Testaments* (The Banner of the Truth Trust, 1996), 3; 이승구 역, 『성경신학』 (기독교문서선교회, 1985), 19 참조.

관찰자'이고, 알고자 하는 그 사람은 분석되고 파악되어야 하는 '대상'으로만 남을 수가 없다. 인격인 상대방을 알고자 하는 내가, 순전히 '해석의 주체'로서 자기 마음대로 할 수 있는 것이 아니기 때문이다. 오히려 내가 알고자 하는 그 인격이 '주체적으로 자신을 열어 보여 주어야만' 비로소 내가 그를 알 수 있게 된다. 이런 경우, 나는 오히려 '듣기를 기다려야만' 하는 수동적인 위치에 서게 된다.

인격적 대상을 알고자 할 때도 사정이 이러한데, 우리가 파악하고자 하는 대상이 실험실의 개구리도 아니고, 인격인 사람 정도가 아니라, 우리를 '창조하시고 구원하시고 심판하시는 하나님'이라면 어찌 되겠는가? 공룡의 화석은 일방적으로 분석하고 파악하면 되고, 사람은 대화해서 알아보면 되지만, 하나님의 경우는 어떻게 해야 하는가?

하나님을 아는 지식의 경우에는, 우리가 알고자 하는 '대상'으로 삼는 하나님께서 도리어 관찰자인 우리 자신을 창조하셨을 뿐 아니라, 죄로 어두워진 우리의 심령을 '거듭나게 하사' 하나님을 아는 지각(知覺)을 주심으로써,[3] 우리가 하나님을 알 수 있게 하신다. 우리가 지식의 대상으로 삼고 있는 하나님이 도리어 우리가 하나님을 아는 일에 '주체'(subject)가 되시는 것이다. 성경을 읽다가 종종 말씀이 그것을 읽는 나 자신을 비추고 드러내 주는 경우가 바로 그런 예라고 할 수 있다.

하나님의 계시의 말씀인 성경을 읽을 때, 우리는 단순히 그 말씀을 관찰하고 분석하는 '주체'가 아니다. 오히려 우리는, 인격이신 하나님께서 자기 자신에 관해 스스로 나타내셔서 우리에게 알려 주는 바를 '겸손히 들어야' 하는 대화와 사귐의 '대상'이다. 더구나 해석자로서 우리는, 우리가 알고자 하는 그 하나님께, 종종 그분을 알 수 있게 하는 '이해의 능력과 도우심'까지도 간구

---

3 롬 12:2, "마음을 새롭게 함으로"; 고전 2:10, "성령으로 이것을 우리에게 보이셨으니"; 엡 1:17, "지혜와 계시의 영을 너희에게 주사"; 요일 5:20, "하나님의 아들이 이르러 우리에게 지각을 주사".

해야 하는, 훨씬 더 '수동적인' 입장에 놓인다는 사실도 받아들여야 한다.

3. 겸손함과 부지런함으로

그러므로 성경을 읽으며 그 말씀을 이해하고자 할 때에, 본문을 단지 관찰하고 분석할 뿐 아니라, 인격적인 상대와 대화할 때처럼 '열린 마음으로 듣고 질문하며' 하나님의 계시의 말씀을 살펴야 한다. 결국 '하나님의 계시의 말씀'인 성경을 읽을 때에는, 무엇보다 기본적으로 '겸손함'의 덕(德)을 갖추어야 한다.

그러니까 성경을 읽고는, '에이, 말도 안 돼! 그런 일이 어떻게 가능해?' 이런 식으로 쉽게 단정하는 태도를 내려놓아야 한다. 굳이 비유를 들자면, 그렇게 하는 것은 마치 실험실의 개구리가 자신을 관찰하는 사람을 도리어 자기가 분석하겠다고 벌떡 일어나는 것과 비슷하다고 할 수 있다. 하나님을 알아가는 일에서조차, 인간은 '주체'라기보다는 오히려 수동적인 '객체'(object)에 가깝기 때문이다. 또한 성경을 읽을 때에도, 인격 간의 대화에서 자신이 쉽게 이해되지 않는 내용을 들었다고 해서 상대방의 말을 끊으며 아예 듣지 않겠다는 닫힌 태도를 보인다면 더 이상 상대를 알아갈 방법은 없게 되는 것과 마찬가지의 현상이 일어난다.

더구나 하나님께서는, 하나님과 그분의 말씀을 알고자 하는 우리 자신을 창조하시고, 죄로 어두워진 우리의 마음을 구원하사 깨끗하게 하셔서, 하나님을 알 수 있는 영적인 지각 능력까지 은혜로 주시는 주(主)가 되심을 잊지 말아야 한다. 이 때문에, 성경을 읽고 이해하고자 하는 일은 '믿음'의 일이 되고, 간구와 '기도'를 수반하는 '겸허한 대화'의 과정인 것이다.

성경을 이해하고자 할 때, 하나님께 대한 '믿음'을 구해야 하는 이유도 여기에 있다. 성경이 '하나님의 계시의 말씀'이라면, 성경을 읽을 때 '불신(不信)하고 의심하는' 자세보다는, '신뢰하고 이해하려는' 태도를 가지고 접근하는 것이 합당하기 때문이다. 이에 관해 성(聖) 아우구스티누스의 권면을 들어 보자.

> 성경을 읽는 자들은 그것의 진실성에 확신과 안전감을 가지고 읽어야만 한다. … 성경의 모든 말씀들은 다 참된 것으로 받아야 한다. … 그 저자들 가운데 한 사람도 그 기록함에 있어서 어느 방면에서든지 오류를 범하지 않은 것은 가장 확실하다. … 선지자들과 사도들의 글들에 오착이 없다는 사실을 의심하는 자는 악한 일을 행하는 자이다.[4]

성(聖) 아우구스티누스가 이렇듯 강한 어조로 단언하는 이유는, 성경의 저자이신 하나님이 참으로 '신뢰할 만한' 분이시기 때문이다. 만일 성경이 단지 인간 저자들의 '역사적, 문학적, 사상적 편집물'에 불과하다면, 우리는 문학작품을 분석할 때처럼 기본적으로 '의심'하는 태도로 접근하며 질문하고, 우리의 이성(理性)과 경험으로 판단하기에 가장 '그럴듯하고 합리적인 설명'을 추구할 필요가 있다. 인간 저자들은 사실에 거짓을 뒤섞기도 하고, 순수하지 못한 동기와 목적으로 글을 쓰기도 하기 때문이다.

이런 면에서, 인간 저자의 '죄성'(罪性)을 전제하고 그 작품에 접근하는 태도를 '의심의 해석학'(hermeneutics of doubt)이라고 부르기도 한다. 그런데 성경을 읽을 때에도 이런 태도를 적용할 수 있을까? 아니, 성경을 읽을 때 이런 태도를 갖는 것은 과연 '정당하고 합리적'인가? 만일 성경이 '하나님의 계시의 말씀'이 아니라, 순전히 인간 저자들의 창작물이요 편집의 결과에 그친다면 그럴 수도 있을 것이다.

하지만 이런 '의심의 해석학 자체를 의심'해 볼 필요가 있다. 만일 성경의

---

4 박윤선, 『성경신학』 (영음사, 1971), 22.

저자가 '하나님 자신'이라면, 이런 '의심의 해석학'은 부자연스럽고 정당하지도 않기 때문이다. 통상 우리가 어떤 사람과 대화할 때, 그 사람이 자주 거짓말을 하는 악인이라는 '확증'이 없는 한, 일단 우리는 '그가 하는 말을 믿는 마음으로' 듣는다. 이것이 상식이다. 그렇지 않은가.

그러므로 당신이 성경의 저자이신 성령 하나님과 인간 저자들이 모두 거짓말을 쉽게 하는 악인이라고 '확증할 수 없다'면, 성경을 읽을 때에 기본적으로 그 말씀을 신뢰하는 태도로 접근하는 것이 훨씬 자연스럽고 합리적인 태도인 것이다. 결국, 성경을 대할 때 기본적으로 '의심의 해석학'을 택하여 접근할지, 아니면 성경을 '믿어도 되는 하나님의 진실성(眞實性) 있는 말씀'으로 대하고 접근할지를 결정하는 것은, 사실 '해석'의 문제 이전에 저자에 대한 당신의 '신뢰'(trust)의 문제이다.

성경이 '하나님의 계시의 말씀'이라는 사실을 전제하고 읽을 때에도, 물론 건강한 의문(疑問)과 정당한 질문은 당연하고 좋은 것이다. 그것은 본문을 이해하는 데 있어서 꼭 필요한 '대화'의 요소이기 때문이다. 우리는 우리가 신뢰하는 어떤 사람과 대화할 때에 의문을 가지며 질문하기도 한다. 신뢰를 전제한 진실한 대화를 통해 상대방을 더 알고 싶기 때문이다.

'계시로서의 성경'을 읽을 때에도 이런 건강한 의문과 정당한 질문은 유익하고 절실히 필요하다. 왜냐하면 성경의 본문은, 하나님께서 사용하신 인간 저자들의 삶과 그들이 속한 시대적 배경 등이 녹아 있는 '역사적이고 문학적'인 차원이 있고, 또한 그들이 바라본 하나님과 하나님의 세계에 대한 풍성하고 복합적인 관점이 들어 있는 '신학적인' 책이기 때문이다.

이런 점에서, '계시'로서의 성경을 대할 때 요구되는 해석자의 태도가 '겸손'(humility)이라면, '역사적, 문학적, 신학적' 작품으로서의 성경을 대할 때 요구되는 해석자의 태도는 '부지런함'(diligence)이라 할 수 있다. 성경을 읽을 때 그것이 하나님의 계시라는 믿음을 바탕으로 해서 읽고 해석하지만, 동시에 본문의 역사적 배경을 치밀하게 살피고, 문학적 구조나 장치, 그리고 무엇보다 '문맥'을 꼼꼼히 살피며 그 신학적인 메시지가 무엇인지를 듣고자 분석하고 종합하는 '부지런함'이 없다면, 해석자는 말씀을 읽어도 '하나님의 뜻'을 알게 되기보다는, 자신이 이미 갖고 있는 '선입견'을 확인하는 데에서 그칠 확률이 높아진다.

이것은 통상 우리가 사람과 대화하며 그를 이해하고자 할 때 요구되는 상식적인 덕목과도 일치한다. 우리는 한 인격인 상대방이 하고자 하는 말을 '겸손하게 들어야' 한다. 내 생각과 뜻을 앞세워 속단하지 말고, 상대방의 입장에 서서 이해해 보려 하는 '경청'의 자세가 필요한 것이다. 그리고 상대방이 말한 내용의 전후문맥을 더 잘 파악하고 이해하기 위해, 자신이 몰랐던 그 상대방에 대한 내용, 정보, 사실에 관해서는 '부지런히' 찾아보고 물어보며 잘 알아보아야 한다. 그래야 상대를 제대로 이해할 수 있는 것이다.

성경을 읽을 때에도 마찬가지다. 성경은 '계시'로서 살아 계신 하나님의 말씀이며, 동시에 인간 저자들을 통해 기록하신 '역사적, 문학적, 신학적' 작품이다. 그것은 마치 예수 그리스도가 '하나님의 아들'이시며 동시에 육체로 오신 '인간'이신 것과 유비적으로 병행된다. 즉 '말씀'이신 예수 그리스도의 '성육신'(the Incarnation)의 원리가, 성경의 본질을 가장 잘 설명하는 것이다. 성경이 무엇인지를 정확히 알고자 하면, 예수 그리스도를 바라보아야 한다.

'성육신'이 성경의 본질을 나타내는 원리라면, 성경이 '하나님의 계시'라는 사실을 부인하는 것은, 마치 예수가 하나님의 아들임을 부인하는 것과 다르지 않다. 또한 성경이 '역사적, 문학적인 인간 저자의 작품'이라는 사실을 부인한다면, 그것은 마치 예수께서 육체로 오신 사실을 부인하는 것과 다르지 않다.

성경을 하나님의 말씀으로 생각하고 '겸손히' 들으려 하지만, 만일 '부지런하지 못하다면' 어떻게 될까? 그는 성경을 자기의 느낌이나 숨겨진 욕망을 따라 해석하는 '거짓되고 허황된 신비주의자'가 되기 쉽다. 이런 사람은, 기도하다가 성경을 아무데나 펼치고 눈에 띄는 구절을 보고는 '이것이 하나님이 나에게 하시는 말씀이야'라며 스스로를 속이는 함정에 빠지기도 한다. 원하는 목적지가 있지만, 실제로 그 목적지까지 걸어가기 위해 발을 떼어 놓지 않으면서도 자신은 앞으로 가고 있다고 착각하는 경우와도 같다.

반대로 성경 연구에 '꽤 부지런'하지만, 성경을 하나님의 계시의 말씀으로 여기지 않고 '겸손히 듣고, 깨닫기까지 기다릴' 의향이 없는 사람 역시, 하나님의 세계가 아니라 결국 자기 자신의 '이성(理性)과 경험'의 세계에 빠져 거기에 갇히는 자가 되기 쉽다. 이런 사람은, 나름대로 부지런히 달리지만, 결국에는 자기 자신의 경험과 이성의 좁은 세계 밖으로는 나가지 못하는 경우라 할 수 있다.

그래서 성경을 읽고 이해하고자 하는 사람에게는, 하나님께서 자신과 자신의 뜻을 나타내신 계시의 말씀을 듣고자 하는 '겸허한' 자세가 필요하다. 그리고 동시에, 성경이 특정한 시간과 공간, 역사와 시대의 옷을 입고 '성육신'한 말씀임을 깨닫고, 그 말씀을 꼼꼼히 살피고 정확히 이해하려는 노력과 끈기 있는 '부지런함'이 요청된다. 계시의 말씀 앞에서 겸손함이 없는 해석자의 부지런함은 그를 잘못된 방향으로 이끌 것이며, 역사적 · 문학적 맥락 속에 놓인 말씀을 이해하려는 부지런함과 수고가 없는 해석자의 겸손은 그를 자신을 속이는 공허함 속에 빠뜨릴 것이기 때문이다.

4. '코이노니아' – 만남과 사귐의 성경 읽기

성경은, 그 '기록'에 있어서뿐 아니라 그 '보존'에 있어서도, 하나님께서 그의 성령으로 간섭하시고 친히 전달하신 '하나님의 말씀'이다. 천지를 창조하시고 죽은 자를 살리시며 만물을 죄와 죽음의 부패로부터 보존하시는 하나님께서, 자신의 말씀인 성경을 보존할 능력이 있다고 보는 것이, 그렇지 않은 경우를 상정하는 것보다 훨씬 자연스럽고 합리적이다.

또한 하나님의 말씀인 성경은, 그 성경을 기록하신 성령 하나님의 도우심, 조명 즉 빛을 비추사 깨닫게 하심을 통해, 오늘도, 지금도, 여전히 하나님의 교회를 향해, 그리고 세상을 향해 주시는 '살아 있는' 말씀이다. 하나님께서 성경을 통해 오늘도 말씀하신다는 사실에 관하여 아래의 글을 읽어 보자.

> 성경은 우리를 과거의 인물들과 사건들에 연락시키는 지나간 책이 아니다. 그것은 언제나 살았고 지금이나 장래에나 하나님의 백성에게 말해 주는, 영원히 살아 있는 말씀이다. 하나님께서는 성경을 통하여 날마다 그의 백성에게 찾아오시며 그 자녀에게 말씀하신다. 성경은 하늘과 땅, 그리스도와 그의 교회, 하나님과 그의 자녀들을 계속적으로 연락시키는 역할을 한다. 그것은 우리를 과거에만 연락시키지 않고, 현재 하늘에 살아 계시는 주님에게 연락시킨다.[5]

당신이 편지를 쓴다면, 그 편지의 발신자는 당신이 될 것이다. 누가 책을 썼다면, 그 사람이 그 책의 저자가 될 것이다. 사실 모든 '본문'(text)에는 '저자'(author)가 있게 마련이다. 성경의 본문에도, 그 본문을 기록한 '저자'가 있다. 성경의 그 많은 저자들이 그 오랜 세월 동안 기록한 책들이, 창조와 구원 그리고 재창조와 완성에 관한 '하나의 일관된 이야기'를 이어 간다는 사실은, 성경을 기록한 인간 저자들의 배후에 그들을 사용하신 한 분의 저자, 곧 하나님이 계심을 가리킨다.

그래서 성경 본문을 대할 때, 마치 저자가 없는 듯이, 그저 본문만 존재하

---

5 헤르만 바빙크(Herman Bavinck), 박태현 역, 『개혁교의학 I』 (부흥과개혁사, 2011), 356-357.

는 것처럼 대하는 태도는, 자연스럽지도 않고 폭력적이기까지 하다. 당신이 어떤 사람에게 편지를 써서 주었는데, 받은 사람이 그 편지를 그저 '우연한 글자의 조합'이나 어떤 외부인의 '조작적 편집'으로 읽는다면, 그 편지를 쓰고 건네준 당신은 상처받고 억장이 무너질 것이다.

'본문'의 세계로부터 그 '저자'를 잘라 내고, 분리시켜, 지워 버리는 태도는, 그 본문을 만들고 그 본문을 통해 소통하며 만나고 사귀고자 하는 '저자'에 대한 폭력이다. 서구의 근대 계몽주의 시대 이후, 사람들은 '이신론'(理神論, deism)을 통해서 창조주 하나님(author)을 그의 피조물인 이 세상(text)으로부터 분리시키고 지워 버렸다.

근대의 이신론은 하나님을, 이 세상을 창조했지만 더 이상 그가 창조한 세상에 간섭하지 않으며 이 세상을 통해서 우리에게 말씀하지도 교통하지도 않는 '죽은 신(神)'으로 간주한다. 근대 이후 출현한, 인간의 이성(理性)에 최종적 권위를 둔 '역사비평학'도 성경 본문에 대하여 이와 유사한 '폭력'을 행사했다. 하나님이 성경 본문의 배후에 있던 '저자'라 할지라도, 그 하나님은 '이미 발생하고 편집된 본문'에 관해서는 아무것도 할 수 없는 '죽은 저자'로 간주했던 것이다.

그러나 성경 자체의 증언은 물론, 교회의 증언도 전혀 다른 방향을 가리킨다. 하나님께서는 자신의 성령을 통해 성경을 기록하고 보존하셨을 뿐 아니라, 그렇게 기록된 말씀을 통해서 '오늘도 여전히' 교회와 세상에 말씀하고 계신다. 그러므로 성경을 읽을 때, 마치 성경의 저자이신 하나님이 없는 것처럼 읽는다면, 그것은 가장 무례하고 폭력적이며 동시에 우스꽝스러운 행동이 된다.

성경을 읽으면서, 각 책의 역사적 배경과 문학적 구조와 신학적 메시지들을 분석하고 종합하면서, 우리는 끊임없이 이 모든 것들을 통해 '우리에게 말씀하시고 찾아오시는 저자이신 하나님'을 만나고, 그분과 더불어 교제하고, 함께 모든 것을 나누려 해야 한다. 그것이 성경을, 성경의 저자이신 하나님과 대화하는 방식으로 읽는 자연스러운 태도이다.

결국 성경을 읽으면서, 그 성경을 기록하시고 성경을 통해서 말씀하시는 하나님을 '만나고 사귀고 더불어 나누는 코이노니아(κοινωνία, '공유, 사귐, 나눔, 동맹, 동역')'를 누리지 못한다면(요일 1:3-4), 그것은 진실로 성경을 읽지 못한 것이 된다. 성경은 '하나님이 자신을 드러내어 알려 주신 계시'의 말씀이기 때문이다. 하나님은 말씀을 통해 우리를 만나시고 더불어 소통하시며 대화하시고 교제하고자 하신다.[6]

성경이 '구약'(Old Covenant)과 '신약'(New Covenant)으로 구성되어 있고, 근본적으로 '언약의 책'으로 불리는 이유도 여기에 있다. 언약이란 '하나님과 그의 백성 사이의 사귐, 곧 그 영원한 코이노니아'에 관한 것이다. 성경이 '언약의 책'인 이유는, 하나님께서 성경을 통해 우리와의 관계를 회복하시고 그 관계의 목적을 완성하시며 그 '영원한 생명의 사귐, 곧 코이노니아'를 이루고자 하시기 때문이다.

---

6 채영삼, 『코이노니아 성경 해석 가이드북: '만남과 사귐'의 성경 해석학을 위한 해설서』 (이레서원, 2017); "계시 의존적 만남과 생명의 성경 해석학을 위한 소고" 『생명과 말씀』 24 (2019), 149-181.

이해와 나눔을 위한 질문

1. 성경이 '계시'라는 사실에 대하여 1과에서 설명한 내용들을 읽고, 각자가 새롭게 깨닫게 된 바들을 몇 가지로 정리하여, 서로 나누어 보자.

2. 1과에서 인용한, 게할더스 보스의 본문, 성 아우구스티누스의 본문, 헤르만 바빙크의 본문을 읽고, 그중에서 자신에게 가장 와닿았던 문구는 무엇이며, 왜 그러한지를 서로 나누어 보자.

3. 하나님의 '계시의 말씀'이며, 동시에 인간 저자들의 '역사적, 문학적, 신학적' 책인 성경을 읽을 때 필요한 '겸손과 부지런함'의 덕목 중에서, 나에게는 어느 덕목이 부족한지, 어떻게 그 덕목에서 성장할 수 있을지를 구체적으로 생각해 보고, 함께 나누며, 서로 조언해 보자.

제2과

찾아오시며, 살리시며, 알게 하시는 하나님

- 계시의 구분

성경은 하나님의 계시를 말씀으로 기록해 놓은 책이다. 신약에서 '계시하다'를 의미하는 헬라어 '아포칼륍토'(ἀποκαλύπτω)나 '파네로오'(φανερόω)는, 근본적으로 '감추어져 있던 것을 드러내, 보여 알게 하는 것'을 의미한다. 이런 점에서 '계시하시는 하나님'은 끊임없이 우리를 '찾아오시는 하나님'이시다. 그리고 그분은 '일반 계시'와 '특별 계시'로, 그리고 '행동 계시'와 '말씀 계시'로 우리를 찾아오신다. 이에 대해 자세히 알아보자.

1. '찾아오시는' 하나님

성경이 하나님의 '계시'라고 할 때 우선적으로 우리가 알 수 있는 것은, 하나님은 자신을 '알리시기를 원하신다'는 것이다. 이것은 단순하지만 놀라운 사실이다. 인간이 아무리 알고자 하고 찾아도, 하나님이 자신을 알려 주지 않으신다면 우리는 하나님을 알 수가 없기 때문이다. 그런데 성경은 하나님께서 자신을 '계시'하기를 원하시고 그렇게 하셨으며, 지금도 그렇게 하시는 분임을 알려 준다.

사람들은 종종 '하나님이 어디에 계시는가? 왜 나타나지 않는가?'라고 묻는다. 하지만 하나님은 여러 모양으로 자신을 나타내시고, 기적을 일으키시며, 말씀으로 찾아오신다. 하나님이 창조주이심을 믿는다면, 하나님께서 날마다 자신을 드러내고 계심을 알 수 있다. 어두운 밤이 지나가고 새벽 별이 떠오르며 찬란한 아침의 태양이 밝게 비출 때부터 드넓은 수평선 너머로 타는 듯 붉은 노을이 질 때까지, 그리고 캄캄한 밤하늘을 수놓은 별들을 통해서도, 하나님은 한순간도 쉬지 않고, 자신의 능력과 영광, 생명의 아름다움과 질서, 평화와 사랑을 드러내 보이신다.

물론 자연은 하나님께서 창조하지 않으신 죄와 죽음의 현상도 보여 준다. 그래서 자연만을 보아서는 하나님이 어떤 분이신지 단정할 수 없다. 자연은 하나님의 피조물이지만, 마치 전쟁 통에 포탄에 맞은 마을처럼 파괴된 채로 존재하기 때문이다. 하지만 하나님께서는, 죄로 인해 상처 나고 죽음에 짓밟힌 세상을 통해서도 계속해서 자신의 구원과 은혜, 공의와 자비를 드러내신다.

그러므로 '하나님이 어디에 있는가?'라고 묻지 말라. 하나님은 우리가 바라보는 자연과 역사를 통해서 '이미 그리고 오늘도' 자신을 나타내고 계신다. 심지어, '고난은 하나님께서 우리의 귀에 대고 말씀하시는 확성기'라는 말처럼, 하나님께서는 우리가 겪는 비참과 고통을 통해서도 자신을 드러내시며 우리를 찾아오신다. 자신을 '계시'하시는 하나님, 끊임없이 그리고 신실하게 우리를 '친히 찾아오시는' 하나님! 이것이 성경이 말하는 '계시하시는 하나님'의 놀라운 특징이다. 아래의 글을 읽어 보자.

기독교와 다른 종교들 사이의 원리적 차이는, 성경에서 종교적 주도권이 인간에게 있지 않고 하나님에게 있다는 사실이다. 이방 종교에서는 인간이

> 하나님을 찾는다. … 하지만 성경에서는 하나님이 항상 인간을 찾는다. … 성경은 하나님 자신이 자비와 은혜로, 공의와 사랑으로 인간에게 다가오고 인간을 찾는다는 사실을 우리에게 가르친다.[1]

"이방 종교에서는 인간이 하나님을 찾는다." 즉, 이방 종교에서는 '인간이' 하나님을 찾아 헤맨다. 우리는 '우리를 찾고 계신 하나님'에 대해 무지(無知)한 상태에서 태어나기 때문이다. 인간은 자기 자신이 마치 '적막한 우주를 떠도는 버려진 별이나 작은 먼지' 같다고 느끼는 의식 상태를 갖고 태어난다. 성경은, 인간이 스스로를 그렇게 느끼는 것이 '죄'로 인해 겪는 '소외'(alienation)의 자각(自覺)임을 알려 준다. 이런 상태에서 인간은 스스로 하나님을 찾아야 한다고 생각한다. 하나님은 존재하지 않거나, 있어도 무관심하거나, 혹은 진노와 심판을 위해 웅크리고 있는 어떤 낯선 존재로 여겨지기 때문이다.

하지만 성경을 보면, 하나님은 끊임없이 자비와 은혜로, 진리와 공의로, 무엇보다 긍휼과 사랑으로 자신의 피조물인 인간을, 그리고 피조 세계를 계속해서 찾아오신다. 처음부터 세상을 말씀으로 창조하시고, 그 말씀을 버린 인간과 그 세상을 또 말씀으로 찾아오신다. 선지자들의 예언을 통해서뿐 아니라, 여러 모양으로 나타나기도 하시고, 기적을 통해 찾아오기도 하신다. 성경은 '인간을 찾아오시는 하나님의 이야기'이다.

처음에는 성부 하나님(God the Father)이 창조를 통해, 그다음에는 성자 하나님(God the Son)이 세상의 구속(救贖)을 위해, 그리고 마지막에는 성령 하나님(God the Spirit)이 구속과 창조의 완성을 위해 직접 인간과 이 세상을 찾아오신다. 그래서 인간의 숙제는, 평생 '알지 못하는 어떤 신(神)을 찾아 헤매는'

---

1 바빙크, 『개혁교의학 1』, 447

일이 아니라, '이미 찾아오셨고, 찾아오고 계시고, 찾아오실 하나님'을 '발견' 하는 일이다.

이것이 '성경을 읽어야 하는 이유'이다. 하나님이 자신을 계시하시는 여러 방식들 가운데, 성경은 가장 명확하고 확실하게 하나님의 자기 계시를 깨달아 알 수 있게 하는 수단이기 때문이다. 마치, 어떤 사람을 알고자 할 때, 그의 학력과 경력에 대해 찾아보는 것보다, 그 사람 자신이 쓴 일기장을 읽으면 훨씬 더 확실하고 분명하게 그 사람을 알게 되는 것과 유사하다.

따라서 성경을 읽을 때, 우리의 초점은 '하나님'에게 있어야 한다. '하나님은 어떤 분이시며, 어떻게 우리를 찾아오셨고, 찾아오고 계시며, 찾아올 것인가'에 대하여, 하나님이 어떻게 자신을 드러내고 계신지에 주목해야 한다. 성경이 하나님의 계시의 말씀이라면, 당연히 감사함과 모든 겸손함과 진지함으로, 그렇게 자신을 계시하신 하나님이 어떤 분이신지를 알고자 하는 것이 마땅하다.

이렇게 성경에 나타난 하나님을 알고자 하면, 그것은 동시에 '우리 자신'에 대한 놀랍도록 정확한 지식을 가져다준다. 하나님을 바로 아는 것이, 곧 우리 자신과 세상을 바로 알 수 있는 유일한 길이기 때문이다. 우리가 우리 자신을 깊이 들여다볼 때는, 여전히 혼돈과 어둠 속에 갇힐 수 있지만, 성경의 하나님, '빛이신 하나님'을 명확하게 깨달아 알 때에는, 그 빛 가운데서 우리 자신과 세상을 명확하게 보게 되기 때문이다.

2. 창조 계시와 구원 계시 - '영역'에 따른 구분

'계시'라는 말 속에는, 인간이 하나님을 아는 일에는 처음부터 '한계'가 정해져 있다는 사실이 포함되어 있다. 인간은, 하나님께서 자신과 자신의 뜻에 관해서 '드러내 보여 주신 것만'을 알 수 있기 때문이다. 하나님은 무한하고 영원하신 분이시다. 우리는 그분께서 우리에게 드러내 보여 주신 것만을 알 수 있다.

우리가 자연을 완벽히 연구하고 또한 성경을 완전히 깨달아 안다 해도, 하나님은 여전히 '다 알 수 없는 신비(神秘)' 가운데 계신다. 우리가 하나님에 대해서 아무리 많이 안다고 한들, 그것으로 하나님을 규정하고 다 알았다고 할 수가 없다. 인간이 하나님 앞에서 겸허할 수밖에 없는 이유가 여기에 있다. 오직 피조물로서 인간은, 모든 겸손함으로 '다 알 수 없는' 그분을 두려워하고 경배하며, 경탄하며 우러르고, 신뢰하고 사랑할 수밖에 없다.

그러므로 그 어떤 경우에도 우리가 하나님을 '다 알았다'고 말할 수 없다. 심지어 사람 사이에도 '나는 그 사람을 다 알아'라고 말할 수 있는 경우는 없을 것이다. 인격은 신비하고 무한한 깊이를 가진 존재이기 때문이다. 하나님의 경우는 더 말할 것도 없다. 역설적이지만, 그래서 피조물인 사람의 가장 큰 기쁨은 하나님을 '영원토록' 알아 갈 수 있다는 것에 있다. 하나님은 무한하신데, 그의 지혜와 선하심, 영광과 능력, 의로움과 아름다움에서 무한하시므로, 그분을 영원토록 알아 가며 즐거워할 수 있다.

이렇게 하나님은 우리와의 영원한 생명과 사랑의 코이노니아를 이루시기 위하여, 우리를 찾아와 자신을 계시하신다. 그리고 하나님은 '창조'를 통해 자신을 계시하실 뿐 아니라, 타락한 세상 속에서 '구원'을 위하여 자신을 계시하신다. 구원 계시의 목적은 타락의 상황을 극복하여, 궁극적으로 창조 계시의 목적을 완성하는 것이다.

(1) 창조 계시

'창조 계시'(revelation of creation)의 목적은, 하나님께서 모든 사람들이 그의 창조 세계를 통해 하나님을 알고 누리며 그분을 경배하며 사랑하고 순종하게 하셔서, 그들과 더불어 하나님의 생명과 사랑의 코이노니아를 누리고자 하심이다.[2] 예컨대 하나님께서 하늘의 해와 달과 별을 창조하신 것은, 사람이 그 '자연의 빛'을 경험하고 누리면서, 결국 하나님 자신이 '참빛'이심을 알고 즐거워하며 그분을 경배하고 사랑하도록 하신 것이다. 이처럼 하나님께서 창조하신 만물, 곧 온갖 식물과 종류별로 지으신 동물과 더불어 살며 그것들을 통해 하나님의 무궁한 지혜의 풍성함과 넘치는 사랑, 지극히 선하심과 끝없이 아름다우심을 경험함으로써 그분을 찬송하고 경배하며 사랑하도록 되어 있었던 것이다.

하나님께서는 이처럼 자연과 역사, 인간의 이성(理性, reason)과 양심, 마음에 '하나님을 알 수 있게 하는' 증거들을 통해 자신을 나타내시며 알리셨다. 우주는 상상할 수도 없이 광활하고 광대하며, 셀 수 없이 많은 별들은 서로 부딪히지 않고 질서 있게 자기의 자리를 지킨다. 작은 나뭇잎 하나, 곤충 하나, 세포 하나 속에 신비하고 놀랍도록 조화로운 생명의 질서가 깃들어 있다.

이 모든 것이 그저 '물질들의 우연한 충돌'에 의해 생겨났다는 식으로 말하려 드는 것은, 마치 '2G 폰을 6층 옥상에서 던졌더니 바닥에 떨어지며 깨지고 튕겨 올라오는 순간 공중에서 결합되어 떨어질 때는 아이폰12가 되었다'라고 말하는 것처럼 황당하고 비합리적인 설명일 수밖에 없다. 우리가 자연을 통해서 아름다움을 느낀다면, 그것은 그런 아름다움을 가지신 분이 그런 자연을 창조하셨기 때문이라는 설명이 가장 자연스럽고 합리적이다. 그것은 마치 화랑에서 미술 작품을 감상하며 그 작가를 떠올리는 경우와도 같다.

이와 비슷하게, 세상 역사의 본질과 목적이 무질서와 폭력 그리고 야만과 불의가 승리하는 약육강식의 난장판일 뿐이라고 간주하는 것은, 역사와 문명

---

2 '특별 계시'는 교회를 위한 것이고 '일반 계시'는 믿지 않는 세상 사람들을 위한 것이라고 단정하기 어렵다. '일반 계시' 대신 '창조 계시'라고 부르는 이유는, 창조를 통해 하나님을 아는 일이 '믿는 자들을 포함한' 모든 사람을 위한 것이기 때문이다. 또한 창조 계시를 '자연 계시'로 국한하지 않는 이유는, '자연' 자체가 원래 하나님의 영광을 드러내며 찬송하는 '초자연적' 차원을 갖고 있고, '구원 계시'도 '은혜'뿐 아니라 '자연'을 통한 계시를 포함하기 때문이다.

이 발전해 온 길과 걸맞지 않다. 길게 보면 역사란, 칠흑 같은 밤의 어둠이 아침의 태양 빛에 쫓겨나듯, 세상을 말씀으로 창조하신 하나님께서 여전히 이 세상을 그의 의(義)와 자비의 말씀으로 보존하시며 통치하시는 것으로 보는 편이 더 자연스럽고 합리적이고 현실에 부합한다.

인간의 마음에는 '양심'(良心)이 있어, 생래적으로 무엇이 옳고 무엇이 그른지, 무엇이 선하고 무엇이 악한지를 알 수 있고 그런 양심은 인류에게 보편적으로 주어져 있다. 신약성경에서 '양심'이란 말은 '순에이데시스'(συνείδησις)인데, 이는 원래 모든 사람들이 '함께 아는 마음'을 가리킨다. 민족이나 국적을 가리지 않고, 이유 없이 다른 사람의 물건을 훔치거나 생명을 해치는 것은 모두 '악한 일'로 간주된다. 낯선 사람을 환대하고, 물에 빠진 사람을 건져 주는 식의 친절과 자비는 지구상의 어느 사람들에게나 '선한 일'로 여겨진다.

왜 그럴까? 성경은 창조주 하나님이 '자기의 형상을 따라' 사람을 창조했기 때문이라고 설명한다. 그래서 '양심'이란 모든 사람들이 '함께 아는 것'인데, 또한 원래부터 '하나님과 함께 아는' 것이다. 우리가 '양심'을 통해서, 창조주 하나님께서 '어떤' 분이신지를 다소간이라도 알 수 있는 이유가 여기에 있는 것이다. 이를테면 우리는, 양심을 어기며 사는 삶은 불안하고 고통스러우며, 다소 불편해도 양심을 따라 사는 것이 이웃뿐만 아니라 우리 자신과도 화평을 누리는 길임을 본능적으로 알고 있다. 이는, 우리가 태어날 때부터 보편적으로 갖게 되는 '양심'이 우리 마음속에 새겨진 창조주 하나님의 법(法), 명령이기 때문이다.

이처럼 하나님께서 자연을 창조하시고 사람에게 양심을 주시며 역사를 주관하시는 목적이, 그 자신을 우리에게 알리시며 이를 통해 우리와 생명과 사랑과 기쁨의 교제를 하고자 하심이라는 사실을 믿고 받아들인다면, 이 세상은 우리에게 단지 '사막이나 정글'이 아닌, 다소 희망적인 곳으로 비치게 될 것이다. 선하시고 의로우시며 자비하신 하나님이 도처에서 자신을 드러내고 계시기 때문이다. 비록 충분하지는 않지만, 우리 안에서 '양심'과 '이성'을 통해 그리고 우리 앞에 펼쳐진 '자연'을 통해, 또한 우리의 인생과 역사 속의 수많은 '경험'들을 통해, 하나님은 오늘도, 지금도, 우리를 찾아와 자신을 알리시고 말씀하신다.

(2) 구원 계시

창조주 하나님께서는 자연을 통하여, 인간의 양심과 이성을 통하여, 그리고 역사와 인생의 경험들을 통하여, 자기 자신을 드러내어 알리신다. 하지만, 자연은 오염되었을 뿐 아니라 죽음과 허무의 지배 아래 놓여 있다. 인간의 이성과 양심은 죄로 인해 치명적으로 파괴되고 왜곡되어 있고, 이 때문에 역사나 인생의 경험들도 선과 악, 죄와 의, 죽음과 생명으로 '뒤섞여' 있어서, 정말 공의로우시고 자비하신 하나님이 여전히 통치하고 계신 것인지 의심이 들 때가 많다.

성경은 하나님께서 창조하신 '원래의 세상' 속에, '죄'와 '죽음' 그리고 '하나님 없는 허무'라는 악의 세력이 들어오게 되었다는 사실을 '계시'(啓示)의 말씀을 통해 알려 준다. 그것은 첫 사람 '아담과 하와'를 통해 일어난 엄청난 사건에 관한 것인데, 그들이 '하나님의 말씀을 버림'으로써 이 모든 일들이 일어났다(창 3:1-7).

그들이 범죄함으로써 하나님과의 관계가 단절된 이후, 자연은 하나님께서 창조하신 '그대로'가 아니라, 죄와 죽음과 하나님 없는 허무라는 세력에 의해 찢기고 상처 나고 파괴된 채로 남아 있게 되었다(롬 5:12-21). 이 때문에, 우리는 '자연'만을 통해서는 하나님을 '올바로, 온전히' 알 수가 없다. 실재(reality)를 그대로 비춰 보여 주어야 할 거울이 깨진 것과 마찬가지로, 하나님에 대한 지식을 형성하는 자료 자체가 오염되어 버렸기 때문이다.

역사나 인생의 경우도 마찬가지다. 우리가 경험하는 역사는, 의로운 사람이 보상을 받고 악인이 징벌을 받는 공의(公義)가 실현되는 것처럼 보이지 않는다. '착한' 사람들이 비참한 사고를 당하기도 하고, 포악한 자들이 대대로 잘 먹고 잘살기도 한다. 인생도 마찬가지다. 내가 잘못해서 고난과 고통을 당하는 경우도 있지만, 도무지 나에게서 그 원인을 찾을 길이 없는 고난과 고통을 겪는 경우도 있다. 그래서 인생이든 역사든, '그것 자체만'을 통해서는 정확히 하나님이 어떤 분이시며, 무엇을 어떻게 하고자 하시는지를 추론하기 어렵게 된다.

그것은, 특별히 그런 경험을 분석하고 그로부터 하나님에 관한 지식을 종합하며 판단하는 우리 인간의 '양심'과 '이성'마저, 이 세상에 편만한 '죄와 죽음과 하나님 없는 허무의 세력'에 의해 변질되고 파괴되었다는 사실에서 더욱 심각해진다. 물론 하나님을 아는 우리의 이성과 마음 자체가 부패하게 되었다는 사실에 관한 성경의 '계시'를 받아들이지 않는다면, 문제의 심각성을 알 수 없음은 물론이다. 그래서 성경이 '계시'라는 사실 앞에서 먼저 '겸허하게 듣는 자세'가 요구된다고 한 것이다.

만일 우리가 성경이 계시하는 이 사실 즉 하나님을 아는 '우리의 마음조차 부패되었다'는 이 사실을 인정하고, 하나님께서 주시는 구원을 믿음으로 받아들인다면, 우리는 참회와 거듭남을 통해 말씀의 빛, 성령의 빛 가운데로 나아갈 수 있게 된 것이다. 그리고 그 '빛 가운데서' 우리의 양심과 이성은 '어두움'으로부터 조금씩 벗어나 점점 더 많은 것을 보고 알게 될 것이다. 바빙크가 "오직 신앙의 눈만이 창조 가운데 있는 하나님을 본다"라고 말한 것과 같다. 아래의 글을 함께 읽어 보자.

> 한 하나님이자 동일한 하나님이, 바로 '일반 계시'(창조 계시) 가운데 자신을 모든 사람에게 계시하며, 또한 '특별 계시'(구원 계시) 가운데 자신을 은혜의 하나님으로 알린다. 따라서 일반 계시와 특별 계시는 상호 작용한다. "하나님이 장

차 선지자를 보낼 것을 대신하여, 자연을 스승으로 먼저 보낸 것은, 당신이 자연의 제자로서 기꺼이 선지자를 믿도록 하기 위해서다"(테르툴리아누스). "자연은 은혜에 선행(先行)하며, 은혜는 자연을 완성(完成)한다. 이성은 믿음에 의해 완성되고, 믿음은 자연을 전제한다."[3]

창조를 통해 자신을 계시하시는 하나님은, 또한 '구원' 또는 '구속'(救贖, redemption)을 통해 자신을 계시하시는 하나님이시다. 반대로, 구원 행위를 통해 자신을 계시하신 하나님은 또한 자연을 통해 자신을 계시하신 하나님이시다. 한 분 하나님께서 '자연'을 통해 자신을 계시하실 뿐 아니라, 또한 '구원'을 통해 자신을 계시하시는 것은, 하나님을 알아 감으로써 그분을 영원토록 즐거워하며 경배하고, 그 영원한 생명과 사랑 속에서 그와 더불어 영원히 살게 하시기 위함이다. 이것이 '계시의 목적'이다.

교회가 믿고 예배하는 하나님은, 동시에 세상을 창조하고 다스리시는 창조의 하나님이시다. 두 분이 서로 다르지 않은 '한 분'이신 것처럼, 성도는 교회 안에서도 그리고 세상 속에서도 '한 하나님'을 섬기고 있는 것이다. 그렇다면 어떤 차이가 있는 것인가? '구원'을 통해서 성도는 '죄와 죽음과 하나님 없는 허무의 지배'에서 벗어난다. 그렇게 벗어나면, 곧바로 하늘로 올라가 거기서 천사들과 함께 신령하게 살게 되는가?

그렇지 않다. 구원받은 성도 역시 여전히 '창조 세계'에서 살게 된다. 구원받아서, 육체도 없고, 노동도 없고, 세상도 없는, '신령한 영혼'뿐인 존재가 되는 것이 아니다. 그리스도인은, 예수 믿고 '온전한 사람'으로 회복되어 '온전한 세상'에서 살도록 부르심을 받는다. 그리스도인의 목적은 단순히 '교인'(教人)이 되는 것이 아니라, '성도'가 됨으로써 궁극적으로 '온전한 사람, 즉 하나

3 바빙크, 『개혁교의학 1』, 442.

님의 형상'으로 온전히 회복되는 것이다. 그뿐 아니라 성도는 예수 믿어서 어디 멀리 있는 '천당'에 간다기보다는, 회복된 세상 곧 '새 하늘과 새 땅'에서 영원토록 살게 되어 있다. 주께서 하나님 나라가 '임하옵시며(!)'라고 기도하라 가르치셨던 그대로이다.

구원의 목적은, 창조를 '완성'하기 위함이다. 창조 안에 죄와 죽음과 하나님 없는 비참과 허무의 지배가 들어왔기에, 이를 제거하기 위해 구원 계시가 요청되었다. 이런 맥락에서 '은혜가 자연을 완성한다'는 것은,[4] 구원 계시가 창조 계시의 목적을 완성한다는 뜻이다. 예수님은 '병자'를 고치셨고, '죄인'을 용서하셨으며, '죽은 자'를 살리셨다. 그분께서 치유하시고 죄를 사하시고 부활 생명으로 살리시는 사역은 모두, '파괴된 자연, 하나님의 창조 세계'를 향한 것이었다.

하지만, 구원 계시는 창조 계시를 단지 회복할 뿐 아니라, 그것을 '충만한 완성'으로 이끈다. 창조 후에 아담과 하와가 살았던 에덴동산에서 그들은 '생명나무 열매'를 먹을 수 없었다(창 3:22-24). 하지만, 그 아들 예수 그리스도를 믿는 사람들은 죄 용서뿐 아니라, 그 아들의 부활 생명, 그 영원한 생명을 받는다. 아담은 단지 '생령'(living spirit)이 된 육체였지만(창 2:7), 그리스도인은 '육체로 오신 하나님'과 연합하여 '생명을 주시는 영'(life-giving Spirit)이신(고전 15:45) 그 아들의 '신적인 본성'(벧후 1:4)에까지 참여한다.[5]

창조 때에 에덴은 그저 동산이었지만, 이제 '종말에 회복되는 에덴'은, 하나님과 사람이 함께 거하는 '손으로 짓지 아니한 새로운 성전'으로 나타나며

---

4 바빙크가 "자연은 은혜에 선행한다"(『개혁교의학 1』, 442)라고 했을 때, 그 '은혜'는 구원의 은혜이다. 하지만 창조의 관점에서 보면, 은혜는 자연에 선재(先在)했으며, 자연 역시 은혜로 말미암아 생겨났고, 아무것도 은혜 없이 된 것은 없다(요 1:1-3).

5 바빙크, 『개혁교의학 1』, 467. "하나님이 자신의 형상을 따라 인간을 창조했을 때, 하나님은 그 창조에서 이미 자신을 인간과 같이 만들었다. 하지만 재창조에서 하나님은 인간이 되어 우리의 본성과 형편에 완전히 들어왔다."

(계 21:1-3), 구원하시는 주 예수 그리스도께서 만물 안에서 모든 신성(神性)의 충만이 되시는(엡 1:23) 새 하늘과 새 땅으로 드러난다. 창조가 완성되는 것이다. 참으로 놀라운 일이 아닐 수 없다. 하나님의 은혜의 역사는 언제나 인간의 죄와 파괴의 역사를 뛰어넘는다. 그것이 성경이 보여 주는 하나님의 놀라운 은혜와 지혜와 사랑의 이야기이다.

바빙크는 창조 계시를 단순히 '자연'으로 칭하고, 구원 계시의 특징을 '은혜'로 표현한다. 하지만 창조 계시인 자연 역시 '은혜'가 그 본질이며, 구원 계시 역시 자연의 회복, '새 하늘과 새 땅'을 포함한다. 다만, 구원 계시를 통해서라야, 창조 계시 즉 자연 역시 '은혜가 그 본질'이라는 사실을 알게 된다. 죄와 죽음과 허무 아래에 있는 창조 계시는, 스스로 구원 계시에 이를 수 없기 때문이다. 하지만, 구원 계시는 창조 계시를 전제할 뿐 아니라, 구원 계시가 이루고자 하는 궁극적 목적 역시 창조 계시의 완성이다.

예수 믿으면 비로소 세상이 매 순간 하나님의 은혜의 선물이라는 사실을 깨닫고 맘껏 누리게 되는 이유가 여기에 있다. 그리스도인은 결정적으로 죄와 죽음과 허무의 지배에서 벗어나게 되어, 의롭고 생명이 넘치는 의미 있는 삶을 살게 된다. 그것이 '영원한 생명'의 시작이다. 성경은 이런 이야기를 펼치고 있다. 그것은 끊임없이 자신을 계시하시는 하나님, 우리의 죄와 죽음과 비참에도 불구하고, 계속해서 우리를 그의 선하심과 신실함을 통해 놀라운 은혜와 사랑으로 찾아오시는 하나님에 관한 복음 곧 기쁜 소식에 관한 이야기이다.

3. '살리시고, 알게 하심' - 존재와 인식의 구원

하나님의 계시를 그 '영역'에 따라 창조 계시와 구원 계시로 나눌 수 있지만, 계시가 나타나는 '방식'을 따라서는 '행동 계시'와 '말씀 계시'로 구분할 수 있다. 창조 계시도 하나님의 말씀과 행동으로 드러났다. "빛이 있으라 하시니, 빛이 있었고"(창 1:3)라 하신 그대로이다. 하나님께서는 '말씀'으로만 자신을 계시하시는 것이 아니다. '행동'으로도 하신다. 흔히 하나님의 '계시'라고 하면 '성경'만을 가리킨다고 생각하지만, 하나님의 계시는 그보다 훨씬 넓고 큰 개념이다. 하나님께서는 '말씀' 외에도 여러 방식으로 자신을 알리시기 때문이다. 그래서 하나님께서 자신을 계시하신 '모든 것'이 성경에 담겨 있지는 않다(요 21:25).

하지만 우리는 '오직 성경을 통해서' 하나님의 계시를 깨닫고 알아보게 된다. 왜냐하면 하나님에 관한 지식을 얻고자 하는 우리 자신이 죄와 죽음과 허무의 지배에서 벗어나지 못하면, 마치 까만 안경을 쓰면 온 세상이 까맣게 보이는 것처럼, 영적이고 지적이고 인격적인 총체적 어둠 속에서 하나님의 창조 계시를 알아보지 못하게 될 것이기 때문이다.

이런 의미에서 '구원'(salvation)이란, '구출'(rescue)과 '회복'(restoration)의 두 가지 측면을 모두 포함한다. 마치 불 속에서 타고 있는 나무 막대기를 '불에서 꺼내어 더 이상 타서 소멸되지 않게 할' 뿐 아니라, 그렇게 불에서 꺼낸 나무 막대기를 예술가가 원하는 '형상(形像)으로 만들어 나아가는' 일련의 과정과 유사하다. 이와 같이, 구원을 받는다는 것은 우리의 '존재'(being) 자체가 건짐을 받는 것뿐 아니라, 그와 함께 우리의 '인식'(knowing)이 회복되는 과정도 포함한다. 하나님은 죄와 사망과 허무 속에서 죽은 우리를 '다시 살리실' 뿐 아니라, 그 새 생명을 '알고 누리게' 하시는 것이다. 아래의 글을 찬찬히 읽어 보자.

> 하나님께서 세상을 죄의 상태에서부터 다시 자신의 것으로 주장하심으로 이를 회복시키는 데 있어, 하나님께서는 두 가지 방향으로 이 일을 행하신다. 이 두 가지 방향은 죄의 파괴적인 영향력이 행사된 두 영역을 겨냥한 것이다.

이 두 영역이란 존재와 인식이다(the sphere of being and knowing). 세상을 원래 창조된 바대로 회복시키기 위하여 구속(救贖)이라는 과정이 필요하고, 타락된 인식 과정, 타락된 지식을 회복시키기 위하여 계시가 사용된다. 첫 번째 것은 성경적 역사(biblical history)이고, 두 번째 것은 성경적 신학(biblical theology)이다.[6]

우리의 구원은 존재와 인식, 두 영역에서 일어난다. 왜 그런가? 죄와 사망의 지배를 통해, 우리의 존재뿐 아니라 인식도 파괴되었기 때문이다. 파괴된 영역이 존재와 인식 모두이기 때문에, 구원 즉 '구출과 회복'이 일어나는 영역도 존재와 인식 모두여야 하는 것이다. 예수님께서 "내가 온 것은 양으로 생명을 얻게 하고, 더 풍성히 얻게 하려는 것이라"(요 10:10)라고 하신 그대로이다. 그를 믿는 자는 '영원한 생명을 얻었을' 뿐 아니라, 그 생명으로 인하여 알고 누리게 되는 '지식, 교제, 사귐'을 통해 그 영원한 생명을 더 풍성히 소유하게 되는 것이다(요 20:31; 요일 5:13).

실제로 '존재'와 '인식'은 서로 매우 밀접한 관계에 놓여 있다. 뱀이 사람처럼 생각하고 느끼고 판단할 수 없는 것과 같다. 존재가 다르면, 그 존재의 인식의 기능이나 영역 역시 달라진다. 죽은 사람은 생각하거나 느끼거나 판단할 수 없다. 또한 살아 있다고 해도, 그가 어떤 사람이냐에 따라 인식하는 성향이나 내용이 달라진다. 죄를 짓거나 선을 행하는 것은, 단순히 사람의 행동뿐 아니라 그의 성향이나 성품 즉 존재 자체를 변질, 변화시키기 때문이다.

예컨대, 특정한 죄를 계속 짓고 그것에 익숙해지며 그것이 습관이 되고 성향이 되어 버리면, 그것을 '죄'라고 인식하는 기능이나 판단이 마비되기도 한다. 사람은 자신에게 '자연스러운' 행위를 '죄'로 인식하기 어려워하기 때문

6 Vos, *Biblical Theology*, 15.

이다. 그래서 어떤 것이 옳고 선한 것인지를 바르게 판단하려면, 그 사람 자신이 옳고 선한 행위를 통해 옳고 선한 사람이 되어 가는 일이 병행되어야 한다. 사람의 인식과 판단 기능은, 그가 어떤 사람이냐에 따라 지대한 영향을 받기 때문이다.

존재와 인식은 이런 식으로 서로 '구분'(區分)되지만 '분리'(分離)되지 않는다. 우리가 무엇을 '안다'는 인식 작용은, 마치 몸이 어떤 음식을 '먹는' 것과 유사하다. "10년 후에 당신은, 지금 당신이 먹고 있는 음식이다"라는 말처럼, 인식은 존재에 영향을 미치고 또한 존재는 인식에 영향을 미친다. 개미가, 사람이 인식하는 것처럼 인식할 수 없듯이, 우리가 '영(Spirit)이신 하나님'과 그의 세계를 제대로 인식하려면, 죄와 죽음과 허무에서 벗어난 '새로운 생명'을 얻어야 한다. 그 '새로운 존재, 위로부터 주어진 생명'은, 하나님께서 우리에게 보내신, 즉 '위로부터 오신' 그 아들 예수 그리스도를 믿음으로써 얻을 수 있다. 새로운 존재가 되어야, 새로운 인식이 생기기 때문이다. 사도 요한의 증언을 들어 보자.

> "태초에 말씀이 계시니라. 이 말씀이 하나님과 함께 계셨으니 이 말씀은 곧 하나님이시니라. 그가 태초에 하나님과 함께 계셨고 만물이 그로 말미암아 지은 바 되었으니 지은 것이 하나도 그가 없이는 된 것이 없느니라. 그 안에 생명이 있었으니 이 생명은 사람들의 빛이라."(요 1:1-3)

세상이 창조되기 이전에 '말씀' 곧 '아들이신 하나님'이 계셨다. 그러니까 창조 계시 이전에 구속 계시의 본실이시며 예수 그리스도로 오신 성자(聖子) 하나님이 계셨다는 뜻이다. 만물 곧 자연은 그 말씀으로 말미암아 지은 바 되었고, 모든 것은 그 말씀이 그 기초요 근거요 원리인 것이다. 말하자면 '은혜'가, '자연'에 선행하고 선재해 있었다.

그뿐 아니라 자연과 은혜, 창조와 구원의 본질인 그 말씀, 곧 그 아들 안에는 '생명'이 있었다. 참된 생명, 영원한 생명은 언제나 그 아들, 그 말씀으로부터 온다. 그러므로 우리가 '새로운 존재' 즉 죄와 죽음과 허무의 지배에서 벗어난 '새 생명, 영적 생명'을 얻으려면 그 말씀이신 하나님의 아들을 믿고 받아들여야 한다. 그때, 그 아들의 생명은 우리 안에서 '빛'이 된다. 그 아들, 그 말씀의 '생명'을 얻은 자는, 그래서 자신 안에 그 생명만이 줄 수 있는 '빛'을 얻고, 그 빛 안에서 자신과 하나님과 세상을 '볼 수 있게' 된다.

새로운 존재가 새로운 인식을 선물하고 가능하게 하는 것이다. 거꾸로 말해서, 이런 영적이고 새롭고 영원한 생명을 '잃은' 상태, 즉 죄와 죽음과 허무의 어둠 아래 갇혀 있는 존재는, 그 어둠 속에서 아무것도 제대로 '알 수 없는' 상태에 놓여 있다는 뜻이 된다.

'타락'은 인간의 존재를 더럽히고 사망의 권세 아래 가두어 썩게 만들었을 뿐 아니라, 인간의 인식까지도 어둡게 하고 왜곡하고 부패하게 만들었다. 그래서 구원이란, 믿는 자에게 새로운 생명, 죄와 죽음과 허무를 벗어난 영적이고 '영원한 생명'을 주는 것일 뿐 아니라, 그 생명을 통해 '새로운 인식' 즉 하나님과 그에게 속한 영적인 것들과 자연 계시 속에 드러난 하나님의 모든 성품과 뜻과 활동을 보게 하고 깨닫게 함을 의미한다.

4. 행동 계시와 말씀 계시 – '방식'에 따른 구분

하나님께서 자신을 계시하시는 방식에 따라, '행동' 계시와 '말씀' 계시의 구분이 생긴다. 앞서 인용한 글에서 보스(Vos)는, 하나님께서 우리의 존재를 새롭게 하시는 '구원 행동'을 '성경적 역사'라고 부르고, 그 객관적이고 역사적인 구원 행동을 설명하고 알게 하시는 기록된 '말씀 계시'를 '성경적 신학'이라고 명명했다.

'성경적 역사'(biblical history)란, 하나님께서 세상과 역사 안에서 구원과 창조의 완성을 위하여 행하신 역사를 가리킨다. '성경적 신학'(biblical theology)이란 하나님의 말씀 계시인 성경을 통해 하나님에 대하여 알게 되는 지식의 총체이다. 그러니까, 하나님께서 우리와 피조 세계의 구원을 위하여 자신을 계시하심에 있어서 '말씀'으로만 아니라 '행동'으로도 하시는 것이다. 하나님께서 자신을 '행동'으로 계시하신 것을 성경적 '역사'(歷史)로 부를 수 있다면, 그것을 설명하고 기록하여 전달하는 '말씀' 계시의 총체를 성경적 '신학'(神學)이라 부른다는 것이다.

흥미로운 점은, '성경적 역사' 곧 하나님의 행동 계시의 역사조차 '성경적 신학'을 제공하는 말씀 계시 곧 성경을 통해서 이해하게 된다는 사실이다. 하나님 자신의 '행동'은, 하나님 자신의 '말씀'으로 가장 잘 설명될 수 있기 때문이다. 생각해 보라. 당신이 어떤 '행동'을 했는데, 그것을 가장 잘 설명할 수 있는 사람이 있다면 누구이겠는가? 이스라엘 백성이 홍해를 건널 때, 홍해 바다가 갈라졌고 그들은 그 한가운데 마른 땅을 걸어서 건넜다. 이런 기적, 하나님의 이런 '행동 계시'는 누가 가장 잘 설명할 수 있는가? 수많은 학자들이 그럴듯한 설명을 제시할 수는 있지만, 하나님 자신의 행동은 하나님 자신의 말씀이 가장 정확하게 설명할 수 있는 것이다.

마찬가지로, 하나님의 아들이 성령으로 잉태되어 육신을 입고 이 세상에 오셨다. 죄 없으신 그가 십자가에서 죽으셨고, 빈 무덤을 남기시고 부활하셨으며, 하늘로 올라가셨다. 이런 엄청난 하나님의 행동 계시를 어떻게 설명할 것인가? 수많은 학자들이 나름대로의 역사적 자료를 바탕으로 각자의 가설을 제시할 수 있겠지만, 이 역시 그 아들을 세상에 보내신 '하나님 자신의 설명', 곧 그의 말씀 계시인 '성경'이 가장 정확한 설명을 제공한다. 하나님의 행동은, 하나님 자신의 말씀이 설명하는 것이다.

이것이, 하나님의 '구원 계시'가 작동하는 방식이다. 하나님께서 세상과 역사 안에서 구원을 위해 '행동'으로 자신을 계시하시고, 곧이어 자신의 '말씀'으로 자신의 행동의 계시를 설명하는 것이다. 그 결과가, 우리가 갖게 된 '성경' 곧 '기록된 하나님의 말씀'이다. 예를 들어 보자. 마태복음 3:15-17에는, 하나님의 놀라운 '행동 계시'가 일어나는 장면이 있다.

'성자 하나님'이신 예수님께서 세례 요한에게 세례를 받으신다. 죄 없으신 그분께서 죄인들이 받아야 하는 세례를 받으시고 물 위로 올라오셨을 때, 하늘이 열리고 거기로부터 '성령 하나님'이 친히 내려오신다. 이것은 우리와 세상의 속죄와 구원을 위한 '하나님의 행동 계시'이다. 그런데 놀랍게도 하나님의 이러한 '행동 계시'가 있은 직후, 하늘로부터 '소리' 곧 하나님의 '말씀 계시'가 들린다. "이는 내 사랑하는 아들이요, 내 기뻐하는 자라"(마 3:17).[7] 하나님께서 자신의 행동 계시를, 자신의 말씀 계시로 설명하는 장면이다.

바로 이런 것이 하나님의 '구원 계시가 작동하는 방식'이고, 동시에 '성경이 형성되는 근본 구조'이다. 이번에는 모세 오경을 예로 들어 보자. 하나님께서 이스라엘 백성을 먼저 애굽에서 건져 내셨는가? 아니면 그들에게 십계명 또는 모세오경을 먼저 주셨는가? 당연히, 하나님께서는 먼저 저들을 구원하시는 행동을 하셨고, 그 후에 말씀 계시를 주셨다. 신약의 사복음서(Four Gospels)의 경우도 마찬가지이다. 하나님께서 그 아들 예수 그리스도를 세상에 '보내신 행동 계시'가 먼저 있었고(히 1:1-3), 그 엄청난 종말의 구원 행동 계시를 설명하기 위해 4권이나 되는 복음서 곧 풍성하고 다양한 '말씀 계시'가 주어진 것이다.

무엇보다, 창조이든 구원이든 하나님께서는 자신을 '말씀'만이 아니라 '행동'으로 나타내신다는 사실을 기억해야 한다. 따라서 '계시'라고 할 때 그것은 기록된 성경만을 가리키지 않는다. 물론 우리는 하나님의 말씀 계시인 성경

---

7 여기서 '내 사랑하는 아들'이라는 표현은 시편 2:7에, 그리고 '내 기뻐하는 자'라는 표현은 이사야 42:1에 기록되어 있는 말씀이다.

을 통해서라야, 자연이든 구원이든 하나님께서 자신을 행동으로 계시하신 내용을 알게 된다. 하나님께서 하신 행동을 하나님께서 하신 말씀으로 이해하는 것이 가장 자연스럽고 상식적이고, 상대를 대하는 합당한 태도이기 때문이다.

만일 당신이 어떤 행동을 했는데, 그 행동을 이해하겠다는 친구가 당신을 안다고 주장하는 다른 사람들에게만 묻고, 혼자 자료를 취합하고 판단하며, 당신에게 그 어떤 설명이나 해명도 구하지 않는다면 당신은 어떤 기분이 들겠는가? 성경을 읽을 때에도 마찬가지이다. 자연이든 구원이든, 그것이 하나님께서 행동으로 자신을 드러내신 사건이라면, 우리는 마땅히 그 행동을 설명한 하나님 자신의 설명을 들어 보아야 한다. 그래서 성경 읽기에는, 우선적으로 상대방에게 마음을 열고 귀를 기울이는 '경청' 즉 겸손함과 부지런함이 요구되는 것이다.

이해와 나눔을 위한 질문

1. '찾아오시는 하나님'에 관한 단락을 읽고, 느낀 바를 나누어 보라. 당신을 찾아오시는 하나님에 대하여, 그리고 당신은 그런 하나님을 어떤 방식으로 만나고 있는지에 대하여 이야기해 보라.

2. 이번 과에서 배운 창조 계시와 구원 계시 그리고 행동 계시와 말씀 계시에 대해, 자신이 가장 인상 깊게 깨닫거나 배우게 된 바를 몇 가지로 정리하여 서로 나누어 보라.

3. 당신을 '찾아오시고, 살리시고, 알게 하시는' 하나님에 대한 설명을 읽고 새롭게 깨닫게 된 것들을 몇 가지로 정리해서 서로 이야기해 보라. 또한, 하나님의 그런 '노력'에 대해 당신은 '어떻게 구체적으로 응답'하고 있는지, 또는 앞으로 어떻게 응답하려 하는지 생각해 보고 서로 나누어 보라.

제3과

계시의 '유기적이고 점진적인' 성격과 성경의 구조

하나님의 계시는 '유기적'이고 '점진적'이다. '유기적'(organic)이라는 말은, 하나의 생명체처럼 여러 모양이나 부분들이 '동일한 생명을 공유하는 통일체'로 존재한다는 것을 뜻한다. '점진적'(progressive)이라는 것은, 그 유기체의 생명이 '전개되고 성장하여 여러 단계들을 거쳐' 온전함에 이른다는 것을 뜻한다. 하나님의 계시가 나타나고 전개되는 방식이, 벽돌을 쌓아 놓는 것처럼 서로 연결되지 않는 무기물의 축적과 같지 않고, 마치 하나의 생명이 성장하는 과정과 같다는 것이다.

1. '유기적이고 점진적인'

하나님의 계시가 유기적이고 점진적이라는 특징은, 창조 계시를 통해서도 완연히 드러난다. 하나님께서 창조하신 피조 세계는 많은 생명체들로 가득하다. 그 생명체들은 '유기적'이어서 하나의 통일체를 유지하면서 '점진적'

으로 성장하고 변화한다. 하나님께서 창조하신 피조 세계는 다양한 모습으로 여러 단계를 거쳐 전개되지만, 그 전체가 하나의 생명으로 연결되어 있는 유기체라 할 수 있다.

또한 하나님의 말씀으로 창조된 이 세상은 창조와 타락 그리고 구속의 단계를 거쳐, 이 세상을 창조한 말씀의 '유기적인' 통일성 안에서 '점진적'으로 새 창조(new creation; 고후 5:17; 계 21:1-4)의 세계로 나아간다. 생명이 있는 씨앗이 땅에 떨어져 열매를 맺기까지 성장하는 것처럼, 하나님의 행동 계시와 말씀 계시 역시 '유기적이고 점진적'인 특징을 드러내는 것이다. 아래의 그림을 보자.

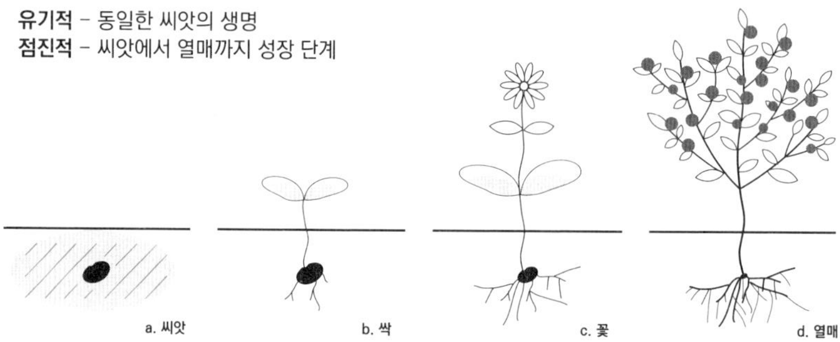

계시의 유기적이고 점진적인 특징

씨앗의 경우에 '유기적'이라는 것은, 씨앗일 때나 싹이 날 때 그리고 꽃이 필 때나 열매를 맺을 때 그 생명은 '동일한 하나의 생명'이라는 뜻이다. '점진적'이라는 것은, 그 동일한 생명이 씨앗의 단계를 거쳐 싹의 단계, 꽃이 피는 단계 그리고 열매를 맺는 단계에 이르기까지 '여러 단계를 거쳐 전개된다'는 의미이다. 그러니까 씨앗 속에는 '유기적으로' 장차 열매로 드러날 생명이 이미 들어 있다는 뜻이고, 또한 씨앗의 생명은 열매를 통해 온전히 '점진적으로' 드러나게 된다는 뜻이기도 하다.

하나님의 계시도 이와 같은 '유기적이고 점진적인' 특징을 갖는데, 이는 창조 계시뿐 아니라 구속 계시에서 더욱 선명하게 드러난다. 하나님께서 세상의 구원을 위하여 계시하신 내용들은 오랜 역사에 걸쳐 "여러 부분과 여러 모양으로"(히 1:1) 나타났지만, 그 구속 계시들은 마치 하나의 씨앗이 성장의 여러 단계에서도 동일한 생명을 드러내 보여 주듯이, '점진적 다양성' 속에서도 '유기적 통일성'을 유지한다는 것이다.

예를 들어 보자. '죄의 용서' 또는 '속죄'(forgiveness of sin)에 관한 하나님의 구속 계시는, 그 가장 최초의 단계에서는 선악과를 먹고 하나님의 말씀을 거부한 첫 사람 아담과 하와의 범죄에 관련된 가죽옷 사건에서 드러난다(창 3:21). '가죽옷'은 어디서 나왔는가? 아담과 하와는 그들이 선악과를 먹는 날에는 '정녕 죽으리라' 하신 말씀을 들었는데, 하나님께서 범죄한 그들을 부르셨을 때 그들은 자신들이 아니라, 자신들의 눈앞에서 어린양 같은 동물이 속죄 제물로서 그들 대신 피를 흘리며 죽는 것을 보게 된 것이다.

이 사건은, 그 이후 펼쳐질 '대속'(代贖, redemption)에 관한 계시가 '씨앗'과 같은 형태로 주어진 것이다. 그리고 씨앗에서 싹이 나고 잎이 무성하게 나듯이, 레위기에 오면 '대속'의 계시는 큰 폭으로 증대하여 더 복잡하고 더 온전한 형태로 나타나는데 그것이 '제사법'이다(레 1:1-9). 이러한 '대속'의 계시는, 신약에 이르러 그 가장 단순하지만 원숙한 형태로 드러난다.

세례 요한이 하나님의 아들 예수 그리스도가 자기에게로 오는 것을 보았을 때, "보라, 세상 죄를 지고 가는 하나님의 어린양이로다"(요 1:29)라고 증거한 대로, 대속에 관한 계시는 하나님의 아들에게서 그 절정에 이르게 되는 것이다. 이는 마치, '죄 사함'에 관한 계시가 창세기 3장의 '가죽옷'이라는 씨앗의 단계로부터 시작해서, 레위기의 '제사법'이라는 나무의 단계를 거쳐, '어린양 예수 그리스도'에게서 꽃을 피우고 열매를 맺은 것과도 같다.

또 다른 예를 들어 보자. 하나님께서는 천지를 창조하실 때에 '빛'을 만드셨다. 그 '광명체'들은 '빛'에 대한 창조 계시로서(창 1:16-17), 사람들은 그 빛을 보고 하나님을 더 알고 사랑하도록 되어 있었다. 하지만 사람이 죄와 죽음의 어둠 속에 갇혀 버리자, 해와 달을 통해 하나님께로 나아오는 것이 아니라, 그런 피조물에게 절하며 그것들을 우상으로 섬기게 되었다.

그래서 하나님은 '말씀'을 주시고, 그 말씀이 사람들을 우상숭배에서 나오게 하는 '빛'이 되게 하셨다(시 119:105). 그리고 마침내 이러한 창조 계시와 구속 계시의 절정으로서 '참빛'이요 '세상의 빛'이신 그 아들 예수 그리스도를 세상에 보내신 것이다(요 1:4; 8:12). 결국 '빛'에 관한 최종적 계시로서 창조의 완성을 가져오는 새 창조 때에는, 하나님 아버지 자신이 '빛'으로 그의 백성과 친히 함께하실 것이다(계 22:5).

이처럼, 하나님께서 계시하는 빛의 본질은 하나님과 그 아들 자신으로 '유기적인' 통일성을 갖지만, 창조와 구속의 역사 속에서 그 빛은 여러 단계에 여러 모양으로, 점진적으로 더 온전히 나타나는 것이다. 이런 점에서, 계시의 '유기적이고 점진적인' 성격은, 구약성경과 신약성경 사이의 통합적이고도 역동적인 관계를 증거한다. 성 아우구스티누스는, '계시'로서의 구약과 신약이 서로 어떻게 연관되어 있는지를 아래와 같은 통찰력 있는 명제로 요약했다.

> "신약은 구약 속에 감추어져 있고, 구약은 신약 안에 드러나 있다."
>
> (St. Augustine, *Quaestionum in Heptateuchum libri Septem* 2.73)

이 명제는, 신약과 구약이 한 분 하나님의 계시의 말씀으로서 '유기적인 통합성'을 갖고 있으며 동시에 그 계시의 본질을 '점진적으로' 드러내고 있음을 명쾌하게 표현한다. 이를 쉽게 이해하기 위해 앞서 제시했던 '씨앗이 성장하는' 그림을 다시 보자. 여기서 '신약'은 '꽃이나 열매'를 가리키고, '구약'은 씨앗이나 뿌리를 가리킨다고 생각해 보자.

그렇다면 '신약은 구약 속에 감추어져 있고'라는 말은, 다 자란 나무에 달린 꽃이나 열매로 나타난 나무의 생명은 애초에 씨앗이나 뿌리 속에 '잠재되어 있다'는 말이 된다. 반대로 '구약은 신약 안에 드러나 있다'는 말은, 씨앗이나 뿌리 속에 잠재되어 있던 생명이 드디어 그 나무의 꽃이나 열매를 통해 '드러난다'는 뜻이 되는 것이다.

결국 씨앗이나 뿌리가 꽃이나 열매와 '한 생명체'인 것처럼, 구약과 신약은 하나님의 계시의 '본질적인 통일성'을 유지한다. 하지만 꽃이나 열매가 씨앗이나 뿌리와는 그 모양도 기능도 다른 것처럼, 신약이나 구약에서 드러난 하나님의 계시도 서로 다른 모양, 다른 기능을 드러내는 '점진적인 과정'에 속해 있다는 것이다. 그래서 구약과 신약은 하나님의 계시로서 '유기적 통일성'을 가지면서도 '점진적 다양성'을 드러내는 것이다.

이처럼 신약은, 구약과의 관계에서 '연속성'(continuity; 유기적 통일성)을 가지면서도 '불연속성'(discontinuity; 점진적 다양성)을 가진다. 이 사실은 앞으로 신약성경을 이해하는 데에 있어서 매우 중요한 관점을 제공한다. 구약과 신약이 하나님의 계시로서 연속적으로 '동일한 생명을 공유'하고 있음을 아는 동시에, 그 계시의 동일한 생명이 신약에 이르면서 '불연속적인' 발현 단계를 거치며 '점진적으로 온전하게 실현'된다는 사실을 깨닫는 것은, 하나님의 '말씀 계시로서 성경'을 올바로 이해하는 데에 있어 결정적이다.

(1) '객관적이고 역사적인' 그리고 '주관적이고 개인적인'

이제껏 설명한 바를, 다시 한 번 정리해 보자. 성경은 '하나님의 말씀 계시'이다. 하지만 하나님의 '계시'는 말씀으로만 나타나는 것이 아니라 '행동'으로도 나타나며, 그것을 '성경적 역사'(biblical history)라고 부를 수 있다. 성경은 '말씀 계시'로서 하나님의 '행동 계시'를 문자로 기록한 것이다. 그리고 하나님의 행동 계시와 말씀 계시는, 구원과 창조의 완성을 위한 하나님의 역사 안에서 서로 짝을 이루며 '유기적이고 점진적으로' 전개된다. 여기에서 우리는, 성경이 어떻게 형성되었으며 어떤 구조를 갖고 있는지를 엿볼 수 있다.

왜냐하면 하나님의 구원 계시가 하나님의 '행동'과 '말씀'을 통해 '유기적이고 점진적으로' 나타나는 원리와 방식 자체가, 성경에 그대로 담겨 있고 그것이 성경의 구조를 형성하기 때문이다. 무슨 말인가? G. 보스(Vos)는 하나님의 계시 활동의 이런 역동성을 잘 설명하고 있다.[1] 우선, 하나님의 말씀 계시는 하나님의 구원을 실현하는 행동 계시와 '구분'되지만 '분리'되지 않는다는 점을 기억하자. '구분된다'는 것은, 하나님께서 구원을 위한 계시를 행동으로도 하시고 말씀으로도 하신다는 뜻이다. '분리되지 않는다'는 것은, 계시로서 하나님의 행동과 말씀은 서로 짝을 이루며 맞물려 계시된다는 의미이다.

즉, 구원을 위한 하나님의 행동 계시가 일어나면, 그 행동 계시를 설명하는 말씀 계시가 뒤따라온다는 것이다. 이는 예수 그리스도를 통한 하나님의 '역사적이고 객관적인' 구원 계시에서뿐 아니라, 예수 그리스도의 사역을 근거로 성령께서 한 개인 안에 '주관적이고 개인적인' 구원을 일으키실 때에도 확인되는 사실이다. 무슨 말인가? 앞서 설명했듯이, 하나님께서는 구약 시대의 '출애굽'(the Exodus)이나 신약 시대의 '성육신'(the Incarnation)처럼 구원을 위한 '역사적이고 객관적인' 구원 행동–사건을 일으키시고, 그 후에 하나님의 영의 인도하심을 받은 선지자들이나 사도들을 통해 그 사건을 설명하는 '말씀 계시'를 주신다.

유사한 패턴으로, 하나님께서 한 사람을 구원하실 때에도 말씀과 성령의 역사를 통하여 '주관적이고 개인적인' 차원에서 '행동'으로 역사하시고, 또한 그에게 일어난 하나님의 구원–행동을 이해할 수 있도록 기록된 '말씀 계시'인 성경을 깨닫게 하신다. 그러니까 한 개인이 하나님의 계시를 경험할 때에

---

1 Vos, *Biblical Theology*, 5-8; 『성경신학』, 21-24.

도, 하나님께서 먼저 그에게 새 생명 즉 영적 생명을 주시는 구원 '행동'으로 자신을 계시하고 그 후에 '말씀'으로 자신의 구원 행동을 그에게 깨닫게 하시고 설명하시는 것이다.

여기서 왜 성도들이 성경을 부지런히 배워야 하는지, 그 근본적인 이유를 알게 된다. 하나님께서 복음을 믿는 자 안에 일으키신 '구원 행동'의 결과는 실로 엄청난 '신비'(神祕)이다. 그것을 무엇이라 부르든지, 그것은 삼위 하나님께서 죄와 죽음 아래 갇혀 있던 우리의 '존재'를 변화시키시는 '놀라운 생명의 사건'이 일어난 것이다. 하지만 만일 그런 놀라운 존재적 변화를 '알지 못한다'면 즉 '누리지 못한다'면, 그런 성도는 거의 구원받지 못한 상태에 방불한 지경까지 이를 수도 있게 된다.

그래서 사도 요한은, 하나님의 아들을 믿고 영원한 생명을 받았지만, 그 사실을 알지도 못하고 누리지도 못하는 성도들에게, 그들 안에 이미 영원한 생명이 '있음을 알게 하려고' 편지를 썼다고 힘주어 말한다(요일 5:13). 이렇게 생각해 보자. 누군가가 당신이 가장 좋아하는 맛있는 빵을 당신에게 주었다고 가정해 보라. 당신 손에 그 빵이 들려 있고, 당신은 그 빵을 바라보고 있다. 당신은 너무나도 운 좋게 그 빵을 받게 되었다. 자, 이제 배가 부른가? 그럴 리가 없다. 그럴 수도 없다. 왜냐하면 그 빵을 '아직 먹지 않았기' 때문이다.

우리의 구원이 '존재와 인식'이라는 두 차원에서 일어난다는 사실도, 이와 유사한 방식으로 설명될 수 있다. 우리가 '존재적'으로 거듭나고 영원한 생명을 얻게 되었어도, 그것을 '알고 누리지' 못한다면, 그것은 우리의 것이 되기 어렵다. 예수님은 '생명을 주시러' 오셨을 뿐 아니라, 그 생명을 '더욱 풍성하게' 하려 하신다(요 10:10).

마찬가지로, 하나님께서는 우리 안에 구원을 일으키시는 '행동'으로 자신을 계시하실 뿐 아니라, 그 구원 행동을 알게 하시고 풍성히 누리며 소유할 수 있도록 '말씀'을 깨닫게 하신다. 이것이 성도가 최선을 다해 성경을 배워

야만 하는 이유이다. 손에 빵을 들고서 굶어 죽는다면, 그것보다 비참하고 어리석은 일이 어디에 있겠는가.

(2) 반드시 '성취되는 말씀'

하나님의 구원 계시는 '역사적이고 객관적인' 차원에서도 일어나지만 '주관적이고 개인적'인 차원에서도 계속된다. 하나님께서 자신을 계시하시는 목적이 달성되어야 하기 때문이다. 그 목적은 구원과 회복을 통하여 끝내 '창조를 완성'하시는 것이다. 창조 때에 "빛이 있으라"(창 1:3) 하신 말씀대로, 빛이신 하나님 자신이 그의 백성과 피조 세계와 더불어 친히 거하시는 그날이 오기까지(계 21:23), 창조의 말씀은 그 온전한 성취를 향하여 지속적으로 역사한다. 하나님께서 만물을 '말씀'으로 창조하셨고, 그 말씀은 이미 실현되었고, 실현되는 중이며, 장차 온전히 실현될 것이다. 하나님의 말씀은 하나님께로부터 나와서, 그 뜻을 실현하는 바 없이 헛되이 그에게로 돌아가는 법이 없다. 하나님의 말씀은 반드시 실현된다.

> "이는 비와 눈이 하늘로부터 내려서 그리로 되돌아가지 아니하고, 땅을 적셔서 소출이 나게 하며 싹이 나게 하여 파종하는 자에게는 종자를 주며 먹는 자에게는 양식을 줌과 같이, 내 입에서 나가는 말도 이와 같이 헛되이 내게로 되돌아오지 아니하고, 나의 기뻐하는 뜻을 이루며 내가 보낸 일에 형통함이니라."(사 55:10-11)

하나님의 계시는 그분의 행동과 말씀을 통해 반드시 구체화된다. 반드시 실현된다. 반드시 역사 안에서 그리고 우리 안에서 '성육신화'(成肉身化, incarnation)된다. 하나님은 말씀으로 세상을 창조하셨고, 구약의 선지자들을 통해 그 말씀을 알려 주셨다. 그뿐 아니라, 마침내 그 말씀이신 하나님의 아들 자신이 육신을 입고 세상에 직접 오셨다.

하나님의 '계시의 성육신화'는 여기서 그치지 않는다. 그 말씀을 믿고 받아, 그 말씀의 생명으로 거듭난 하나님의 자녀들을 통해, 하나님의 말씀은 하나님 백성의 존재와 삶을 통해 더욱 구체화되고 온전히 성취된다. 하나님의 말씀은, 그 말씀을 믿고 받아들이는 심령뿐 아니라, 마지막 날 '그들의 육체까지도' 온전히 변화시킬 것이다.

하나님은 말씀으로 세상을 창조하셨을 뿐 아니라, 죄와 죽음 아래로 떨어져 버린 세상을 그 말씀이신 아들을 통해 구원하시고, 또한 그 말씀으로 타락한 창조 세계를 그 이전보다 더 온전한 상태로 회복하고 완성하신다. 하나님의 말씀은, 한번 그의 입에서 나오면 결단코 실패하는 일 없이, 신실하게 그 뜻을 이루어 내신다.

(3) 계시의 '단계들'과 그 '최종적 완성'

이렇듯 하나님의 행동 계시는, 그분 자신의 말씀 계시에 의해 설명되고 또 그래야 한다. 하나님의 행동 계시는 스스로를 설명하지 못하고, 또 다른 방식으로는 올바르게 설명되지 못하기 때문이다. 그래서 하나님의 행동 계시는 말씀 계시에 의해 설명되고, 또 하나님의 말씀 계시는 장차 일어날 하나님의 행동 계시를 예고하기도 한다.

행동 계시와 말씀 계시는 서로 짝을 이루며 나타나는데, 하나님의 구원 행동이 '유기적이고 점진적인' 특징을 보이는 만큼, 말씀 계시도 이와 보조를 맞춘다. 한 분 하나님께서 행하시고 말씀하시는 계시로서 일관된 본질을 가지면서도, 계시가 전개되는 '각 단계마다 완전성'을 이루며, 전개될수록 점점 더 '온전한 복잡성 속의 통일성'을 향하는 것이다.[2]

---

2 Vos, *Biblical Theology*, 7.

무슨 말인가? 이를 명확히 이해하기 위해, 앞에서 '계시의 유기적이고 점진적인' 성격을 '씨앗의 성장'에 비유한 그림으로 돌아가 보자. 여기서 씨앗의 생명은 그 씨앗의 단계에서부터 시작하여 싹이 나는 단계, 가지와 잎이 무성해지는 단계, 그리고 드디어 꽃이 피고 끝내 열매를 맺는 단계로 전개된다. 만일 이 씨앗이 '감나무 씨앗'이라면, 그 씨앗이 전개되는 여러 단계들 가운데서 '과연 어느 때에' 감나무라고 말할 수 있겠는가?

물론 실제로 '감' 열매가 달린 최종 단계를 가리켜 '감나무'라고 할 수 있지만, 그 이전에 감꽃이 피었을 때는 감나무가 아니던가? 아니, 그보다 훨씬 이전에 단지 가지와 잎만 무성한 단계에서도 그것은 여전히 감나무일 것이다. 그리고 맨 처음에 싹이 나오는 단계 역시 그것은 '감나무 싹'이라고 불릴 것이다.

하나님의 구원 계시가 '각 단계마다 완전성'을 이룬다는 것은 이런 의미이다. '감 씨앗'에서 나왔다면, 그것이 씨앗의 단계이든, 싹이 난 단계이든, 가지와 잎만 있는 단계이든, 아니면 꽃이 핀 단계이든, 아직 열매가 달리지 않았다 해도, 각 단계에서 그 '감 씨앗'은 그 단계에 적합한 형태로서 '감나무'의 생명을 그대로 유지하고 있는 것이다.

하나님의 계시도 이런 식으로, 그 계시가 전개되는 각 단계가 어느 정도이든, 그 단계에서는 그 계시의 본질을 그대로 갖고 있다는 의미에서 '완전성'을 포함한다고 할 수 있다. 다음은, 구원 계시의 여러 단계들을 씨앗이 성장하는 여러 단계에 비유적으로 연결해 본 도표이다.

계시의 '각 단계에서의 완전성'과 '점진적 복잡성과 통일성'

씨앗의 성장 단계	새싹	줄기	무성한 잎	꽃	열매
계시의 전개 단계	족장 시대	모세 시대	왕국/포로 시대	예수 그리스도	교회 시대

하나님의 구원 계시가 전개되는 과정을 대략 위와 같이 나눌 수 있다면, 이를 계시의 '유기적 점진성'이라는 특징에 따라 씨앗이 성장하는 단계에 비유할 수 있다. 즉, 아브라함부터 시작하는 족장 시대를 그 새싹이 나는 단계라고 할 수 있다면, 모세 시대는 그 구원 계시가 줄기를 형성하는 단계, 그리고 이스라엘과 유다의 왕국 시대와 그 이후 포로 시대는 많은 가지에 푸른 잎이 무성해지듯 구원 계시가 풍성해지는 시기이며, 이는 결국 하나님의 아들 예수 그리스도가 오셔서 그 구원 계시가 드디어 '꽃'을 피우는 시기로 이어진다.

그리고 그 결과로 열린 교회 시대는 하나님의 구원 계시의 '열매'가 맺히는 단계라 할 수 있는 것이다. 여기서 중요한 것은, 구원 계시가 아직 열매의 단계에 이르지 않은 그 이전의 단계들에서도 하나님의 구원 계시는 그 '나름대로의 완전성'을 갖추고 있다는 사실이다. 이는 계시의 '유기적'인 특징 때문에, 마치 씨앗이 단지 잎이 난 정도의 단계라 할지라도 그것은 '동일한 씨앗의 생명'을 유지하는 것과 같은 맥락이다.

계시의 '유기적 점진성'을, 사람이 태어나서 갓난아이의 시절을 지나, 유소년 시절, 청년 시절을 거쳐 마침내 성인이 되는 것에 비유할 수도 있다. 사람은 성인이 되어서야 비로소 가장 '원숙하고 복잡한 통일체'가 된다. 하나님의 구원 계시도 그와 같다. 역사와 세상의 종말에 이르러서야 비로소 그 계시는 가장 '온전하고 복잡한 통일성'을 드러내게 될 것이다. 인간의 성장도 '점진적'이기 때문이다.

하지만 아이가 '어리다'고 '사람'이 아닌 것이 아니며, 땅에 묻혀 있는 씨앗과 같은 태아(胎兒)도, 바람에 흔들리는 어린 싹과 같은 십대 청소년도 똑같은 인격이고 존귀한 사람이다. 사람으로서의 생명과 인격성은 '유기적'인 통일성을 갖기 때문이다. 이처럼, 구약에서 시작하는 하나님의 구원 계시는, 신약 시대의 예수 그리스도의 계시, 교회의 계시, 그리고 종국에는 주께서 다시 오실 때 완성하실 '새 하늘과 새 땅'이라는 최종적 계시에 이르러 그 가장 '온전하고 복잡한 통일성'을 드러내게 될 것이다.

그렇다고 해서, 그 이전 단계의 구원 계시가 그 '본질에 있어서 원시적(primitive)'인 것은 아니다. 그러니까 처음에는 본질적으로 없었던 것이, 나중에 발전하면서 점진적으로 '생겨난' 것이 아니다. 계시의 '유기적이고 점진적인' 성격은, 마치 무기물이 생물이 되고, 아메바가 도마뱀이 되고, 도마뱀이 원숭이가 된 다음, 원숭이가 사람이 되었다는 식으로 본질적인 생명과 정체성 자체가 '변질(變質)되는 진화 과정'을 뜻하는 것이 아니다.

하나님의 구원 계시가 '유기적이고 점진적'이라는 것은, 마치 사람이 성인일 때 가장 온전하고 복잡하고 통일적인 모습을 드러내지만, 그가 어린아이일 때나 청년일 때에도 그 단계에서는 '동일한 사람'으로서의 '완전성'을 유지하는 것과 같은 이치인 것이다.

그래서 구약 성경을 이해하고자 할 때, 구약의 모든 본문에서 '직접적으로' 그리스도에 관한 예언이나 모형(type)을 찾으려는 시도는, 가능하지만 적절하지 않은 것이다. 그렇게 하는 것은 마치 나무의 뿌리나 줄기나 잎에서 그 나무의 열매의 모습을 '직접적으로' 찾아내려는 시도와 같기 때문이다. 그 나무가 갖는 유기적 생명의 통일성을, 뿌리나 줄기나 잎과 같은 그 생명이 전개되는 '각 단계의 풍성함을 제거하는 방식'으로는 이해할 수 없는 것이다.

예수 그리스도의 빛 아래서 구약 성경을 이해할 때도 마찬가지이다. 열매가 뿌리에 '감추어져 있듯이' 신약은 구약 안에 감추어져 있으며, 뿌리 속에 있는 생명이 결국 그 열매로 '드러나듯이' 구약은 신약을 통해 드러나는 것이다. 성경 역시 이런 식으로 그 영적 생명의 '유기적이고 점진적'인 성격을 갖고 있다.

(4) 단순하지만 풍성한 진리

'계시'에 대한 이런 이해가 왜 그렇게 중요한 것일까? 우리는 종종 '예수 그리스도가 오시기 전에 구약 성도에게는 구원이 있었는가?'라고 질문하곤 한다. 만일 우리가, 계시의 '유기적이고 점진적인 특징'을 알고 있다면, 하나님께서 베푸시는 구원이 예수 그리스도를 통해 '온전하고 복잡한 통일체'로 나타난 것이지만, 하나님의 구원 계시는 구약 시대에도 나름대로 그 '단계적 완전성'을 갖고 있었다는 사실을 이해하게 된다.

예컨대 '죄 사함'의 경우, 레위기에 나타나는 '동물 제사 제도'는 종말에 나타난 예수 그리스도의 '온전한 속죄'에 비하면 '일시적이고 제한적이지만' 그 시대, 그 단계에서는 '속죄의 길'로서 종국적으로는 예수 그리스도의 구원에 수렴하는 제도였다. 물론, 예수 그리스도의 온전한 속죄 즉 '단회적이고 영원한 속죄'가 일어났을 때, 그 이전 단계의 속죄의 길들은 모두 효력을 잃고 폐지된 것이라는 사실도 분명하다(히 7:22-28; 9:11-22).

그것은 씨앗이 자라서 끝내 꽃을 피운 단계의 나무가 되었다면, 그 나무는 더 이상 그 이전 단계의 상태일 수 없다는 것과도 같고, 사람이 어른이 된 후에는 더 이상 어린아이가 아니고 어린아이의 일을 버린다는 것과 같은 의미이기도 하다(고전 13:11). 동시에, 씨앗이 끝내 열매를 맺는 나무가 되었다면, 그 나무는 '단순한 통일성'을 유지하면서도 그 생명의 '가장 복잡하고 풍성한' 형태를 드러내게 되는 것이다.

성경이 세시하는 '진리'의 본질과 특징도 그러하다. 진리는 '단순하지만, 복잡하고 풍성한' 것이다. 예수님은 자신이 '진리'라고 말씀하셨다. 그분의 인격적 통일성 안에 성경의 모든 계시의 내용이 담겨 있고 드러나 있다. 동시에, 그분 안에서 계시는 가장 복잡하고 풍성하며, 가장 깊고 가장 높고 가장 넓은, 영원한 풍성함을 드러낸다.

흔히 '진리는 단순한 것'이라 할 때, 그 단순함은 그래서 온갖 복잡성과 풍성함을 '포함하는' 단순성이다. 사람이 그저 단순하기만 하면 그것은 어리석은 것이다. 그렇다고 단순한 통일성 없이 그저 복잡하기만 하면 그것은 그저

'산만하고 어지러운' 것에 지나지 않는다. 성경이 계시라면, 성경을 배우는 모든 사람은 결국 진리이신 그분의 '단순한 통일성'과 함께 말로 다 할 수 없는 신비와 그 복잡하고 풍성하고 다양하고 영원한 생명을 따라, 그와 같이 '단순하지만 깊고 풍성한' 사람들로 성장하게 될 것이다.

결론적으로, 계시의 '유기적이고 점진적인' 특징은 하나님의 구원 계시가 어떻게 일관되고 통일되며 동시에 어떻게 점진적으로 발전, 전개, 성장하여 그 온전한 모습이 드러나게 되었는지 이해하게 해 준다. 또한, 우리가 구약 계시의 각 단계를 어떻게 바라보아야 하는지, 그리고 신약의 계시가 왜 구약 계시의 '온전한 성취'가 되며, 구약과 신약 계시는 어떻게 '연속적'('유기적')이며 동시에 '불연속적'('점진적')인지를 이해할 수 있도록 돕는 원리이다.

하나님의 계시인 창조와 성경은 모두, 어떻게 '단순한 통일성' 안에서 '풍성한 다양성'이 드러날 수 있는지, 또한 '풍성한 다양성'이 어떻게 '하나의 일관된 통일성' 안에 존재할 수 있는지를 보여 준다. 하나님의 계시의 이러한 성격은, '한 분이시며 삼위(三位)'로 존재하시는 하나님 자신의 통일성과 다양성을 그대로 닮아 있다. 하나님께서 창조하신 세상과 섭리하시는 역사 역시 복잡다단하고 헤아릴 수 없는 다양성을 드러내지만, 그것은 '다신론'(多神論)이나 '다원주의'(多元主義)의 '해체되어 파편화된 다양성'이 아니라, 한 분 하나님 안에서 통일된 '하나의 조화로운 세계, 하나의 일관된 역사' 속에서 펼쳐지는 다채로운 풍성함이다.

2. 계시의 특징에 따른 '성경의 구조'

우리가 갖고 있는 성경은, '기록된 말씀 계시'이다. 하나님의 계시의 행동과 말씀, 예수님께서 하신 행동과 말씀은 무수히 많을 것이다. 그 모든 계시가 전부 기록된 것은 아니다(요 21:25). 성경은, 하나님께서 우리의 구원을 위하여, 창조와 타락 그리고 새 창조에 대하여 우리가 반드시 알아야 할 충분한 내용들을, 성령의 이끄심을 받은 사람들을 통해 친히 기록하신 책이다(벧후 1:19-21; 딤후 3:16).

성경은 성령과 교회에 의해 증거를 받은 기록된 말씀 계시로서, 자연과 같은 '창조 계시'이든 혹은 그 어떤 사람에게 주어진 '주관적이고 개인적인' 계시이든, 그 진위(眞僞)를 판별하는 최종적인 근거가 된다. 또한 성령께서는 말씀과 더불어 역사하시며 말씀 계시인 성경을 믿음으로 읽는 사람의 심령과 삶 속에서, 하나님의 '주관적이고 개인적인' 행동 계시 곧 구원의 역사를 이루시며 말씀 계시인 성경을 깨닫게 하신다.

이처럼 하나님의 말씀 계시와 행동 계시는, 항상 짝을 이루며 함께 진행한다. 그것은 '역사적이고 객관적인' 영역에서도 그러하지만, '주관적이고 개인적인' 영역에서도 마찬가지이다. 하나님은 말씀하시고 행동하시며, 행동하시며 말씀하신다. 건져 내시며 알게 하시고, 알게 하시며 구원하신다. 예수님께서도 병든 자를 고치시고 죽은 자를 살리셨을 뿐 아니라, 복음을 전파하시고 가르치셨다. 우리의 존재와 인식 모두가 구원받고 회복되어야 하기 때문이다.

또한 '행동'과 '말씀'으로 나타나는 계시의 특징은, 성경의 형성과 구조를 이해하는 데 있어 결정적인 역할을 한다. 성경은 '기록된 말씀 계시'이고, 그 말씀 계시는 하나님의 행동 계시를 설명하거나 예견한다. 하나님의 구원 행동이 유기적이고 점진적인 방식으로 진행되는 것처럼, 그 행동 계시를 설명하고 예견하는 말씀 계시도 그와 같이 유기적이고 점진적인 성격을 드러낸다.

예컨대, 하나님의 행동 계시가 어떤 결정적인 성장 단계에서 큰 폭으로 증대하면, 그 풍성한 행동 계시를 설명하는 말씀 계시도 마찬가지로 큰 폭으로 증대한다.[3] 앞서 예를 들어 설명했듯이, 구약성경에서 '출애굽 사건'(the

---

3 Vos, *Biblical Theology*, 7.

Exodus)과 같은 중심적이고 폭발적인 행동 계시는 '모세오경'이라는 풍성한 말씀 계시를 가져왔다. 유사하게 신약성경에서 '예수 그리스도의 성육신(the Incarnation)과 죽으심과 부활'과 같은 종말론적인 엄청난 하나님의 행동 계시는, '네 개의 복음서'를 통해 설명해야 할 만큼 풍성한 말씀 계시를 요청하는 것이다.

하나님의 구원 계시는, 마치 하나의 씨앗이 성장하여 나무가 되는 과정처럼 어떤 단계에서는 잠잠하고 미미하게 '연속성'을 유지하지만, 어떤 단계에서는 큰 폭으로 성장하며 또한 전격적으로 다른 모습으로 전개되는 '불연속성'을 드러낸다. 예컨대 씨앗이 땅속에서 조금씩 뿌리를 내리는 과정은 미미해 보이지만, 갑자기 싹을 틔우며 땅 위로 솟아오를 때나, 그렇게 가지와 잎사귀를 펼치며 자라나다가 갑자기 '꽃'이 달리거나 '열매'가 맺히면, 그 이전의 상태와는 '전혀 다른 차원'에 들어가는 것처럼 보이는 것이다.

우리가 구약성경에서부터 시작해서 신약성경을 읽어 가면, 이처럼 '계시의 유기적 점진성' 또는 그 '연속성과 불연속성'을 목격하게 된다. 따라서 성경을 읽을 때, 구약과 신약을 그저 밋밋하고 획일적인 교리 해설서처럼 읽는다거나, 또는 구약과 신약이 전혀 관련 없는 다른 책인 것처럼 읽어서는 안 된다.

즉, 구약이 장차 오실 예수 그리스도를 향해 있는 것은 맞지만, 구약의 모든 본문들에서 예수 그리스도를 찾고 그 본문들을 그런 목적으로만 해석하는 식으로 환원시켜서는 안 된다. 뿌리와 줄기가 꽃과 열매로 나타나기는 하지만, 그것이 직접적으로 꽃과 열매는 아닌 것과 마찬가지이기 때문이다. 거꾸로, 신약의 본문들을 이해할 때 구약의 이야기들을 아무런 관련이 없는 것처럼 축소시켜서도 안 된다. 결국 꽃과 열매도, 그 나무의 줄기와 뿌리의 폭과 깊이에서부터 솟아 나온 것이기 때문이다.

구약과 신약은 오히려 마치 교향곡처럼, 시작부터 절정에 이르기까지 여러 단계를 거쳐 드라마틱하게 전개되는 하나의 '포괄적인 이야기'(meta-narrative)로 읽을 필요가 있는 것이다. 이런 점에서 '유기적이고 점진적인' 행동 계시를 따라 기록된 말씀 계시인 구약과 신약이, 서로 어떻게 긴밀하게 연관되며, 또 어떤 구조적인 특징들을 갖고 있는지를 아래의 도표를 통해 자세히 살펴보자.

계시의 특징을 따라 구분한, 구약과 신약의 구조

[장르]	A. 복음서	B. 역사서	C. 문학서	D. 예언서
구약	모세오경	여호수아에서 에스더까지	욥기에서 아가서까지	이사야에서 말라기까지
신약	사복음서	사도행전	서신서	요한계시록
[내용]	하나님의 구원, 은혜와 사명	하나님과의 동행	경건의 삶	장래 일을 알리심

이 도표에서처럼 구약과 신약은 모두 네 가지의 '장르'로 구분하여 배열될 수 있다. 먼저 구약 항목을 보자. 제일 먼저 나오는 것이 '복음서'(A)이다. 구약에서 맨 앞에 나오는 모세오경은 구약의 복음서라 할 수 있다. 하나님께서 행하신 중대한 구원 계시와 그 행동 계시를 설명한 말씀 계시를 기록한 것이다. 하나님의 구원 행동은 '은혜와 진리'의 나타남이다. 모세오경은 하나님의 구원 행동으로 나타난 그 은혜가 어떻게 주어졌으며, 그것과 함께 주어진 진리의 내용이 무엇인지, 즉 그 은혜를 어떻게 받고 또한 어떻게 누리며 그 안에 거할 수 있는지에 관해 서술한다.

그러니까 구약의 복음서에 해당하는 모세오경은, 하나님의 강력한 구원 행동인 출애굽 사건을 통해서 창조주 하나님을 알게 된 언약 백성을 통해, 온 세상의 회복을 이루어 가고자 하시는 하나님의 계획에 관련된 말씀 계시이다. 이렇게 하나님의 구원 행동이 역사 안에 나타나면, 그 구원 행동은 하나님의 백성을 창조하고, 그 백성은 그들 안에 구원으로 나타나신 하나님과 동행하게 된다.

그것이 그다음에 나오는 '역사서'(B)의 내용이다. 말하자면 구약에서 여호수아서부터 에스더까지의 이야기는, 구원의 행동 계시와 말씀 계시로 나타나신 하나님께서 그런 하나님을 만난 백성과 친히 동행하신 역사인 것이다. 그런 '동행(同行)의 역사' 속에서 이스라엘 백성은 하나님을 점차로 알아가기 시작한다. 마치 두 사람이 동행하며 함께 살아가면, 서로 깊이 알아가게 되는 것과 같은 이치다. 그래서 구약의 역사서를 읽으면, 하나님은 이스라엘 백성의 죄악을 더 깊이 맞닥뜨리게 되시고, 이스라엘은 자신들의 죄악에 깊이 개입하시며 그럼에도 불구하고 신실하게 약속을 이루어 가시는 하나님을 배우게 되는 것을 볼 수 있다.

그렇게 주로 실패뿐인 '동행의 역사'이지만, 이스라엘 백성은 그 속에서 하나님의 깊은 은혜와 사랑을 경험하며, 그 신실하심과 위대하심 앞에서 점차 그분을 경외하며 순종하기를 배워 나가기 시작한다. 그렇게 이스라엘 백성이 하나님과 동행하며 배우게 된 '경건'의 내용을 담은 것이 '문학서'(C)라 할 수 있다.

구약의 문학서는 욥기부터 시작한다. 욥은 그 이유를 알 수 없는 고난 속에서 하나님께 부르짖으며 하나님이 누구신지를 배우고 참된 경건에 이르게 되고, 뒤이어 배열된 시편은 고난과 불의가 가득한 세상 한복판에서 공의와 자비의 하나님께 부르짖으며, 진정한 왕이 되시는 그분을 의지하고 경외하는 백성의 진솔한 경건의 모습을 기록한다.

이처럼, 말씀을 떠난 세상 속에서 하나님과 동행하는 지혜를 묘사하는 잠언이나, 생명의 근원이신 창조주를 떠난 허무한 세상에서 살아가는 지혜를 소개하는 전도서 역시, 하나님을 만난 백성이 세상에서 그분과 동행하며 깨닫게 된 참된 경건을 가르치는 책들이다. 그렇다면 구약에서 문학서의 절정으로서의 아가서는 무엇을 가리키는가? 혹시 아가서는 문학서의 절정으로서, 그러니까 하나님 백성이 하나님과 동행한 역사를 통해 배운 경건의 절정이 그분과의 '사랑의 코이노니아'임을 알려 주는 것은 아닐까?

하나님께서는 자신을 사랑하는 그의 언약 백성에게 장래의 일을 감추지 않으시고 미리 알려 주시는데, 그 내용이 구약에서 문학서 다음에 오는 선지서, 즉 이사야에서 시작해서 말라기까지 걸친 '예언서'(D)이다.[4] 구약에서 예언서는 말씀 계시인데, 장차 나타날 하나님의 구원 행동 즉 행동 계시를 예견하여 미리 알려 주시는 말씀이다. 하나님의 말씀 계시는 그분의 행동 계시를 설명하고, 또한 장차 일어날 그분의 구원 행동을 미리 알려 주시는 역할을 하는 것이다.

이렇듯 구약은, 하나님의 엄청난 구원 행동인 출애굽이라는 '행동 계시'와 그것을 설명하는 말씀 계시인 모세오경, 그리고 그렇게 자신을 계시한 하나님과 동행하는 역사를 기록한 역사서, 또한 그런 역사를 통해 배운 경건을 기록한 문학서를 포함하여, 결국 예언서를 통해 장차 일어날 '하나님의 또 다른, 더 놀랍고 큰 구원 행동'을 예견하는 '말씀 계시'로 끝난다고 할 수 있다.

그렇다면 신약성경이란 무엇인가? 신약성경 역시 구약의 경우처럼 '복음서'(A)로 시작하는데, 그것은 신약의 첫 책들인 '사복음서'가, 우선적으로 그리고 직접적으로, 구약의 마지막 책들인 예언서 즉 '장차 일어날 하나님의 또 다른, 더 놀랍고 큰 구원 행동'을 예언한 '말씀 계시'를 따라 성취된, 하나님의 구원 계시의 절정인 '예수 그리스도의 오심'이라는 종말론적인 구원 행동을 설명하는 풍성한 '말씀 계시'이기 때문이다.

그러니까 구약의 '모세오경'이 '출애굽'이라는 하나님의 구원의 행동 계시를 설명하는 말씀 계시인 것처럼, 신약의 '사복음서'는 하나님의 아들의 '성육

4 A. A. Fischer, *Der Text des Alten Testaments* (Deutsche Bibelgesellschaft, Stuttgart, 2009), 김정훈 외 옮김, 『구약성서 본문: 역사와 본문비평』 (대한성서공회 원문연구소, 2020), 121. 원래 히브리어 성서의 맨 끝에는 '역대상하'가 놓였었지만, 칠십인역의 경우에는 '예언서'가 위치해 있었다.

신과 죽으심과 부활'이라는 더 크고 놀라운 출애굽 즉 우리를 죄와 사망의 권세에서 건져 주시는 종말론적인 구원의 행동 계시를 설명하는 말씀 계시의 절정인 것이다.

그렇다면 신약의 '사도행전'(Acts)은 무엇인가? 그것은 구약에서 구약의 복음서인 모세오경 다음에 '역사서'(B)가 온 것처럼, 신약에서도 예수 그리스도라는 '복음' 곧 하나님의 구원의 행동 계시를 통해, 하나님과 동행하기 시작한 하나님의 새로운 언약 백성의 역사인 것이다. 이런 식으로, 신약에서 역사서에 해당하는 사도행전 다음에 위치하는 '서신서'들은, 구약에서 하나님의 백성이 하나님과 동행한 역사를 통해 깨닫고 배우게 된 '참된 경건'에 관한 내용을 담은 '문학서'(C)가 담당했던 역할을 그대로 담당하게 된다.

흥미로운 점은, 구약의 문학서에서 '아가서'가 그 절정에 위치해 있는 것처럼, 신약의 문학서 즉 서신서에서는 '요한서신'이 그 절정에 위치해 있다는 점이다. 물론 신약에서 서신서의 맨 끝에는 유다서가 놓여 있지만, 신학적으로나 내용적으로나 신약의 서신서가 알려 주는 '경건' 즉 하나님과 동행하는 삶에 관한 신학의 절정은 요한서신이 제시하는 '삼위 하나님과의 사랑의 코이노니아'라고 하지 않을 수 없다.

그러니까 하나님의 백성이 하나님을 만나 하나님과 동행하며 그분을 알게 되고 배우게 되는 그 참된 경건의 절정은, 구약의 아가서나 신약의 요한서신이 보여 주는 그대로 '사랑의 코이노니아'이며, 그것은 곧 창조 때의 '에덴(Eden) 동산의 회복'을 가리킨다고 말할 수 있다. 또한 구약에서도 문학서 다음에 선지서가 온 것처럼, 신약에서도 서신서 다음에 장래의 일을 예언하는 '계시록'이 온다.

말하자면 계시록은, 하나님께서 자신의 새 언약 백성에게 장차 행하실 최종적인 '행동 계시'인 '주의 재림과 새 창조'를 예견하는 최종적인 '말씀 계시'인 것이다. 신약의 사복음서에서 '예수 그리스도의 오심'이라는 결정적인 행동 계시를 설명한 신약의 말씀 계시는, 결국 하나님께서 최종적으로 행하셔서 완성하실 새 창조의 행동 계시가 있을 것임을 확신시킨다.

그것이 무엇인가? 새 하늘과 새 땅의 완성이다. 거기서 창조 때에 잃어버린 낙원(樂園) 곧 에덴동산에서 누리던 '하나님과의 코이노니아'를 회복할 뿐 아니라, 그보다 더 나은 차원에서 그 낙원의 영광스러운 완성을 이루게 된다. 그렇다면, 하나님의 최종적인 행동 계시가 될 새 하늘과 새 땅에서는, 그 최종적인 '행동 계시'를 설명할 '말씀 계시'로서의 '성경'이 존재할 것인가? 아니면, '기록된 말씀 계시인 성경'은 그 역할을 다하고, 하나님의 새 백성은 하나님과 더불어 '얼굴과 얼굴'을 마주하고 영원토록 그분의 말씀을 듣게 될 것인가?

우리가 확신할 수 있는 것은, 하나님은 행동으로 자신을 계시하고 또한 자신의 말씀을 보내셔서 그 행동을 설명하심으로써 계시를 계속하신다는 사실이다. 그리고 그분의 말씀 계시는 또한 그분과 그분의 세계의 더 놀라운 행동 계시를 예고한다는 사실이다. 창조된 사람의 가장 큰 행복은, 자신을 창조하신 그분을 영원토록 알아가며 기뻐할 수 있다는 데에 있다.

보이고 또 보이지 않는 모든 세계를 창조하신 하나님, 무한하시고 은혜로우시고 자비하시며 그 진실하심과 지혜와 능력과 사랑이 무궁하신 하나님께서 '끝없이' 자신을 우리에게 계시하시므로, 우리는 '영원토록'(!) 그분을 알아가는 기쁨 속에서 살 수 있다. 영원하신 그분을 영원토록 알아가는 기쁨과 놀라움, 경탄과 경외, 그리고 그 무한한 사랑 속에서 살 수 있다는 것보다 복된 소식이 있을까.

그 놀라운 '생명과 사랑의 코이노니아'가 그분의 말씀과 성령의 도우심으로, 이 세상 한복판에서, 우리의 삶 속에서, 지금, 여기서도 가능하다는 사실보다 놀랍고 기쁜 소식이 있을까. 성경은 우리를 이 놀랍고 황홀한 삶으로 인도하기에 부족함이 없는 하나님의 계시의 말씀이다.

이해와 나눔을 위한 질문

1. '계시의 유기적이고 점진적인 성격'에 대하여 배운 것을, '당신의 말'로 정리해서 설명해 보라. 또한 무엇을 새롭게 깨닫게 되었는지 함께 나누어 보라.

2. 계시의 유기적이고 점진적인 특징에 따른 '성경의 구조'에 대하여 배우면서, 느낀 바가 있다면 몇 가지로 정리하여 함께 나누어 보라.

3. 당신이 알고 있는 '하나님에 대한 지식'이 더욱 유기적이고 또한 점진적으로 성장하려면, 무엇을 어떻게 해야 할지 구체적으로 생각해 보고, 함께 나누어 보라.

제2장

언약의 개념과 옛 언약들

신약성경을 이해하려면 '성경'이 무엇인지 알아야 하는데, 우리는 '성경'의 본질적인 특징이 인간 저자들을 통해서 기록된 하나님의 '계시'이며 특별히 '기록된 말씀 계시'라는 사실을 살펴보았다. 이제 한 걸음 더 나아가자. 하나님의 행동 계시나 말씀 계시가 나타날 때, 그것은 '언약'(covenant, 言約)이라는 큰 틀 안에서 이루어진다는 사실을 다루어야 할 차례이다.

하나님의 말씀 계시뿐 아니라 하나님의 행동 계시가 '언약'의 틀을 통해 드러나게 된다는 점은, 성경을 구약(舊約) 곧 '옛 언약'과 신약(新約) 곧 '새 언약'의 책으로 부른다는 사실에서 명확히 드러난다.[1] 그러니까 신약성경을 이해하려면 성경이 계시라는 사실과 더불어, 그 계시가 옛 언약과 새 언약, 즉 근본적으로는 '언약'을 통해 드러난다는 사실을 먼저 이해해야 하는 것이다.

'언약'이란 무엇인가? 이번 과에서는 언약의 개념과 특징을 이해하고, 구약성경의 근간이 되는 '옛 언약들' 즉 아브라함 언약, 모세 언약, 다윗 언약 그리고 노아 언약의 주요 내용을 살펴보려 한다. 이렇게 '옛 언약'들의 내용을 이해함으로써, 우리는 그 옛 언약들과 '유기적이고 점진적인' 관계로 연결된 '새 언약'을 제대로 이해하게 될 것이다.

1 영어로 신약은 New Testament인데, 이때 'Testament'는 헬라어 '디아떼께'(διαθήκη)에서 유래한다. '디아떼께'는 주로 '유언'(遺言)의 의미인데, 히브리어에서 '언약'을 의미하는 '베리트'(*berith*)를 헬라어로 번역하면서, 언약 관계에 있어서 하나님의 주권적 의지를 강조하기 위해 택한 용어이다. 따라서 신약을 'New Testament'라 부를 때에도 신약은 우선적으로 '언약'에 관한 내용이며, 특히 예수 그리스도로 말미암은 새 언약 성취의 현재와 미래에 관한 내용이라는 의미를 담고 있다. Vos, *Biblical Theology*, 23-26 참조.

제4과

언약이란 무엇인가?

하나님께서 자신을 행동과 말씀으로 나타내시는 '계시'는 왜 '언약'의 형태로 주어지는 것일까? '언약'(言約)이라는 우리말은 '말로 하는 약속'이라는 뜻이다. 하지만 사람이 누군가와 더불어 약속을 한다는 것은 단지 '말'로만 하는 것이 아니라 그 약속을 맺고 지키겠다는 의지를 포함하는 '말로 하는 행동'(speech-act)이기도 하다. 마찬가지로, 하나님께서 '언약'으로 자신을 계시하신다는 것도, 그분께서 말씀과 함께 행동으로 사람과 약속을 맺으시며 그 약속을 지키시겠다고 맹세하시는 것을 가리킨다.

이처럼 언약은 애초에 그 약속을 주고받는 '쌍방'을 전제한다. 그렇다면 '언약'을 통해 우리에게 자신을 계시하시는 하나님께 대한 우리의 응답은 어떤 것이 될까? 그 언약을 받아들이고 신뢰하든지 아니면 거부하고 불신하든지, 둘 중에 하나일 것이다. 그러니까 언약의 중심부에서는 하나님께서 약속하시는 '그 말씀'을, 사람이 믿고 받아들이느냐 아니면 믿지 않고 거부하느냐의 '응답'이 결정적인 관건이 된다. 이 두 측면, 즉 언약이란 '말과 행동' 모두를 포함하며 또한 근본적으로 '쌍방적'이라는 사실을 염두에 두고, 언약의 기본적인 내용들을 살펴보자.

1. 하나님은 왜 '언약'으로 찾아오시는가?

'언약'이란 그 약속을 맺는 '인격 간의 관계'를 성립시키고, 그 약속된 관계를 중심으로 여타의 모든 것들을 그 위에 세워 가는, 삶의 핵심적인 기초와 근거가 되는 요소이다. 주위를 둘러보라. 우리의 삶 속에서 가장 중요한 관계들은 모두 '언약'의 형태로 되어 있다. 가정의 기초는 어디에 있는가? 그것은 부부간의 '결혼 서약(誓約)'에 있다. 사랑하는 두 사람이 서로 변치 않는 사랑의 약속을 맺고 그것을 지켜 내는 가운데, 자녀들이 마음 놓고 성장하는 따뜻한 가정이 세워지는 것이다.

회사는 어떠한가? 회사에 들어갈 때 우리는 계약서를 써서, 법인(法人)인 회사와 직원인 우리와의 관계를 설정하고 그것을 지켜 나간다. 국가도 마찬가지다. 수천만의 국민이 복잡한 이해관계 속에서 얽혀 살아가지만, 이 거대한 국가도 불과 몇 문장 되지 않는 '헌법조문'에 근거하여 질서를 잡고 자신을 지탱하며 앞으로 나아가게 되지 않는가. 그 헌법이란, 국가의 구성원 모두가 함께 맺고 지키기로 한 '약속'과 다름없다.

이와 같이 '언약'이라는 개념은, 우리의 삶 속에 매우 밀접하게 녹아 있는 살아 있는 '장치'이다. 언약이 이렇게 인간 사회의 근본적인 질서의 핵심이 되는 이유는, 이 세상을 창조하시고 통치하시는 하나님께서 이 세상과 맺는 관계가 원래부터 '언약'적이기 때문이다. 우주는 광대하고 세상은 복잡하며, 물질세계는 제 나름대로의 질서 속에서 다 헤아릴 수 없는 이치를 따라 움직인다. 사회는 그보다 더 복잡하고 수없이 충돌하는 이해관계 속에 얽혀 있다.

하지만 하나님께서 창조하신 이 세계는, 결국 그 중심에 있는, 하나님과 사람 사이에, 하나님과 피조 세계 사이에, 그리고 사람과 사람 사이에, 또한 사람과 이 피조 세계 사이에 맺어지는 '언약' 관계라는 '중심축'(axis)을 따라 움직인다. 이것이 창세기가 가르쳐 주는 '인격적(人格的) 우주관'이다. 우주는 단지 물질 덩어리가 아니다. 단지 사회, 정치, 경제적 복합체만도 아니다. 그것이 '사람'이든, 회사처럼 '법인'이든, 혹은 전체 '피조물'이든,[1] 모든 것은 '인격 간의 언약'이라는 핵심 관계를 중심으로 돌아가게 되어 있다.

이것이, 첫 사람 아담과 하와가 하나님과의 언약을 저버렸을 때, 그 '파괴된 언약의 결과'인 죄와 사망이 그들에게뿐 아니라 온 세상 속으로 들어오게 된 사실을 설명하는 근본적인 원리이다. 하나님께서 창조하신 이 우주는 사실 '인격적 우주' 곧 '언약적(言約的) 우주'이기 때문이다. 모든 것이 하나님과 피조물 사이의 언약 관계에 달려 있다. 그것은 한 가정이 부부 두 사람 사이의 언약 관계, 즉 그들이 맺은 사랑의 약속이 끝까지 지켜지느냐의 여부에 달린 것과 다르지 않은 것이다.

'언약 관계'는 그만큼 세상과 역사의 중심부에 놓여 있는 핵심적인 요소이다. 사랑하던 두 사람이 사랑으로 맺은 약속을 깨고 돌아설 때, 그들의 삶은 산산이 부서진다. 반대로, 사랑하는 두 사람이 그 사랑의 언약을 무슨 일이 있어도 지켜 낸다면, 거기에는 모든 생명이 열매가 가득하게 될 것이다. 가정도 그렇고, 사회도 그렇고, 국가도 그렇고, 이 우주도 마찬가지다.

그렇다면, 하나님은 타락한 이 세상 속에 자신을 나타내실 때에 왜 굳이 '언약'으로 찾아오시는가? 그것은 온 우주가 하나님의 말씀으로 창조되었을 뿐 아니라, 그것이 죄와 사망으로 파괴된 근본 원인이, 하나님과 사람 사이의 '언약'이 파괴된 사실에 있기 때문이다(창 1:1-3; 2:15-17; 3:1-6; 참조. 롬 5:12). 그

1 노아의 언약에서 하나님은 모든 피조물이 마치 하나의 '인격'인 것처럼, 그들과 더불어 언약을 맺으신다. 자연은, 인간이 '인격'인 것과는 다르지만, 이처럼 하나의 인격처럼 취급되기도 한다.

래서 하나님께서 이 망가진 세상을 다시 회복하시고 그 처음 목적을 따라 완성하시기 위해서는, 무엇보다 먼저 이 세상을 이토록 파괴한 원인인 하나님과 사람 사이의 파괴된 언약 관계가 다시 회복되어야 하는 것이다. 하나님께서 다시 우리에게 '약속'을 주시고, 우리가 다시 그 약속을 믿고 신뢰하며 따라갈 기회를 얻어야 하는 것이다.

그렇지 않은가? 파괴된 가정을 다시 치유하고 회복하여 온전하게 하려면 어떻게 해야 하는가? 부부 두 사람이 서로에게 다시 새롭게 약속하고 새로운 신뢰 관계를 회복해야 하지 않는가? 같은 이치이다. 그래서 하나님께서는, 첫 사람 아담과 하와가 하나님의 '말씀'으로 창조된 세상을 그분의 '말씀'을 거부함으로써 파괴해 버린 이 비참을 회복하시기 위해, 다시 사람을 불러 그에게 '약속의 말씀'으로 찾아오신다. 이것이 하나님께서 아브라함을 찾아오셔서 그와 '언약'을 맺으심으로써, 세상을 회복하기 시작하시는 방식이다(창 12:1-3).

2. '언약'의 의미, 구조와 공식

언약이란 무엇인가? 우리는 하나님께서 아브라함과 언약을 맺으셨던 사건을 통해서 성경이 말하는 언약의 특징과 그 의미를 찾아볼 수 있다. 하나님은 이방 땅에서 이방 신을 섬기던 이방 사람 아브람을 찾아오신다. 그는 하나님을 떠나 하나님을 모르고 살던 세상 여느 사람들 가운데 하나였다. 이것이 하나님의 '택함받은 백성'의 시작이었다. 하나님은 당시 이방 사람이었던 아브라함을 찾아오셔서 자기를 계시하신다. '말씀'으로 약속하시고 '행동'으로 그 언약을 체결하심으로써 그에게 자신을 계시하신다(창 12:1-3; 15:1-21).

하나님께서 아브라함과 언약을 맺으실 때의 광경은, 하나님께서 자기 백성과 맺으시는 언약이 어떤 특징을 갖고 있는지를 잘 알려 준다. 우선, 하나님께서는 아브라함에게 약속의 '말씀'으로 나타나실 뿐 아니라, 그 언약을 체결하는 '행동'으로도 나타나신다. 하나님께서 아브라함과 맺으신 언약은, 약속의 말씀일 뿐 아니라 그 말씀을 반드시 성취하시는 하나님의 행동에 관한 것이다.

(1) '은혜와 요구', 언약의 구조

창세기 15장에서, 하나님께서 아브라함과 언약을 체결하실 때 '여호와의 말씀이 아브람(아브라함의 옛 이름)에게 임하셨다'는 표현이 1절과 4절에 2회나 반복된다. 그리고 하나님은 그와 더불어, 언약을 체결하는 예식을 행하신다. 그것은 당시 고대 근동 지방에서, 쌍방이 약조를 맺을 때 행했던 관행을 배경으로 한다. 그 '계약 체결 예식'의 주요 골자는, 짐승을 잡아 두 쪽을 내어 땅바닥에 벌여 놓고 계약을 맺은 두 사람이 손을 잡은 채 그 가운데를 지나가는 것이다.

이것이 무슨 뜻이겠는가? '만일 계약을 맺은 우리 둘 중에 어느 한쪽이 계약을 파기하면, 여기 우리 눈앞에 살육당하여 두 쪽이 난 이 짐승의 꼴이 될 것'이라는 의미이다. 그러니, 둘 사이에 맺은 약속은 죽음을 걸고 맹세한, 반드시 지켜져야 하는 약속이라는 뜻이다. 오늘날에도, 결혼식이든 어떤 중요한 사업을 체결하는 예식이든, 쌍방의 신실한 맹세가 중요해지는 예식에서는 케이크를 칼로 '자른다'든지 하는 경우가 있다. 현대의 이런 의례는 어디에서 왔을까?

결혼이 가볍게 취급되는 오늘날, 새 출발을 하는 신혼부부는 어쩌면 고대 근동의 예를 따라, '케이크' 대신 '소나 돼지'를 반으로 쪼개어 놓고 그 사이를 지나가는 것이 더 나을지도 모르겠다. 둘 중 하나가 먼저 약속을 어기면 죽음을 각오하라는 뜻으로 말이다. 흥미롭게도, 창세기 15장에서 하나님께서 아브람과 언약을 체결하실 때 그것을 두고 '언약을 세운다'(18절)라고 한 표현은, 원래 원문대로 하면 '언약을 자른다'(cut the covenant)는 의미이다. 죽음을

맹세한 언약이라는 뜻이다.[2]

그런데 창세기 15장에서 하나님이 아브람과 맺은 '언약식'에는 무엇인가 특이하게 다른 점이 있다. 하나님의 '구원 계시'는 '창조 계시'를 배경으로 하고 종종 창조 계시의 내용을 가져와 사용한다. 하지만 창조 계시가 이미 타락한 세상 속에서 오염되고 왜곡되어 있어서, 그것을 사용할 때 그대로 사용하지 않고, 종종 여러 방식을 통해 변형시키거나 또는 새로운 방식을 사용함으로써 '구원 계시'만의 특징을 담아낸다.

지금 창세기 15장에서, 하나님께서 아브라함과 맺는 언약식의 경우가 그러하다. 당시 고대 근동 지방에서 행해졌던 계약 체결식의 형식에서처럼, '잘라진 고기 사이로' 언약을 맺은 당사자인 쌍방이 모두 지나가야 하는데, 아브람은 고기를 쪼개고 그 쪼갠 것을 마주 대하여 놓고 그만 깊이 잠이 들고 만다(12절). 그리고 그때에 하나님께서 다시 '말씀'으로 나타나셔서 그에게 '자손과 땅'에 관한 약속을 확인해 주신다. 그러고는 이어서 '행동'으로 그 약속을 확증하시는데, 하나님의 임재가 '타는 횃불'로 나타나 그 '쪼갠 고기' 사이로 지나간다(17절).

여기서 아브라함은 언약의 당사자이지만, 그 언약의 확고한 성취를 약속하신 분은 하나님 자신이시다. 이것을 '은혜 언약'이라고 부른다면, 그렇게 부를 수도 있다. 왜냐하면, 아브라함에게 주셨던 그 약속을 '죽음을 걸고라도' 지켜 내겠다는 쪽은 하나님 자신이기 때문이다. 하지만 아브라함도 그렇게 신실하게 언약을 지켜 내실 하나님 앞에서 마땅히 행해야 할 계명을 받는다. 하나님께서는 이 '은혜의 언약'을 체결하신 후에, 아브라함에게 "너는 내 앞에서 행하여 완전하라"라고 요구하신다(창 17:1-4).

여기서 성경이 말하는 '언약'의 중요한 구조가 드러난다. 그것은, 성경적

2 김진수, 『다윗 언약: 인류의 헌장』 (부흥과개혁사, 2017), '1장 언약의 의미', 15-20; 팔머 로벗슨, 김의원 역, 『계약신학과 그리스도』 (기독교문서선교회, 1999), 16-19.

언약은 그 언약을 성취하는 쌍방에게 '동일한 차원의 행위'를 요구한다기보다, 하나님의 주권적인 은혜에 기초한 '비대칭의 신실함'을 요구한다는 것이다. 말하자면, 아브라함에게 약속의 말씀을 주신 분은 하나님이시며, 그런 제안부터가 '은혜'요 선물이다. 그리고 그 약속을 끝까지 성취하실 책임도 '하나님 자신'이 지신다. 이것이 하나님께서 제안하시는 언약이 '은혜'인 근본적인 이유이다.

하지만, 아브라함은 그 '은혜 안에서' 하나님께서 주시는 '요구, 계명' 즉 "너는 나의 약속을 믿고, 나를 신뢰하며, 내 앞에서 행하여 완전하라"(창 12:4; 15:6; 17:1-4)라는 요구를 실행해야 할 의무를 갖게 된다. 그러니까 성경적인 언약의 특징적 구조는, '은혜와 요구'로 이루어진다. 여기서 이 언약의 구조가 보여 주는 중대한 질서와 균형이 있다. 아래의 글을 여러 번 읽고 깊이 생각해 보자.

> 언약의 구조는 '은혜와 요구'로 되어 있다. 여기서 은혜가 먼저 오고, 요구는 뒤따라온다. 요구가 먼저 와서 은혜 받는 조건이 되는 것이 아니다. 항상 은혜가 먼저 주어진다. 하지만 요구가 따라오지 않는 은혜는 없다. 성경적 언약 안에서 주어지는 요구는, 은혜의 '조건'이 아니라 그 은혜를 받았고 그 은혜 안에 거하고 있다는 '증거'이다. 그러니까 언약이 요구하는 계명을 행하지 않는다면, 그 언약의 은혜를 받았다는 증거가 부족하거나 아니면 아예 없는 셈이다. 언약 안에서 주어지는 은혜는, 그 은혜 안에서 언약적 요구의 성취를 그 열매와 증거로 드러내기 때문이다.

언약의 구조가 보여 주는 이러한 우선순위와 질서 그리고 그 균형을 이해하는 일은 '언약'이 그 근간이 되는 성경을 이해하는 데에 있어 결정적이다. 언약은 근본적으로 '은혜와 요구'라는 구조로 되어 있고, 각 언약은 계시의 유기적이고 점진적인 전개의 어느 단계에서 이 둘 중에 어느 '하나'를 강조하는 것이지, 그중 다른 하나를 '배제'하는 것이 아니다.

예컨대 아브라함 언약은 '일방적이고 무조건적인 언약'이고, 모세의 언약은 '쌍방적이고 조건적인 언약'이라고 확정할 수 없다. 각 언약의 단계가 그에 따른 강조점에 따라 그렇게 보일 뿐이다. 성경적 언약은, 한결같이 하나님께서 자유로이 부여하신 은혜에 기초한다. 동시에 그 언약들은, 그 은혜의 전제 위에 반드시 하나님께서 명하신 요구를 포함한다.

아브라함 언약에서는 하나님의 '일방적인 은혜'가 두드러진다. 하나님 백성의 형성 단계에서 아브라함은 그 '첫 사람'으로서 초보적인 단계에 놓여 있기 때문이다. 하지만 이 경우에도 궁극적으로 "너는 내 앞에서 행하여 완전하라" 하신 요구가 포함된다. 모세의 언약에 이르면 하나님의 백성이 '민족'으로 성장한 단계이기에, 그들을 향한 하나님의 '요구, 계명'이 두드러지며 이는 마치 그들에게 약속하신 것이 이루어지기 위한 '조건'처럼 들린다. 하지만 이러한 요구, 계명조차 처음부터, "나는 너희를 애굽에서 건져 낸 여호와로라"라고 하는 하나님의 은혜에 기초한다.

아브라함 언약이 보여 주듯, 은혜가 요구에 앞서 '먼저' 나타난다. 하나님은 아브라함에게 약속의 말씀으로 찾아오셨다. 그리고 하나님께서 그 약속을 그의 행위로 확정하신 그날 밤, 아브라함은 그 '타는 횃불'이 그 '쪼갠 고기' 사이로 지나가는 것을 지켜보았다(창 15:17). 그 순간에, 아브라함은 그것이 무슨 뜻인지 다 알지 못했을지도 모른다. 계시는 그 계시를 받는 개인의 인식에게 있어서도 '점진적으로' 실현된다.

아브라함은 하나님을 믿고 그분과 동행하면서, 점점 더 그 언약의 의미를 깊이 깨닫게 된다. 그가 하나님의 은혜의 약속을 믿고 그분을 따라나섰지만, 그 후에 그는 하나님의 말씀을 의심했을 뿐 아니라 그의 가장 약하고 추한 모습으로 행동하기도 했다. 하지만, 하나님은 약속하신 그대로 '신실하게' 그에게 주신 언약을 이루어 가신다. 그리고 아브라함은 그와 동행하시는 하나님의 언약의 '은혜' 안에 거하며, 끝내 장차 열방을 회복할 '그의 약속된 후손'(갈 3:16)이 누구인지를 가늠하고, 하나님께서 '계획하고 친히 세우실 백성과 나라'를 바라보는 수준까지 성장하기에 이른다(히 11:10).

(2) "나는 너희 하나님이 되고, 너희는 내 백성이 되리라", 언약의 공식

하나님께서 아브라함과 맺으신 언약에서 보듯 성경적 언약의 특징은 하나님 주권적이며 동시에 쌍방이 서로에게 헌신하는 인격적 관계를 전제한다. 즉 성경적 언약은, 하나님께서 먼저 찾아오셔서 베푸시는 약속의 '은혜'와, 그 은혜 안에서 그의 백성이 되고 그래서 지켜야 하는 요구 즉 계명으로 이루어지는 '이중(二重) 구조'로 되어 있는 것이다.

구약에 나타나는 많은 언약들은, 이런 식으로 '은혜와 요구'라는 구조로 되어 있는데, 이 은혜와 요구를 통해 이루고자 하는 궁극적인 목적은, 구약에 자주 등장하는 전형적인 '언약 공식'(covenant formula)인 "나는 너희의 하나님이 되고, 너희는 나의 백성이 될 것이다"라는 말씀으로 표현된다.

이 언약 공식이, 구약에 나타나는 옛 언약들, 아브라함 언약, 모세 언약, 다윗 언약, 그리고 노아 언약을 관통하는 '계시로서의 언약'의 '유기적인 본질'이다. 계시는 점진적이지만 또한 '유기적'인 특성을 갖는데, 사실상, 구약과 신약을 관통하는 모든 언약들의 목저, 그 언약들이 결국 성취하고자 하는 궁극적이고 최종적인 내용은 바로 이 언약 공식으로 요약되는 이 내용이기 때문이다.

"나는 너희의 하나님이 되고, 너희는 내 백성이 되리라"(출 6:7; 렘 31:1; 겔 37:27)

이 짧은 말씀이, 구약과 신약 전체를 꿰뚫는 핵심적인 약속이다. 이 말씀을 '공식'(formula)이라고 부르는 이유는, 이 말씀의 내용이 구약 곧 옛 언약과 신약(新約) 곧 새 언약을 '유기적으로 연결하는 중심'에 놓인 원리이기 때문이며, 구약에 나오는 다양한 언약들과 신약에 와서 비로소 성취되는 새 언약에도 해당되는 '언약의 핵심'을 담고 있기 때문이다. 이 한 문장이 성경이라고 하는 '기록된 말씀 계시'를 관통하는 하나님의 뜻, 계획, 목적을 선명하게 알려 주는 것이다.

하나님은 '우리의 하나님'이 되고 싶어 하신다. '나는 너희의 하나님이 되겠다'는 것이다. 이것은 '은혜'이다. 하나님께서 우리에게 주실 수 있는 가장 좋은 선물이다. 자기 자신을 우리에게 주시겠다는 것이기 때문이다(눅 11:13). 이것이 우리가 받을 수 있는 가장 큰 '기쁜 소식' 곧 복음이다. 왜 그런가? 하나님이 '우리의 하나님'이 되시면, 우리는 스스로 하나님이 될 필요가 없다. 인간이 피곤하고 쉬지 못하는 인생을 사는 이유가 여기에 있다. 하나님만이 하실 수 있는 일들을 우리가 스스로 하나님이 되어 하고자 하기 때문이다.

"너희는 두려워하지 말고 가만히 서서 여호와께서 오늘 너희를 위하여 행하시는 구원을 보라"(출 14:13). 우리가 건널 수 없는 바다를, 그분이 가르신다. 그분이 우리의 하나님이 되어 주셨기 때문이다. 이것이 기쁜 소식이다. 그분이 우리에게 의와 지혜와 구원과 영광이 되어 주신다(고전 1:30). 이 모든 것을 그분과 함께 선물로 받는다. 참으로 놀라운 소식이다.

내일 일도 모르는 인간들이, 마치 미래가 자신의 것인 양 확신하고 바벨탑을 쌓는다. 스스로 우상이 되어 하나님이 받으실 영광을 추구하거나, 아니면 어떤 사람, 어떤 물건, 어떤 피조물을 '하나님'으로 삼아 숭배하다가 좌절하고, 질식하며, 절망한다. 언약 공식의 앞부분에 놓인 '나는 너희의 하나님이 되고'라는 약속은 그래서 은혜의 복음 곧 기쁜 소식이다. 우리는 스스로에게 그리고 그 누구에게도 하나님이 될 필요가 없다. 그럴 수도 없다. 거기에 인간이 누릴 수 있는 참된 자유와 안식이 있다. "수고하고 무거운 짐 진 자들아, 다 내게로 오라. 내가 너희를 쉬게 하리라"(마 11:28) 하신 말씀 그대로이다.

언약 공식의 앞부분이 '은혜'에 해당한다면, 뒷부분인 '너희는 내 백성이 될 것이라'는 약속의 말씀은 '요구, 계명'에 해당한다. 당연히, 우리가 언약 안에서 그분의 요구나 계명을 행하는 것은 전적으로 그분의 은혜 때문이다. 우리가 언약을 통해 하나님의 은혜를 받고, 그 은혜를 누리며, 그 은혜 안에 거함으로써, 우리는 그 언약이 요구하는 바의 계명을 행할 수 있다. 그리고 행해야 한다. 그 요구를 받은 것은 '우리' 자신이므로 우리가 해야 하며, 그 은혜의 열매를 맺는 것도 우리이기 때문에, 우리가 순종하고 우리가 그 뜻을 행하여 그의 은혜 안에서 그의 백성답게 성장해야 한다.

이것이 '은혜와 요구'의 구조로 되어 있는 성경의 언약들을 관통하는 '언약 공식'의 골자이다. 그렇다면 '언약 공식'대로 이루어진 그 언약 백성의 최종적인 모습은 어떤 것일까? 하나님께서는 말씀과 행위로 스스로를 계시하셔서, 자신을 떠나 파괴된 이 세상 속으로 찾아오신다. 그리고 다시 사람들을 택하시고 부르셔서, 그들과 맺은 언약을 통해, 이 타락한 세상과 역사 속에서, 그분의 뜻을 온전히 이루실 것이다.

결국 하나님은 다시 우리와 온 피조 세계의 '하나님이 되실' 것이며, 우리와 온 피조 세계가 '그분의 백성'이 되어, 끝내는 '삼위 하나님과 함께하는 영원한 코이노니아'(요일 1:1-4)를 성취하실 것이다. 그때에 '하나님은 친히 사람들과 함께 거하시며'(행 2:1-4; 계 21:1-4; 22:1-5), 온전히 '만물 안에서 만물을 충만하게'(엡 1:23) 하실 것이다.

이해와 나눔을 위한 질문

1. 이번 과에서 배운 언약의 의미, 언약의 구조, 그리고 언약 공식에 대하여, 당신이 가장 중요한 포인트라고 생각하는 내용을 정리하여 함께 나누어 보라.

2. 언약의 구조인 '은혜와 요구'에 관한 내용을 충분히 숙지한 후에, 당신 자신의 신앙을 돌아보라. 은혜와 요구 중, 당신이 어떤 부분에 치우쳐 있다면 어느 부분인지, 왜 그러한지, 그리고 그것을 바로잡으려면 어떻게 해야 하는지 생각해 보고 서로 나누어 보라.

3. '언약 공식'에 대한 설명을 읽고 깨달은 것들을 서로 나누어 보라. 하나님께서 '나의 하나님'이 되시려면 '내'가 무엇을 어떻게 해야 할지, 그리고 '내'가 '하나님의 백성'이 되려면 어떤 부분에서 분발해야 하는지, 정리해서 함께 나누어 보라.

제5과

옛 언약의 종류와 특징 (1)
- 노아 언약과 아브라함 언약

신약성경을 이해하는데 왜 구약성경에 나오는 옛 언약들을 살펴보아야 하는가? 그 이유는 앞에서 이미 설명한 것처럼, 세상의 구원과 창조의 완성을 위한 하나님의 계시가 '유기적이고 점진적'으로 전개되기 때문이다. 신약 곧 새 언약의 성취에 관한 이야기를 이해하려면, 그것과 유기적으로 연결되어 있으며 점진적인 전개의 과정 속에 있는 구약의 옛 언약들을 이해해야 한다. 마치 봄에 피는 벚나무의 벚꽃에 대해 충분히 알고자 하면, 그 벚나무의 가지들과 뿌리에 대해서도 알아야 하는 것과 마찬가지이다. 꽃과 열매는 줄기와 뿌리 없이 갑자기 솟아 나온 것이 아니기 때문이다.

옛 언약들에는 무엇이 있는가? 구약성경에 나오는 옛 언약들은 하나의 뿌리에서 나와 사방으로 뻗은 가지들처럼, '공통의 유기적인 본질'을 갖고 있으면서도 동시에 그 본질적 내용의 '풍성한 다양성'을 보여 준다. 다시 말해서 옛 언약들은 '언약 공식'이 표현하는 것처럼 "나는 너희의 하나님이 되고, 너희는 내 백성이 되리라"라는 언약의 중심된 내용을 실현하고자 하는 공통의 목적을 갖지만, 동시에 그런 목적을 성취하기 위해 각기 '필요한 다양한 부분들'에 집중하게 된다. 이를 간단히 도표로 나타내면 아래와 같다.

옛 언약의 종류와 핵심 약속

<table>
<tr><th>언약 공식</th><th>옛 언약의 종류</th><th>핵심 약속</th></tr>
<tr><td rowspan="4">"나는 너희의
하나님이 되고,
너희는 내 백성이 되리라"</td><td>노아 언약</td><td>피조 세계의 회복</td></tr>
<tr><td>아브라함 언약</td><td>열방의 회복</td></tr>
<tr><td>모세 언약</td><td>율법과 제사장 나라</td></tr>
<tr><td>다윗 언약</td><td>왕과 왕권</td></tr>
</table>

말하자면, 옛 언약들이 모두 언약 공식이 표명하는 '유기적으로 일관된' 목적을 이루고자 하지만, 그 목적을 성취하는 단계적 과정에 있어서는 '점진적'이다. 이를테면 '아브라함 언약'은, 하나님 백성의 형성과 그들을 통한 열방의 회복이라는 목적에 강조점이 있다. 한편 '모세 언약'은 그렇게 형성되는 하나님의 백성이 열방 가운데서 어떻게 살아야 할지에 관해 가르치는 율법을 배우며 제사장 나라로 세워지는 일에 역점을 둔다. 그리고 '다윗 언약'에 오면 그런 하나님의 백성을 다스리는 왕에 대한 약속이 제시되며, 이 모든 언약들의 기초 단계에 놓여 있는 '노아 언약'은, 하나님의 새 백성의 무대인 피조 세계가 새롭게 되는 것과 깊이 관련되어 있다. 이를 하나씩 차례대로 들여다보자.

1. 노아 언약 - '피조 세계의 회복과 창조의 완성'

노아에게 주신 하나님의 언약은, 하나님께서 세상을 창조하신 사실과 첫 사람 아담이 타락한 이후의 상황을 전제로 한다. 아담이 타락한 이후 죄악이 사람들 속에 퍼지고 온 세상에 그 죄악이 가득 찼을 때, 하나님께서 홍수로 세상을 심판하셨다. 그 후에 하나님께서는 아담의 후손인 노아를 부르셨고, 그를 통해 피조 세계를 회복하여 창조를 보존하시고 완성하실 것을 약속하셨다.

(1) 모든 생물들과 맺으신 영원한 언약

하나님께서는 사람을 창조하시기 전에, 자연과 모든 생물들을 먼저 창조하셨다. 사람은 이렇듯 하나님께서 창조하신 만물의 일부이며, 또 그 만물을 보호하고 돌보아야 하는 최종 책임자로 지음받았다. 이 세상은, 하나님의 형상이지만 또한 육체로 지음받은 인간에게 '항구적인 집'과 같은 곳이다. 그래서 인간의 구원과 회복도, 이 세상의 구원과 회복을 전제로 하는 것이다.

이런 점에서 노아의 언약은 몇 가지 놀라운 사실을 알려 준다. 첫째, 성경에서 '언약'이라는 용어가 처음 쓰인 곳이 바로 여기이다. 둘째, 하나님께서 언약을 맺으신 대상에 사람들뿐 아니라 '모든 생물들'이 포함된다는 점이다. 하나님께서 후에 아브라함을 택하여 자신의 언약 백성을 삼으시기 전에, 이미 자신이 창조하신 피조 세계와 더불어 언약을 맺으셨다.

> "하나님이 노아와 그와 함께한 아들들에게 말씀하여 이르시되, 내가 내 언약을 너희와 너희 후손과 너희와 함께한 모든 생물 곧 너희와 함께한 새와 가축과 땅의 모든 생물에게 세우리니 방주에서 나온 모든 것 곧 땅의 모든 짐승에게니라. 내가 너희와 언약을 세우리니 다시는 모든 생물을 홍수로 멸하지 아니할 것이라. 땅을 멸할 홍수가 다시 있지 아니하리라. 하나님이 이르시되 내가 나와 너희와 및 너희와 함께하는 모든 생물 사이에 대대로 영원히 세우는 언약의 증거는 이것이니라. 내가 내 무지개를 구름 속에 두었나니 이것이 나와 세상 사이의 언약의 증거니라."(창 9:8-13)

하나님께서 땅의 모든 생물들, 짐승들과도 언약을 맺으셨다는 사실은 우리로 하여금 하나님께서 지으신 창조 세계를 다시 보게 만든다. 유대인이나 기독교인은, 자신이 하나님이 '택하신' 언약 백성이라는 사실에 큰 자부심을 느낀다. 하지만 이 피조 세계 역시, 하나님께서 그와 더불어 '언약을 맺으신 대상'이라는 사실을 잊어서는 안 된다. 서구 근대의 계몽주의와 과학 문명의 발흥 이후, 인류는 자연 곧 피조 세계를 그저 물질 덩어리로서 파괴하고 착취해도 좋은 탐욕의 대상으로만 보아 왔다.

구약에서도 매우 오래전에 기록된 노아 언약은, 우리의 이런 '근대적 관점'을 완전히 뒤집을 것을 요구한다. 하나님은 자연을 창조하셨을 뿐 아니라, 그와 더불어 언약을 맺으시고, 그분의 말씀을 통해 피조 세계 안에 세워 놓으신 창조 질서를 '죄와 폭력, 파괴와 심판'으로부터 지키시고 영원토록 보존하실 것을 약속하셨다. 그것이 어떻게 가능할 것인지, 노아 언약은 자세히 설명하지 않는다. 그것에 관해서는 성경의 다른 언약들을 통해서 충분히 보완될 것이다.[1]

다만, 창세기 8-9장에 기록된 노아 언약이 창세기 6장에 기록된 인간의 타락으로 인한 그들의 죄와 폭력으로 망가진 세상을 전제로 하고 있음을 고려해 볼 때, 하나님께서 피조 세계를 죄에 대한 심판으로부터 보존하신다는 것은, 그분께서 인간들의 죄와 그 죄의 결과에 대한 해법을 마련하신다는 뜻임을 예상하게 한다. 중요한 것은, 노아 언약에서 인간들의 '죄악'과 피조 세계에 대한 '심판과 갱신'이 상호 긴밀하게 연결되어 있다는 사실이다.

신약적으로 표현한다면 노아 언약은, 예수 그리스도의 대속의 죽으심이 단지 인류의 죄만을 해결한 것이 아니라, 모든 피조 세계를 죄의 더러움과 죽음의 썩어짐 그리고 하나님 없는 허무에 굴복하는 종노릇에서 해방시킨다는 복음의 내용과도 깊이 상응하는 것이다.

---

1 노아 언약은 레 26:3-6, 사 54:9-10, 렘 31:35-36, 33:20-26 그리고 겔 34:25-31에서도 언급된다.

사실상, 창조 세계의 회복과 보존 그리고 그 완성은, 하나님의 형상으로서 그 창조 세계를 다스리고 보존해야 할 특권과 사명을 받은 인간의 선택과 행동에 직결되어 있다. 사도 바울이 잘 표현했듯이, '피조물이 고대하는 바는 하나님의 아들들이 나타나는 것'이며, '하나님의 자녀들과 함께 죽음의 지배에서 해방되어 영광의 자유에 이르는 것'이기 때문이다(롬 8:19-21).

(2) 창조 세계의 생명에 대한 인간의 책임

노아 언약은 하나님께서 창조하신 세계와 일방적으로 맺으신 영원한 언약이요 그래서 은혜의 언약이지만, 거기에도 인간을 향한 요구와 책임이 명시되어 있다. 성경의 언약은 항상 은혜로 감싸여 있지만, 그 안에 그 은혜를 받아 누리고 보존하라는 요구 또는 계명이 포함되어 있다. 노아 언약도 예외가 아니다. 특별히 창조 세계를 맡아 다스리는 특권을 부여받은 인간에게 마땅한 책임이 따른다는 사실을 기록한다.

> "모든 산 동물은 너희의 먹을 것이 될지라. 채소같이 내가 이것을 다 너희에게 주노라. 그러나 고기를 그 생명 되는 피째 먹지 말 것이니라. 내가 반드시 너희의 피 곧 너희의 생명의 피를 찾으리니 짐승이면 그 짐승에게서, 사람이나 사람의 형제면 그에게서 그의 생명을 찾으리라. 다른 사람의 피를 흘리면 그 사람의 피도 흘릴 것이니, 이는 하나님이 자기 형상대로 사람을 지으셨음이니라. 너희는 생육하고 번성하며 땅에 가득하여 그중에서 번성하라 하셨더라."(창 9:3-7)

노아 언약에서 인간에게 주어진 요구와 책임은, 하나님께서 그들을 '하나님의 형상'으로 지으셨다는 사실에 기초한다. 하나님의 형상으로서 인간은, 타락 후에도 여전히 다른 피조물에 대하여 주권(主權) 곧 통치권을 유지한다.

하나님께서 그것을 빼앗지 않으셨다. 같은 피조물이지만, 인간이 다른 동물이나 식물이나 무기물과 같은 종류인 것은 아니다. 인간이 쥐나 새나 물고기나 혹은 바위나 돌이나 다를 바 없는 피조물 가운데 하나는 아닌 것이다.

인간은 '하나님의 형상' 곧 하나님의 존재와 성품과 뜻을 반영하고 실현하는 존재로 지음받았다. 그런 의미에서 인간이 생육하고 번성하며 피조 세계를 다스리는 것은, 하나님의 선하심과 사랑, 지혜와 정의로 피조 세계를 보호하고 돌보는 것을 의미한다. 그것은 탐욕에 따라 자연을 욕심껏 착취하고, 정당한 목적과 방식을 떠나 생명을 유린하고 파괴하며, 악한 욕망으로 창조 질서를 교란하고 훼파하는 것과는 전혀 거리가 먼 특권이요 사명이다.

더구나 창조 질서를 파괴하고 환경을 돌이킬 수 없는 방식으로 훼손하는 것은, 그 옛날 '몰렉' 우상에게 자신의 자녀들을 희생 제물로 바쳤던 우상숭배자들처럼(레 18:21), 미래의 자녀 세대를 희생시켜 우리의 탐욕을 숭배하는 악한 일임을 기억해야 한다.

노아 언약은, 하나님의 새 창조의 세계에서도, 하나님의 대리 통치자로서 '하나님의 형상'으로 지음받은 인간의 지위를 인정한다. 지구 환경이 중요하다고 해서, 인간이 동식물이나 돌과 같은 무기물과 '동등한' 지위에 있다는 주장은 성경적인 가르침이 아니다. 그렇게 생각하는 것은 인간에게서 특별한 지위만이 아니라 고유한 사명도 빼앗는 것이 되기 때문이다.

사람은 '하나님의 형상' 곧 하나님의 자비하시고 정의로운 뜻대로 세상을 보존하고 돌보는 지위와 책임을 받은 대리 통치자로 지음받았다. 그래서 인간은 들의 백합화를 입히시고 하늘의 참새 한 마리를 먹이시는 하늘 아버지의 뜻을 좇아, 미약한 피조물 하나라도 창조주의 사랑 받는 대상으로 보호하고 존중해야 한다. 동물의 생명뿐 아니라 산과 강과 바다 역시 함부로 다루고 파괴해서는 안 된다. 하나님의 뜻이나 창조의 질서나 창조 세계에 깃들어 있는 바른 질서, 곧 의(義)의 질서를 '무시하고 파괴하는 방식으로' 피조물의 생명을 훼손해서는 안 되는 것이다.

하나님께서는 그러한 범죄를 간과하지 않으실 것이라고 하셨다. 특권에는 반드시 요구와 책임이 따르기 때문이다. 하나님께서는 인간이 그 죄악으로 인해 자신의 창조 세계를 파괴하도록 그저 버려두지 않으실 것이다. 하나님은 자신의 창조 세계를 버리지 않으신다. 끝내 그 창조의 목적에 이르도록 완성하실 것이다. 그 일은 반드시 이루어질 것이다. 진짜 문제는, 하나님의 형상을 회복하고 하나님의 뜻대로 살아야 하는 인간의 재창조이다. 지금도 썩어짐과 허무에 종노릇하는 만물은, 하나님의 아들들이 나타나기만을 간절히 고대하고 있다.

2. 아브라함 언약 – '하나님의 백성의 형성과 열방의 회복'

아브라함 언약이 창세기 12장에서부터 시작한다는 사실은 의미심장하다. 왜냐하면 그에 앞서 나오는 창세기 10-11장의 이야기는, 온 땅에 흩어진 나라와 민족들이 바벨탑을 쌓고 하나님을 대적했던 충격적이고 애통한 상황에 관한 것이기 때문이다.[2] 노아의 자손들은 많은 나라와 족속을 이루고 같은 언어를 사용하면서 온 지면에 퍼져 갔다. 하지만 그들은 '바벨탑을 높이 쌓아' 그 꼭대기를 하늘에 닿게 하여 자신들의 이름을 내고 '흩어짐을 면하고자' 했다.

그들이 모여 함께 쌓아 올렸던 '바벨탑'이 상징하는 바는, 그들은 결국 하나님의 이름이 아니라 자신의 이름을 높이는 우상숭배자들이었으며, 결코 그 땅에서 하나님의 뜻을 행했던 자들이 아니었다는 것이다. 그들은 창조의 명령대로 (수평적으로) 온 땅에 충만하기보다는, 흩어짐을 거부하고 하늘의 하나

2 William J. Dumbrell, *Covenant and Creation: An Old Testament Covenant Theology* (Paternoster, 2013); 최우성 역, 『언약과 창조: 구약 언약의 신학』 (크리스찬서적, 1992), 100-104 참조.

님을 향하여 (수직적으로) 스스로 높아지는 데에 몰두하던 자들이었다.

(1) '한 사람'의 원리

이제, 하나님은 어떻게 하실까? 하나님의 뜻대로 온 땅에 흩어져서 그 땅을 채우는 것 같지만, 그렇게 흩어진 사람들이 창조주이신 하나님의 이름을 부르고 그에게 감사와 영광을 돌리기보다는, 더 이상 흩어지기를 거부하고, 피조 세계를 올바로 다스리기를 폐기하며, 함께 모여 자신의 이름과 영광을 높이고 하나님을 대적하는 일에 몰두하는 그 변질된 세상, 타락한 세상, 반역하는 인류를, 하나님은 과연 어떻게 하실까?

창세기 12장의 이야기는, 하나님께서 이 피조 세계를 통치하시는 아주 근본적인 원리를 보여 주는데, 그것은 하나님께서 천지를 창조하시고 자신의 형상을 따라 지음받은 '아담 한 사람을 통해' 피조 세계를 다스리게 하신 그 원리이다. 하나님께서는 온 세상을 구원하며 회복하시는 일을 위해서도, 그 '한 사람'을 찾으셨다(참조. 롬 5:17-21).

세상을 다스리시든 구원하시든, 하나님께서는 그 큰 일을 '한 사람'을 찾으심으로써 시작하신다. 그러므로 하나님께서 '나 한 사람'을 부르실 때, 그것은 단지 '나 한 사람의 구원'만을 생각하시는 것은 아니다. '나 한 사람의 회복'을 통해 하나님께서 불러오실 수많은 사람들, 나라와 민족과 열방이 그 뒤에 있다는 사실을 기억해야 한다. 하나님께서는 '나 하나의 회복'을 통해 그의 피조 세계를 회복할 뜻과 계획을 갖고 계신다. '나 하나쯤이야' 하는 생각은 성경적이지 않다. 도리어 온 우주의 회복이 '나 하나'에게 달려 있다고 생각해야 한다.

(2) 만민에게 복을 주는 '그 씨'에 대한 약속

아브라함('아브람'의 새 이름)은 우선, 나이 많아 늙도록 자식이 없는 자요,

마땅히 거할 땅이 없는 나그네였다. 그런 그에게 가장 절실했던 것은 '후손과 땅'이었다. 하나님은 이런 아브라함을 찾아오셨다. 하나님은 그에게 거창한 신학 이론이나 그분의 궁극적이고 광대한 비전을 설명하지 않으셨다. 아브라함의 구체적 필요, 실존적 고민을 통해 그에게 나타나 찾아가셨고, 그에게 약속으로 말씀하셨다. 그 약속의 말씀은 무엇이었던가? 구체적으로는 '씨 곧 후손과 그들이 거할 땅'에 관한 약속이다.

앞서 설명했듯이, 언약의 구조에는 하나님께서 주권적으로 베푸시는 '은혜'의 약속이 먼저 나온다. 그리고 그 은혜에 합당한 응답으로서 주어지는 언약적 '요구'가 따라온다. 그 요구를 행하는 것은, 언약의 은혜를 받는 조건은 아니지만, 그 은혜를 받은 자의 삶의 증거요 열매이다. 먼저 아브라함 언약을 통해 주신 은혜의 약속은 다음과 같다.

> "여호와께서 아브람에게 이르시되 너는 너의 고향과 친척과 아버지의 집을 떠나 내가 네게 보여 줄 땅으로 가라. 내가 너로 큰 민족을 이루고 네게 복을 주어 네 이름을 창대하게 하리니 … 땅의 모든 족속이 너로 말미암아 복을 얻을 것이라 하신지라."(창 12:1-3)
>
> "여호와의 말씀이 그에게 임하여 이르시되 그 사람이 네 상속자가 아니라 네 몸에서 날 자가 네 상속자가 되리라 하시고, 그를 이끌고 밖으로 나가 이르시되 하늘을 우러러 뭇별을 셀 수 있나 보라. 또 그에게 이르시되 네 자손이 이와 같으리라. 아브람이 여호와를 믿으니 여호와께서 이를 그의 의로 여기시고, 또 그에게 이르시되 나는 이 땅을 네게 주어 소유를 삼게 하려고 너를 갈대아인의 우르에서 이끌어 낸 여호와니라."(창 15:4-7)
>
> "보라 내 언약이 너와 함께 있으니 너는 여러 민족의 아버지가 될지라."(창 17:4)
>
> "내가 네게 큰 복을 주고 네 씨가 크게 번성하여 하늘의 별과 같고 바닷가의 모래와 같게 하리니 네 씨가 그 대적의 성문을 차지하리라. 또 네 씨로 말미

암아 천하 만민이 복을 받으리니 이는 네가 나의 말을 준행하였음이니라 하셨다 하니라."(창 22:17-18)

하나님께서는 아브라함에게 하늘의 별과 같고 바다의 모래와 같이 많은 '자손'을 약속하시고, 그들이 거할 드넓은 땅도 약속하신다. 아브라함 한 사람을 통해, 장차 '자신의 백성과 영토' 곧 '그의 나라'를 회복할 원대한 계획을 갖고 계셨지만, 그것을 아브라함의 처지와 그의 믿음의 수준에 맞추어 제시하신다. 계시는 한 개인에게 나타날 때에도 '유기적이고 점진적'이다. 하나님은 아브라함의 믿음 속에 그 놀라운 언약의 생명을 가진 작은 겨자씨 같은 말씀을 심으시고 그것이 열매 맺기까지 인내하시며 키워 가신 것이다.

하나님은 이처럼 자비롭고 친절하신 분이다. 아브라함이 그 약속을 잘 믿지 못할 것을 아시고는, 그의 손을 잡아 이끌어 밤하늘을 가리켜 보게 하시고 '너의 자손이 저 별처럼, 바다의 모래처럼 많아질 것이라'고 알려 주셨다. 마치 유치원생에게 실물을 보여 주며 시청각 교육을 하는 지혜롭고 친절한 선생님의 모습이 떠오른다. 계시의 '유기적이고 점진적인' 성격은, 그런 계시를 알려 주시는 '교사이신 하나님' 자신이 '신실하시고 친절하신' 성품을 가지신 분임을 보여 준다.

아브라함의 아내는 나이가 많아 늙어 아이를 낳을 수 없었다. 생리적으로 아이를 낳을 수 없는 아내를 통해 '수많은 자손'이 생긴다는 것, 또한 자신이 머물던 땅에서 나그네와 행인 같은 그에게 그와 그의 후손이 거할 만큼 '드넓은 영토'가 생긴다는 약속은, 아브라함에게 믿고 싶지만, 믿기 어려운 약속으로 들렸을 것이다. 하지만 아브라함은 그 약속을 믿었고, 그 믿음이 그렇게 온전한 믿음이 아니었음에도, 하나님은 그것을 그의 '의'(義)로 여기셨다.

하나님은 그 믿음을 보시고 '나는 너의 하나님이 되어 주겠다'고 하신 것이다. 그 믿음을 통해 아브라함은 창조주 하나님과의 '바른 관계' 속에 들어갔기 때문이다. 아직 무슨 선한 일을 행하기도 전에 피조물인 인간이 하나님께 '의롭다 함'을 입는 길은, 창조주요 구원자이신 하나님과의 '바른 관계 속으로' 들어가는 것이다. 그것은 그분이 무에서 유를 창조하시는 전능하신 하나님이심을 '믿음으로써', 그리고 우리의 모든 죄를 사하시는 자비하신 하나님 앞에서 우리의 죄를 자백하고 연약함을 고백하는 '믿음으로써' 이루어진다.

이렇게 시작한 아브라함의 믿음이, 하나님과의 바른 관계 속에 거할 뿐 아니라, 점차로 하나님의 뜻을 적극적으로 이루어 가는 온전한 믿음으로 성장하는 데에는 오랜 시험과 인내의 시간이 필요했다. 처음에 아브라함은, 하나님께서 약속하신 그 '씨, 후손', '그'를 통해 민족들과 나라들을 창조하실 것이라는 '그 씨'가 '약속을 따라 태어난' 자신의 아들인 이삭이라고 생각했을 것이다. 그것도 하나님께서 약속하신 '그 씨'에 대한 아브라함 당대의 '부분적인 성취'라고 할 수 있다.

하지만 '그 씨'가 '대적(對敵) 곧 원수의 성문을 차지하고' 그로 말미암아 '천하 만민이 복을 얻게 될 것'이라는 약속의 말씀은,[3] 그보다 먼 미래에 '약속된 아브라함의 후손'으로 오실 종말론적인 인물에 의해 일어날 일임이 암시된다. 신약의 사도 바울은 하나님께서 아브라함에게 약속하셨던 '그 씨'의 약속은 '아브라함의 자손'으로 태어난 예수 그리스도에게서 온전히 성취되었고(마 1:1), 그를 통해서 이제 모든 열방이 하나님께로 돌아오게 되었음을 신포한다(갈 3:16).

(3) 약속을 '받는 믿음', 행동하는 '온전한 믿음'

하나님께서는 자신이 '없는 것에서 있는 것을 창조하시는 창조주'이심을 아브라함에게 어떤 '신학적인 명제'로 알려 주신 것이 아니다. 생물학적으

---

3 참조. "내가 너로 여자와 원수가 되게 하고 네 후손도 여자의 후손과 원수가 되게 하리니 여자의 후손은 네 머리를 상하게 할 것이요 너는 그의 발꿈치를 상하게 할 것이니라 하시고"(창 3:15).

로 불가능한 아브라함의 실존적 상황에도 불구하고 아들을 얻음으로써, 실로 '하나님이 창조주(!)이심'을 체험하여 알도록 하신 것이다. 그리고 하나님께서는 아브라함이 가진 그 '창조주 하나님에 대한 신앙'을 검증하신다. 이렇게 하나님의 약속의 은혜를 받고 누리는 언약적 신앙은, 그 은혜 안에서 또한 하나님의 백성으로서의 '요구'를 받는다. 아브라함 언약에서도, 하나님께서는 은혜의 약속을 주신 후에, 그런 은혜를 받은 아브라함에게 하나님의 백성다울 것을 요구하신다.

> "아브람이 구십구 세 때에 여호와께서 아브람에게 나타나서 그에게 이르시되, 나는 전능한 하나님이라 너는 내 앞에서 행하여 완전하라."(창 17:1)
>
> "아브라함은 강대한 나라가 되고 천하 만민은 그로 말미암아 복을 받게 될 것이 아니냐. 내가 그로 그 자식과 권속에게 명하여 여호와의 도를 지켜 의[義]와 공도[公道]를 행하게 하려고 그를 택하였나니 이는 나 여호와가 아브라함에게 대하여 말한 일을 이루려 함이니라."(창 18:18-19)

아브라함이 처음부터 '믿음의 조상'다운 신앙을 가졌던 것은 아니다. 자식이 없고 거할 땅이 없던 아브라함은, 그를 찾아오셔서 은혜의 약속을 주신 하나님을 믿음으로 결국 자식을 얻게 되었다. '이삭'이라는 이름은 '웃음'이라는 뜻인데, 하나님께서 아브라함과 사라에게 자식이 있을 것이라고 하셨을 때 그들이 믿지 못해서 비웃은 그 웃음을 떠올리게도 하고, 동시에 그들이 의심했음에도 불구하고 약속대로 아들을 주신 하나님의 신실하심에 대한 감사와 기쁨의 '웃음'을 의미하기도 했다.

하지만 아브라함이 그 은혜의 약속을 충만하게 이루실 '창조주'이시며 '구원자'이신 하나님을 아는 백성으로 성숙되어 가는 데에는, 잦은 시험과 오랜 인내가 요구되는 긴 과정이 필요했다. 언약의 은혜는, 그 은혜와 함께 주어지는 요구를 통해 더욱 은혜로 충만해진다. 하나님께서는 아브라함에게 '오직 약속을 따라 난 아들, 이삭'을 제단에 바치라고 하셨는데, 아브라함이 마침내, 그의 믿음을 순종의 행위를 통해 보여 줄 만큼 성숙한 신앙을 증명했다(창 22:1-18).

신약 식으로 말하면, 아브라함은 모리아 산에서 이삭을 바치는 일에 순종함으로써, 만유를 창조하신 '창조주' 하나님께서 '죽은 자라도 살리실', 즉 '없는 것을 있는 것처럼 부르실 부활의 하나님'이심을 믿고 알았고, 그 믿음을 자신의 행함으로 증명한 것이다(참조. 약 2:14-26). 이렇듯, 언약적인 믿음은 인간의 이성과 경험으로는 받아들일 수 없는 하나님의 계시의 약속을 받아들이는 놀라운 신적 능력이요, 동시에 그 믿음을 따라 순종하는 삶의 행위로써 그 온전함에 이르게 되는 믿음이다.

이처럼 언약은 하나님의 일방적인 은혜로 시작하지만, 주신 요구를 통해 근본적으로 쌍방적으로 작동한다. 아브라함이 믿기 어려운 하나님의 약속을 믿었을 때 하나님은 '아브라함의 친구'가 되어 주셨지만, 아브라함이 순종하기 어려운 말씀을 순종했을 때 아브라함은 비로소 '하나님의 벗'으로 불리게 되었다(약 2:23). 하나님께서는 아이를 낳기에 전적으로 무능했던 아브라함에게 수많은 후손을 약속하셨다. 땅 한 평 없이 떠돌던 그에게 드넓은 땅을 약속하셨다. 그것은 모두 하나님의 선물과 같은 은혜였다. 그러므로 아브라함의 언약은 은혜의 약속이 그 시작이고 근거이다.

하지만 동시에, 아브라함은 그 언약의 은혜를 믿었고 그 은혜 속에서 넘어지고 또 일어나며 꾸준히 성장하여, 결국은 그 언약 안에서 하나님께서 요구하는 "너는 내 앞에서 행하여 완전하라"(창 17:1)라는 계명을 순종하는 자리에 이른다. 그것은 아브라함 개인의 차원에서뿐 아니라, 아브라함이 거느리는 식솔들 곧 아브라함이 족장으로서 이끌던 그 친족 공동체가 이르는 곳마다 하나님께 '단을 쌓고, 여호와의 이름을 부르는' 신앙 공동체가 되는 방식으로 실현되었다. 자신들을 둘러싼 이방인들, 그 땅의 우상들을 숭배하는 낯선 열방 민족들 속에서, 아브라함이 이끄는 공동체는 그들이 보는 앞에서, 하나님께서 그들에게 요구하시는 대로 '정의(righteousness)와 공도(justice)'를 행하는 하나님의 백성이 되어 갔던 것이다.

요약하면, "나는 너희의 하나님이 되고, 너희는 내 백성이 되리라"라는 언약 공식 그대로, 하나님께서는 아브라함 한 사람을 불러 자신이 창조주요 부활의 하나님임을 믿게 하시고 그에게 복을 주셔서, 그와 그의 후손들이 세상에 정의와 공도를 행하는 백성이 되도록 인도하고 기르셨다. 그 목적은, 아브라함과 그의 후손들을 통해 열방이 하나님의 통치의 능력과 아름다움과 영광을 목격하고, 하나님의 이름을 부르며 회개하며 돌이켜 하나님께로 돌아오게 하심이었다.

이해와 나눔을 위한 질문

1. 노아 언약의 은혜와 요구에 관한 설명을 읽고, 최근에 악화되는 지구 환경의 문제와 연관시켜 생각한 바를 서로 나누어 보라.

2. 아브라함 언약의 은혜와 요구는 무엇인가? 새롭게 깨닫게 된 바를 자신의 말로 정리하여 발표해 보라.

3. 당신에게, 하나님께서 '아주 불가능해 보이는 일'을 가능하게 해 주셨던 경험이 있다면, 혹은 '실현 불가능해 보이는 기도 제목'이 있다면 함께 나누어 보라. 또한, 하나님께서 '나를 통하여' 그분에게로 돌아오게 할 사람들이 있다면 그들은 누구일 것인지, '나는' 그 일을 위하여 무엇을 할 수 있고 또 해야 하는지 함께 이야기해 보라.

제6과

옛 언약의 종류와 특징 (2)
- 모세 언약과 다윗 언약

농부가 땅에 씨앗을 심으면, 거기서 싹이 나고, 조금 지나면 그 싹이 쑥쑥 자라 줄기를 형성하고 잎들이 사방으로 퍼져 나간다. 그때 줄기는 싹에서 나온 것이지만, 싹의 형태와는 '전혀 다른' 성장의 단계를 나타낸다. 언약들을 통해 나타나는 하나님의 계시의 역사도 이와 같다. 족장이었던 아브라함에게 주신 언약이 '싹'의 단계라면, 모세를 통해 이제 하나의 민족을 이룬 하나님 백성에게 주신 언약은 이렇듯 '줄기'가 세워지는 단계라 할 수 있고, 다윗 언약은 그 언약 백성이 이 땅에서 한 '나라'를 이루고 하나님의 통치를 실험하는 단계, 즉 그 나무가 사방으로 가지들을 펼치고 푸른 잎들을 내는 단계에 비유할 수 있다.

그렇다고 줄기나 가지 그리고 잎사귀가, 처음에 돋아났던 싹과 전혀 다른 생명을 가진 것이 아님은 당연한 이치이다. 싹을 틔운 씨앗의 생명이 줄기를 뻗어 나가게 한 것이고, 가지와 푸른 잎들로 성장한 것이다. 이것을 계시의 '유기적인 연속성'이라 할 수 있다. 하지만 줄기는 여린 싹과는 다르게 그 식물이 곧고 든든하게 서게 함으로써, 장차 거기에 가지와 잎들 그리고 꽃과 열매가 달리게 하는 지지대의 역할을 한다. 이런 차별성을 계시의 '점진적인 발전'이라고 부를 수 있다.

1. 모세 언약 – '율법과 제사장 나라'

모세 언약은 아브라함 언약과의 '연속성' 안에서 주어진다. 그러면서 동시에 '불연속성'이라고 여겨질 만큼, 괄목할 만한 성장과 차이를 보여 주기도 한다. 하나님께서 아브라함에게 약속하셨던 것처럼, 약속의 자손들은 흥왕하여 이제 부족(tribe)의 수준에서 '민족'(nation) 공동체의 수준에 이르기까지 번성했다. 또한 하나님께서는 아브라함에게 약속하셨던 대로 그의 언약 백성을 약속의 땅으로 인도해 가셨다.

하나님께서는 거기서 이제는 아브라함 한 사람을 넘어서서, 그가 믿음의 조상의 역할을 하게 된 그의 후손들 즉 이스라엘 '민족 공동체'에게 하나님의 규례와 법도 즉 '율법'을 가르쳐, 그들을 통해 '열방이 하나님께로 돌아오게' 하시겠다는 약속의 성취를 위해 신실하게 역사하신다. 여기서도 "나는 너희의 하나님이 되고, 너희는 내 백성이 되리라"라는 언약 공식이 그대로 실행됨을 볼 수 있다(출 6:7).

(1) 출애굽의 구원과 약속의 땅

하나님의 계시가, 그 계시를 받는 모든 피조물에게는 은혜요 생명이며, 또한 마땅히 따라야 할 명령이 된다. '생명'(生命)이라는 단어에는, 주어진 생명으로서의 은혜와 그 생명을 살아 내야 한다는 명령이 함께 포함되어 있다. 언약도 이와 유사하다. 하나님께서 주시는 구원과 회복과 창조의 완성에 관한 약속은, 모두 은혜의 선물이다. 동시에 그 은혜는, 그 선물을 받는 자에게는 살아 내야 하는 사명이요 요구가 된다. 그 사명을 살아 내고 요구를 행함으로써, 그 은혜와 생명의 선물은 온전히 그것을 행하는 자신의 것이 되고 그의 심령과 삶 속에서 충만하게 펼쳐지기 때문이다.

모세 언약에서도 마찬가지로, 하나님의 은혜의 약속이 먼저 나타난다. 하나님은 은혜 주시지 않고 요구하시는 법이 없으시다. 하나님이 우리에게 무엇을 요구하신다면, 그것은 그 요구를 행할 은혜를 이미 주셨기 때문이다. 하나님께서 이스라엘 백성을 애굽에서 꺼내신 구원 사건이 먼저인가, 아니면 시내산에서 주어진 율법의 요구가 먼저인가? 십계명을 행하면, 애굽에서 건져 주시겠다고 하신 것인가? 애굽에서 건져 내신 후에, 십계명을 요구하신 것인가? 하나님께서는 '내가 너희의 하나님이 되어 주시겠다'고 선언하시고 그렇게 놀라운 은혜를 베푸신다. 그리고 동시에 '너희는 내 백성이 되리라'고 선언하시고 그렇게 양육하신다.

하나님께서 먼저 이스라엘 백성의 하나님이 되어 주신다. 이집트에서 노예 생활을 하던 아브라함의 후손들에게 나타나 그들의 하나님이 되어 주신 것이다. 이제 민족 공동체가 된 그들에게 나타나 구원의 은혜를 베푸시고 그들과의 언약을 갱신하시는 것이다. 언약을 갱신할 때는, 주권자가 베푼 은혜를 기억하게 하고, 또한 그에 합당한 삶을 새로운 차원에서 새롭게 요구하게 된다. 출애굽기 20:3은 십계명의 첫 번째 계명으로서 "너희는 내 앞에서 다른 신들을 섬기지 말라"라는 요구를 기록한다. 그런데 그 이전 구절인 2절은, 그런 요구의 전제가 되는 언약의 은혜를 명시하고 기억하게 한다.

> "나는 너를 애굽 땅, 종 되었던 집에서 인도하여 낸 네 하나님 여호와니라." (출 20:2)
>
> "내가 내려가서 그들을 애굽인의 손에서 건져 내고, 그들을 그 땅에서 인도하여 아름답고 광대한 땅, 젖과 꿀이 흐르는 땅, 곧 가나안 족속, 헷 족속, 아모리 족속, 브리스 족속, 히위 족속, 여부스 족속의 지방에 데려가려 하노라."(출 3:8)

이집트에서 종살이하던 이스라엘 백성은, 이제 그들을 구원해 내신 '하나님의 종'이 된다. 그러나 하나님은 이집트의 바로와 같은 불의와 착취를 일삼는 패역한 왕이 아니시다. 그분은 만유의 창조주이시고, 온 땅을 '자비와 의와 공도'로 다스리시는 참된 왕이시다. 무엇보다, 이 창조주 하나님은 이스라엘을 구원하시는 하나님이시다. 십계명은 이것을 깨닫게 하는 하나님의 새 백성을 위한 '국민교육헌장'과도 같은 것이다(참조. 출 19:5-6). 이스라엘은 이제 하나님이 만유의 창조주요 통치자임을 명확히 깨닫고 그에 합당한 백성이 될 것이다.

하나님께서 아브라함의 후손들인 이스라엘 백성에게 자신이 '여호와'요 '주'이심을 알리고 그들을 이집트에서 건져 내신 것은, 그들에게 '가나안 땅'을 주시기로 한 아브라함의 언약을 기억하셨기 때문이다(출 6:4-8). 하나님의 백성에게는 그들이 거할 땅이 있어야 하기 때문이다. 그들은 그 약속의 땅에 들어가, 열방 속에서 만유의 주이신 하나님을 아는 지식을 따라 그의 뜻을 행하는 백성으로 살아야 한다는 요구를 받는다.

기억할 것은, 하나님께서 아브라함과 그의 후손에게 주시기로 한 '가나안 땅'에 대한 약속은 그 어떤 경우에도 성취될 은혜의 약속이라는 사실이다. 모세 언약에서 주로 율법 즉 언약의 요구를 설명하는 출애굽기 20장부터 신명기 27장까지를 둘러싼 '전후 문맥'은 모두 하나님께서 아브라함에게 주시겠다고 약속하신 은혜에 대한 확신으로 가득 차 있다.

하나님께서 아브라함의 후손들을 이집트에서 건져 내심은, 아브라함에게 약속한 대로 그들을 젖과 꿀이 흐르는 땅, 복된 땅, 열방 민족들이 지켜보는 선교의 땅으로 데려가시기 위함이고, 하나님께서는 반드시 그렇게 하실 것임을 약속하신다(출 3:8, 17; 6:8). 그렇게 하려면 먼저 이집트에서 그들을 꺼내셔야 하는데, 이것은 '유월절'(passover) 예식을 통해 계시하신 구원의 은혜가 그 핵심이다.

"내가 애굽 땅을 칠 때에 그 피가 너희가 사는 집에 있어서 너희를 위하여 표적이 될지라. 내가 피를 볼 때에 너희를 넘어가리니 재앙이 너희에게 내려 멸하지 아니하리라."(출 12:13)

심판주요 구원자이신 하나님께서 이집트의 모든 우상들과 사람들과 생물들을 죽음으로 벌하실 때, 어린양의 피를 문틀에 바른 이스라엘 백성의 집은 '넘어가셔서'(passover) 구원하신 이 '유월절'은 장차 나타날 '더 큰 은혜'를 가리키는 구원 계시의 싹과도 같은 사건이었다. 유월절의 구원 계시의 '씨앗'을 하나님께서 범죄한 아담과 하와에게 가죽옷을 지어 입히셨을 때 희생당한 짐승에게서 찾을 수 있다면, 출애굽기 이후에 제사법은 유월절에 희생당한 어린양을 통한 속죄의 구원 계시를 마치 그 계시의 '줄기'처럼 든든히 세우는 과정이라 할 수 있다.

이처럼, 이 출애굽 사건은 단지 이집트에서 나오는 정치적, 경제적 해방만이 아니라, 궁극적으로는 '죄와 죽음의 지배'에서 나오는 영적이고 '총체적인' 해방임을 드러내게 된다. 모세 언약의 마지막 부분인 신명기 28장에서 32장까지는, 이스라엘 백성이 모세를 통해 주어진 율법을 준행하지 않을 것을 예상하면서 하나님이 주신 은혜의 약속을 기록한다.

그들은 하나님의 약속을 따라 들어간 가나안 땅 곧 열방 민족들이 모여 있는 선교의 땅에서 하나님의 뜻을 따라 사는 언약 공동체의 사명에 실패할 것인데, 그럼에도 불구하고 하나님께서는 그들을 징계하시고 회개케 하시며 끝내 그들에게 약속하신 은혜와 사명을 이루게 하실 것임을 선포한다. 그러므로 모세 언약에서 주어지는 '율법의 요구'는, 문맥상 그 전후에 '구원과 회복의 은혜'로 감싸여 있음을 알게 된다. 하나님께서는 언약을 통하여 자기 백성을 구원하시고, 가르치시며, 회복하시어, 끝내 '그들의 하나님이 되시고, 또한 그들을 자기 백성답게 만드시는' 것이다.

(2) 율법의 요구와 제사장 나라

언약의 은혜를 입은 백성은, 그 언약의 요구도 함께 받는다. 하나님께서 그에게 하나님이 되어 주신 사람은, 그 하나님의 백성답게 행하고 성장해야 하기 때문이다. 출애굽기 19장에 명시되어 있는, 하나님 백성의 '헌법 전문'과도 같은 말씀은 이와 같은 언약의 구조를 그대로 반영한다. 먼저, 하나님께서는 자신이 언약 백성을 억압했던 이집트를 어떻게 심판하셨는지 그리고 그들을 어떻게 구원하고 인도해 내셨는지를 기억나게 하신다(4절). 그리고 그들이 어떤 식으로 하나님의 백성이 될지를 천명하신다(5-6절).

> "내가 애굽 사람에게 어떻게 행하였음과 내가 어떻게 독수리 날개로 너희를 업어 내게로 인도하였음을 너희가 보았느니라. 세계가 다 내게 속하였나니, 너희가 내 말을 잘 듣고 내 언약을 지키면 너희는 모든 민족 중에서 내 소유가 되겠고, 너희가 내게 대하여 제사장 나라가 되며, 거룩한 백성이 되리라. 너는 이 말을 이스라엘 자손에게 전할지니라."(출 19:4-6)

5절에서 '언약'이라는 표현은, 언약을 통해 주신 요구, 계명이라는 의미에 가깝다. 언약을 통해 베푸신 은혜를 기억하고 그 은혜 안에 거하여, 언약이 요구하는 사명을 이루는 것을 의미한다. 출애굽 자체가 목적이 아닌 것이다. 하나님께서 이스라엘 백성을 이집트에서 건져 내신 목적이 있다. 그 목적은 궁극적으로 축복의 땅 곧 열방들 앞에서 하나님 나라를 구현하여 그들로 하여금 하나님께 돌아오게 하는 것이다. 곧 열방의 회복이다.

그 일을 위해서, 이스라엘은 자신을 구원하신 하나님이 곧 온 세계를 소유하시고 통치하시는 '주'(Lord)이심을 알아야 했다. 그리고 세상이 아니라 거룩하시고 생명의 근원이 되시는 그분에게만 속한 '거룩한 백성'이 되어야 하며, 그렇게 됨으로써 열방 가운데 거하며 그들을 하나님께로 인도하는 '제사

장 나라'가 되어야 했던 것이다.[1]

이 두 가지 사명 즉 '거룩한 백성'이 되는 일과 '제사장 나라'가 되는 일은 마치 동전의 양면처럼 연결되어 있다. '거룩한 백성'이란 먼저 빛이신 하나님께 속함으로써, 그분의 거룩하심으로 인하여 거룩해지고, 그 거룩함을 개인과 공동체의 삶으로 살아 내는 백성이다. 레위기에서 거룩함은 생명과 직결되어 있다. 세상의 우상들은 거룩함이 없이도 생명의 풍요를 누릴 수 있다고 속이지만, 그것은 손을 씻지 않고 더러운 것을 먹어도 건강하게 살 수 있다는 거짓말과 다르지 않다.

생명이 거룩함에서 나오고 유지된다는 것은, 모든 생명을 창조하고 유지하시는 창조주 하나님께서 또한 거룩하신 분이라는 사실에 근거한다. 이처럼 거룩함은, 피조 세계의 생명을 지탱하는 모든 바른 질서, 바른 관계 곧 '의'(義)의 구조와 직결되어 있다. 이웃의 것을 도적질하고, 가난한 자의 것을 빼앗고, 자연을 무한정 착취하고, 무고한 자를 죽이며, 불의한 자를 의롭다고, 의로운 자를 불의하다고 재판하는 식의 삶에 생명과 화평이 넘칠 수가 없다. 부패와 혼돈과 파멸이 있을 뿐이다.

이처럼 모세 언약 안에는, 율법을 순종하면 복과 생명을 누리고, 불순종하면 저주와 파멸을 당하게 될 것이라는 '제한적인 조건부 약속'이 들어 있다. 그것이 '조건부'인 까닭은, 언약 속에 포함된 축복과 저주가 언약 당사자인 이스라엘 백성의 순종 여부에 달려 있기 때문이다. 하지만 이러한 조건부 약속이 '제한적'인 까닭은, 그들의 불순종조차 궁극적으로는 아브라함에게 주신 약속 그리고 창조를 통해 이루고자 하시는 하나님의 원대한 계획과 뜻이 성취되는 것을 막지 못하기 때문이다.

모세의 율법은 거룩한 백성을 만들기 위한 '훈육 지침서'의 성격을 갖는

---

1 신약에서 새 언약 백성에게 부여되는 베드로전서 2:9의 '특권과 사명'은, 출애굽기 19:5-6에서 옛 언약 백성에게 주어지는 것들과 '연속적'이면서도 '새로운' 차원에 놓여 있다.

다. 아브라함 언약에 비해 모세 언약에서 '율법이 그토록 강조되는 이유'는, 모세의 율법이 언약의 '조건'이 된다거나, 모세 언약의 성취가 궁극적으로 율법을 준수하는 언약 백성에게 달려 있다는 뜻이 아니다. 다만 이제는 언약 백성에게 '율법의 준수'를 가르치고 강조해야 할 때가 되었다는 뜻이다. 그것은 '언약이라는 계시의 씨앗'이 '싹'이 나는 단계를 지나 튼튼한 '줄기'를 세워야 하는 단계에 이르렀기 때문이다.

아브라함의 후손들이 민족을 이루어 기적적으로 홍해를 건너서 이집트에서 해방된 것이, 모세 언약의 전부가 아니며 그 목적도 아니다. 궁극적인 목적은, 그들이 약속의 땅 곧 열방이 가득한 가나안 땅에 들어가 거기서 하나님의 이름을 부르고 그의 나라를 증거하여 열방으로 하여금 하나님께 돌아오도록 하는 '제사장 나라'가 되는 데에 있다.

이를 위해 모세의 언약은, 그 언약 백성에게 특별히 '율법'을 가르침으로써, 그들이 '정의와 공도'를 행하는 백성이 되도록 훈련하는 데에 집중한다. 여기가 모세 언약의 강조점이 있는 곳이다. 단지 십계명뿐 아니라, 삶의 전 영역에서 하나님의 의의 질서를 구현하기 위한 시민법(civil law)과 거룩하신 하나님과의 교제를 담보하는 성막에 관한 법, 그리고 신명기(Deuteronomy)라는 책의 제목이 말해주듯 '율법을 거듭 배우는' 과정은, 이제 이스라엘 민족이 '제사장 나라'로서 열방을 향해 나아가, 그들 가운데서 하나님과 그분의 통치를 증거하기 위한 필수 과정인 것이다.

2. 다윗 언약 – '영원한 왕과 영원한 나라'

하나님께서는 아브라함과 '그의 씨'를 통해 열방 곧 온 세상을 돌이키시어 회복시키겠다고 하셨다. 하나님의 이 계획은, 아브라함의 후손들이 한 민족을 이루어, 하나님의 뜻을 알고 행하는 '제사장 나라'로서, 열방 가운데서 하나님의 이름을 높임으로써 성취될 것이었다. 모세 언약은 '제사장 나라'로 부름받은 언약 백성이 '거룩한 민족'이 되도록 율법을 가르쳐 행하게 하는 일에 집중했다.

이제 다윗 언약의 단계에 오면, 하나님의 백성은 민족으로서 하나의 '국가'(kingdom)를 세우는 단계에 이르게 된다. 이제는 단지 이동식 성막(tent)이 아니라 견고한 성전(temple)을 짓고, 그 성전에 임재하시는 하나님을 예배하며 삶의 모든 영역에서 하나님의 율법을 따라 하나님의 뜻을 구현하는 국가 단위의 사회를 만드는 실험을 하게 되는 것이다.

이는 마치 씨앗에서 싹이 나고 줄기가 올라온 후에, 그 줄기로부터 '사방으로 가지를 뻗어 푸른 잎들이 무성하게 나는 단계'에 비유할 수 있다. 하나님께서 그의 율법으로 친히 통치하시는 나라, 하나님 자신이 왕이 되시는 국가를 이 땅에 실제로 세우는 실험을 하는 단계인 것이다. 실제로 솔로몬의 시대에 이스라엘 국가는 열방을 비추는 빛처럼 빛났고, 하나님의 임재가 그 중심에 있었으며, 그의 뜻이 실현되는 국가가 얼마나 부요하고 지혜롭고 영광스러운지를 보기 위해 열방이 사방으로부터 몰려들기도 했다(왕상 10:1-10).

이제 하나님께서 아브라함 언약을 통해 이루고자 하신 열방의 회복은, 다윗의 약속된 후손 곧 장차 '다윗의 아들'로 오실 종말의 왕과 그의 영원한 왕권을 통해 이루어지게 될 것이다(시 72:8-11). 이것이 다윗 언약의 골자이다.

(1) 다윗의 후손과 영원한 왕권

성경의 언약에는 하나님의 주권적인 은혜가 나타나고, 그 은혜에 근거한 요구가 따라온다. 다윗 언약도 마찬가지의 구조를 가지고 있다. 다윗은 하나님께 '집' 곧 '성전'을 지어 드리기를 원했지만, 하나님은 도리어 다윗에게 '영원한 집' 곧 '영원한 왕권, 나라'를 약속하신다. 다윗의 '후손, 씨'를 통해 하나님은 이 세상에 '영원한 왕권'을 가진 '영원한 나라'를 세우실 것이다.

"네 수한이 차서 네 조상들과 함께 누울 때에 내가 네 몸에서 날 네 씨를 네 뒤에 세워 그의 나라를 견고하게 하리라. 그는 내 이름을 위하여 집을 건축할 것이요 나는 그의 나라 왕위를 영원히 견고하게 하리라. … 네 집과 네 나라가 내 앞에서 영원히 보전되고 네 왕위가 영원히 견고하리라 하셨다 하라. 나단이 이 모든 말씀들과 이 모든 계시대로 다윗에게 말하니라."(삼하 7:12-17)[2]

바로 이 약속된 '다윗의 씨' 곧 '종말의 다윗의 아들'을 통해, 모세에게 주신 언약 곧 하나님의 법을 순종하는 '제사장 나라'가 세워질 것이고, 그 제사장 나라를 통해 아브라함에게 약속하신 '열방의 회복'도 이루어지게 될 것이다.

다윗이 처음 이 약속에 관해 들었을 때, 그는 아마도 자신의 아들 솔로몬이 그 약속된 후손일 것이라고 생각했을 법하다. 하나님의 계시는 유기적이지만, '점진적'임을 기억하자. 하지만 솔로몬은 우상숭배를 끌어들였고 그로 인해 언약 백성은 남북으로 갈라졌다. 더 심각하게는, 북이스라엘과 남유다 모두가 결국에는 멸망하고 말았다.

이런 상황에서 하나님께서 다윗에게 주신 그 '영원한 왕권과 나라'의 약속은 어떻게 실현될 것인가? 다윗 왕조가 망했으니 그 '약속된 다윗의 씨'는 끊어진 것인가? 그럴 수 없다. 하나님의 약속은 폐하지 않기 때문이다. 선지자들은 '하나님의 말씀은 반드시 성취된다'는 굳건한 신앙에 근거해서, 깊은 역사적 반성과 하나님의 계시를 통해 끊임없이 다윗의 언약을 재해석했다.

"내가 한 목자를 그들 위에 세워 먹이게 하리니 그는 내 종 다윗이라. 그가 그들을 먹이고 그들의 목자가 될지라. 나 여호와는 그들의 하나님이 되고 내 종 다윗은 그들 중에 왕이 되리라. 나 여호와의 말이니라."(겔 34:23-24)

2 동일한 다윗 언약의 내용이 역대상 17:4-14에도 기록되어 있다. 시편 89편과 132편도 다윗에게 주신 약속을 언급하면서, 이것이 명확히 '언약'임을 명시한다(시 89:34; 132:12).

"이새의 줄기에서 한 싹이 나며 그 뿌리에서 한 가지가 나서 결실할 것이요, 그의 위에 여호와의 영 곧 지혜와 총명의 영이요 모략과 재능의 영이요 지식과 여호와를 경외하는 영이 강림하시리니 … 공의로 가난한 자를 심판하며 정직으로 세상의 겸손한 자를 판단할 것이며 그의 입의 막대기로 세상을 치며 그의 입술의 기운으로 악인을 죽일 것이며 공의로 그의 허리띠를 삼으며 성실로 그의 몸의 띠를 삼으리라. 그때에 이리가 어린양과 함께 살며 표범이 어린 염소와 함께 누우며 … 이는 물이 바다를 덮음같이 여호와를 아는 지식이 세상에 충만할 것임이니라. 그날에 이새의 뿌리에서 한 싹이 나서 만민의 기치로 설 것이요 열방이 그에게로 돌아오리니 그가 거한 곳이 영화로우리라."(사 11:1-10)

선지자 에스겔은 구체적으로 이 약속된 종말의 다윗의 아들이 어떤 식으로 하나님의 원대한 계획과 그 뜻을 이루게 될지 예언하고 있다(겔 34:23-24; 37:24-28). 종말에 약속된 그 '다윗의 후손, 왕'이 오시는데 그는 특별히 '목자'로서 오신다. 그 목자는 하나님의 말씀을 순종하는 새로운 종말의 백성을 창조하신다. 그의 왕권은 영원할 것이며, 하나님은 영원히 그들 가운데 거하실 것이다. 이로써 '하나님은 그들의 하나님이 되시고, 그들은 하나님의 백성이 되는' 언약의 궁극적 목적이 성취될 것이다.

다윗 언약을 통해 하나님께서 약속하신 '그 다윗의 후손, 영원한 왕권을 가진 왕'이 올 것이다. 하지만 그는 다윗 왕조가 실험했고 이미 실패한 정치적, 군사적 힘에 의존하는 왕들을 통해 이 땅에 하나님 나라를 건설하지는 않을 것이다. 그 '종말의 다윗 왕'은 특징적으로 자기 백성을 위하여 자신의 목숨을 내어 주며, 그들을 치유하고 회복하고, 그들 가운데 거하여 그들을 하나님의 말씀을 순종하는 백성으로 가르치며 인도할 것이다(마 28:19-20).

이렇게 해서 '하나님은 그들의 하나님이 되고, 그들은 하나님의 백성이 되는' 언약의 목적이 온전히 성취되고, 그 종말의 다윗 목자의 '의와 화평'의 통치는 땅끝까지 이르게 될 것이며, 이를 통해 열방이 하나님께로 돌아오게 될 것이다(렘 33:15; 사 42:1-4; 61:1-62:4). 말하자면, 약속된 그 종말의 다윗의 아들의 통치를 통해, 하나님의 법과 그 법을 지키는 제사장 나라를 약속한 모세 언약도, 하나님의 백성을 통한 열방의 회복을 약속한 아브라함의 언약도, 그리고 피조 세계의 회복을 약속한 노아의 언약도 모두 실현되는 날이 기필코 온다는 것이다.

마찬가지로 선지자 이사야 역시, 종말에 '이새(다윗의 아버지)의 줄기에서 난 싹'과 '그 뿌리에서 난 가지'인 '그 약속된 다윗의 후손'에게 여호와의 영이 강림할 것이며, 하나님의 지혜와 권능으로 다스리는 그의 '공의로운' 통치가 모든 열방에 이를 것이라고 내다보았다. 그 결과, 열방이 그를 통하여 하나님께로 돌아오며, 하나님을 아는 지식이 온 땅에 충만해지고, 사자와 어린양이 함께 거하며, 어린아이가 독사의 굴에 손을 넣어도 '해함이나 상함이 없는 의(義)와 화평이 거하는 바' 새 하늘과 새 땅이 올 것이라고 내다보았다(사 11:1-10).

(2) 말씀을 청종함과 하나님의 집을 세움

그렇다면 다윗 언약은 언약 당사자인 다윗 왕조의 왕들이 무슨 짓을 해도 하나님이 그들을 봐주신다는, 그런 의미에서 일방적인 은혜의 약속인가? 그렇지 않다. 다윗 언약도 '은혜가 앞서고 요구가 뒤따르는' 언약의 일반적 구조를 갖고 있다. 다윗 언약이 명시된 사무엘하 7장 14절에는 이러한 요구가 포함되어 있다.

> "나는 그에게 아버지가 되고 그는 내게 아들이 되리니, 그가 만일 죄를 범하면 내가 사람의 매와 인생의 채찍으로 징계하려니와, 내가 네 앞에서 물러나게 한 사울에게서 내 은총을 빼앗은 것처럼 그에게서 빼앗지는 아니하리라."(삼하 7:14-15)

영원한 왕권을 약속받은 왕조의 왕들이라도 그들이 율법을 순종하지 않고 죄를 범한다면 하나님의 징계와 심판을 면할 수 없었다. 다윗 언약의 특징은 영원한 왕권과 나라에 관한 약속이지만, 그 실질적 내용은 모세 언약이 의도했던 '율법을 순종하는 제사장 나라'의 비전을 국가적 차원에서 이루고자 하는 것이었다.

애초에 다윗 왕조의 국가라는 것이, 세상 국가들처럼 인간 군주를 중심으로 군사력과 정치력으로 나라를 세워 가는 그런 세속적 국가로 의도된 것이 아니었다. 이스라엘의 왕은 오직 한 분 여호와 하나님이시고, 왕의 책무는 그 백성으로 하여금 하나님의 율법에 순종하도록 가르치고 이끌어 이 땅에서 하나님의 통치를 드러내는 것을 본질과 목적으로 하는, 특별한 나라였다.

그래서 다윗 왕조의 흥망성쇠는 군사력이나 외교 관계가 아니라, 그 왕과 백성이 하나님의 율법을 전심으로 순종하고 따르느냐에 따라 결정되었다. 다윗은 개인적으로 흠결이 있었지만, 그는 다윗 왕조 전 역사를 통틀어 그리고 그 이후에도 '여호와의 율법을 떠나지 않고 전심으로 청종한' 왕으로 기억되며, 다윗 왕조의 모든 왕들은 이런 점에서 다윗과 비교되곤 하였다(삼하 22:22; 왕상 14:8; 15:3; 왕하 14:3; 16:2).

하지만 다윗 왕조를 이어받은 왕들은 하나같이 여호와의 율법을 떠나 세속적인 방식으로 나라를 통치했고, 끝내 하나님의 심판을 피하지 못했다. 결국 북이스라엘도 남유다도 모두 망했고, 다윗 왕조의 마지막 왕은 눈이 뽑히고 손이 쇠사슬에 묶여 포로로 끌려갔다. 그렇다면, 다윗 언약은 폐하여졌는가? 하나님의 약속의 말씀은 거짓이었던가? 포로로 끌려간 나라에서, 선지자들은 그렇게 물었을 것이고, 취소될 수 없는 하나님의 언약과 모든 것이 끝나버린 현실 사이에서 그들의 과거를 돌아보고, 현재에 통곡하며, 참회하는 가운데 약속된 미래를 바라보며 하나님께 물었을 것이다. 그리고 과연 하나님께서는 약속대로, 그들에게 '더 은혜롭고 더 놀랍고 더 충만한 계시'로 응답해 주셨다. 그것이 새 언약이다.

이해와 나눔을 위한 질문

1. 이번 과에서 배운 '모세 언약'과 '다윗 언약'에 관한 내용을 자신의 말로 정리하고, 가장 중요한 포인트라고 생각하는 부분을 함께 나누어 보라.

2. 당신이 하나님께로부터 받은 '가장 큰 은혜'는 무엇이라고 생각하는가? 당신이 순종하려고 하지만 '가장 잘 안 되는 부분'은 어떤 것인가? 생각해 보고, 함께 나누어 보라.

3. 당신이 알고 있는 '지도자들' 중에 가장 '선한 영향력'을 끼치는 지도자라고 생각하는 사람은 누구인가? 왜 그렇게 생각하는가? 또한, 당신이 '선한 영향력'을 끼치는 지도자가 되려면, 지금 가장 필요한 자질이나 훈련이 무엇이라고 생각하는가? 함께 나누어 보라.

제7과
새 언약의 특징과 내용

새 언약은 옛 언약들이 모두 실패로 돌아간 것 같은 절망적인 상황을 배경으로 한다. 다윗 왕조는 실패했다. 왕들은 하나님의 율법을 버렸고, 한때 하나님의 임재와 영광을 드러냈던 나라는 망해서 백성들은 앗수르와 바벨론과 같은 이방 강대국의 포로로 끌려갔다. 약속의 땅을 잃었고, 그 약속의 땅의 중심에 서 있던 화려한 성전도 훼파되었다.

하나님께서 은혜로 부르신 옛 언약 백성은, 말씀으로 창조된 세상의 마땅한 질서를 담은 거룩한 율법을 열방들이 보는 앞에서 내버리고 짓밟았으며, 율법 준수를 통해 제사장 나라가 되게 하려는 모세 언약의 꿈 역시 산산이 흩어져 버렸다. 무엇보다 자기 백성을 통해 열방을 자신에게로 되돌리겠다는 하나님의 계획, 곧 아브라함 언약의 비전도 영영 끝나 버린 것만 같았다.

그러나 하나님이 누구신가? 그분은 자신의 말씀으로 무(無)에서 유(有)를 창조하신 창조주이시다. 그분의 말씀은, 한번 그의 입에서 나오면 반드시 그 뜻을 이루고야마는 신실하고 참된 말씀이다(사 55:8-11). 구약에서 주로 예레미야 31-33장, 에스겔 34-37장 그리고 이사야 40-66장에 기록된 새 언약에 관한 내용은, 언약을 통한 하나님의 계획이 결코 인간 편의 연약함이나 죄악, 저항이나 실패에 의해 포기되지 않는다는 사실을 보여 준다.

그럴 수가 없다. 오히려, 역사가 진행될수록 점점 더 드러나는 인간의 죄악과 연약함은, 하나님의 언약의 깊이와 폭을 더욱 깊고 넓게 만들 뿐이다. 언약에 순복하지 않는 자들은 심판을 받고 그 비참한 결과를 스스로 취하지만, 하나님은 자신의 언약을 통해 자신의 선한 뜻을 반드시 성취해 나가신다.

1. 새 언약이 '새로운' 이유

예레미야는 새 언약을 세우는 이유를 언급하면서, 여호와 하나님 자신의 탄식과 결심을 기록한다. "이 언약은 내가 그들의 조상들의 손을 잡고 애굽 땅에서 인도하여 내던 날에 맺은 것과 같지 아니할 것은, 내가 그들의 남편이 되었어도 그들이 내 언약을 깨뜨렸음이라. 여호와의 말씀이니라. 그러나 그 날 후에 내가 이스라엘 집과 맺을 언약은 이러하니…"(렘 31:32-33). 이스라엘은 하나님의 그 많은 은혜를 입고도 그 언약을 깨뜨렸다. 그러면 하나님은 그만 포기하고 물러서시는가? 그렇지 않다. 더 깊게, 더 가깝게, 더 철저하게 다가오신다. 이것이 새 언약의 기조이다.

그러니까 새 언약은 옛 언약이 이루고자 했던 목적들을 포기하지 않는다는 데에서 시작한다. 하나님께서 노아 언약, 아브라함 언약, 모세 언약, 다윗 언약을 통해 약속하신 미래는 결코 포기되지 않았다. 오히려, 언약 백성의 실패에도 불구하고 반드시 실현될 것이다. 이것이 새 언약이, 옛 언약들과 공유하는 언약적인 '연속성'(continuity)이다.

새 언약은 아브라함 언약이 내다보았던 '열방의 축복'에 관한 약속을 보존하며 그것이 반드시 이루어지는 새로운 방식을 찾아낸다. 새 언약은 모세 언약이 공들여 이루고자 했던 '율법을 지키는 제사장 나라'의 설립이라는 목적을 강화하며, 그것을 반드시 성취할 새로운 방식을 모색한다. 그리고 새 언약은 다윗 언약이 약속했던 '영원한 왕권'을 이어받을 진정한 왕, 진정한 메시아를 준비할 것이며, 그를 통하여 반드시 '의와 화평'의 나라를 세울 하나님의 방법을 제시할 것이다. 마침내 노아 언약이 내다보았던 대로, 다시 이 피조 세계가 에덴동산처럼 회복되는 새 창조가 어떻게 이루어질지에 관해서도 더욱 구체적인 비전을 제시할 것이다.

하나님의 계시나 언약은 모두, '유기적'인 통일성을 갖고 있으면서도 또한 '점진적'으로 펼쳐지고 성취된다. 새 언약은 옛 언약들과 유기적인 통일성을 유지하면서도, 한 나무의 성장에 있어서 꽃이 잎사귀와는 전혀 다른 차원의 생명의 발현이듯이, 또한 그 이전의 언약들에서는 볼 수 없었던 '점진적인' 성격, 즉 전혀 다른 '불연속적'(discontinuity)인 차원을 드러낸다. 그러니까 새 언약이 '새로운' 이유는, 옛 언약과 본질적으로 '다르기' 때문이 아니다. 본질적으로는 연속적이지만, 그 성장의 단계가 '전혀 다른 차원으로' 전개되어 드러나기 때문이다.

그렇다면 새 언약은 어떤 면에서 옛 언약들과 '차별화'되는가? 이 점을 이해하려면 우선, 옛 언약들의 실패가 새 언약의 발단이 되었다는 사실을 기억해야 한다. 다윗 언약은 왜 실패했는가? 다윗 왕조의 왕들이 하나님의 법을 떠났기 때문이다. 하나님의 말씀을 기억하고 그 말씀대로 순종하며 백성들에게 하나님의 규례와 법도를 가르치고 그렇게 살도록 인도하는 '하나님 나라'의 왕다운 왕을 찾을 수 없었기 때문이었다.

> "내 종 다윗이 그들의 왕이 되리니 그들 모두에게 한 목자가 있을 것이라. 그들이 내 규례를 준수하고 내 율례를 지켜 행하며, 내가 내 종 야곱에게 준 땅 곧 그의 조상들이 거주하던 땅에 그들이 거주하되, 그들과 그들의 자자손손

이 영원히 거기에 거주할 것이요, 내 종 다윗이 영원히 그들의 왕이 되리라. 내가 그들과 화평의 언약을 세워서 영원한 언약이 되게 하고, 또 그들을 견고하고 번성하게 하며, 내 성소를 그 가운데에 세워서 영원히 이르게 하리니, 내 처소가 그들 가운데에 있을 것이며, 나는 그들의 하나님이 되고 그들은 내 백성이 되리라."(겔 37:24-27)

그래서 새 언약이 약속하는 미래의 왕, 장래에 오는 '다윗의 후손'은, 전형적인 '정치적, 군사적'인 왕이 아니라 양 무리를 치유하고 가르치며 인도하는 '목자'(shepherd)로 그려지곤 했다. 장차 다윗의 후손으로 오는 영원한 왕은, 자기 백성을 치유하고 회복하며 그들에게 하나님의 법을 가르치고 순종하도록 인도하는 '여호와-목자'(YHWH-Shepherd)의 권위와 사역을 성취하는 '내 종 다윗 목자(Davidic Shepherd)'가 될 것이라고 내다본 것이다.[1] 그가 와서 이 땅에 '하나님 자신의 통치, 하늘의 통치'를 실현할 영원한 왕권을 받아 영원한 나라를 세울 영원한 왕이 될 것이다.

새 언약은 실패로 돌아간 옛 언약이 드러낸 '취약한 부분들'에 집중한다. 옛 언약은 왜 실패했는가? 하나님이 신실하지 않으셨는가? 그렇지 않다. 그 실패의 원인은, 언약 백성들이 하나님의 율법을 준행하지 못한 사실에 있다. 왜 준수할 수 없었던가? 율법에 문제가 있었는가? 그렇지 않다. 하나님의 율법은 선하고 거룩한 것이다(롬 7:12). 문제는 언약 백성이 율법을 준수할 '능력'에 있었다. 새 언약은 이 부분에 관해서 전혀 새로운 약속을 제시한다.

옛 언약에서 하나님의 율법은 '돌판'에 기록되었다. 하지만 옛 언약 백성은 그것을 지키지 못했다. 그렇다면, 새 언약에서는 어떻게 하겠다는 것인가? 장래에는 하나님께서 자신의 율법을 십계명처럼 '돌판'이 아니라, 새 언약 백

---

1 채영삼, 『긍휼의 목자 예수: 마태복음의 이해』 (이레서원, 2011), 182-206, 467-476.

성의 '심령에, 마음에' 직접 기록하시겠다고 약속하신다(렘 31:33). 즉, 새 언약이 도래하면 하나님의 율법, 하나님의 말씀이 그 언약 백성의 심령에 '내면화'(內面化)될 것이라는 약속이다. 어떻게 이것이 가능하게 될까?

우선, 새 언약에서는 '죄 사함'이 영속적이고 완전하게 될 것이다. 즉, 새 언약 백성의 심령에는 하나님의 속죄의 능력이 언제나 역사하게 될 것이다. 옛 언약에서 행해졌던, 흠결 있는 인간 제사장을 통해 드려지는 동물 제사보다 뛰어난 '항구적인 속죄'가 베풀어질 것이다(렘 31:34; 참조. 슥 13:1-2).[2]

그다음에, 새 언약이 성취될 때 새 언약 백성의 '심령에 기록될 말씀'은, 그들 안에 '내주(內住)하실 하나님의 영'에 관한 약속과 깊이 결부되어 있다. 옛 언약 때에는, 하나님께서 그 영으로 임재하신 처소는 '돌로 지은 성전'이었지만, 새 언약 때에는 하나님의 영이 직접 그의 언약 백성의 심령에 거할 것이다(겔 36:26-27). 이것도 '돌로 지은 성전'을 중심으로 세워졌던 옛 언약에 비하면 놀랍고 혁명적인 변화를 예고한 것이다. 그 결과는 무엇인가?

결국 새 언약은 '하나님의 율법을 순종하는 새 백성을 창조'하겠다는 약속이다(겔 34:27; 37:24). 다시 말해서 새 언약은, 옛 언약 안에서 해결되지 못한 문제를 하나님 자신이 해결하셔서 그것을 실현 가능하도록 만드는 약속이다. 다윗 언약의 꿈인 '영원한 왕권'도, 아브라함 언약의 비전인 '열방의 회복'도, 그리고 노아 언약이 바라보는 '새 창조'의 미래도, 하나님의 말씀을 준행하는 '제사장 나라' 없이는 이루어지지 못하기 때문이다.

새 언약은 하나님의 그 모든 언약적 은혜에도 불구하고, 그 언약의 요구인 말씀을 순종하지 못하는 그 백성의 결함, 곧 그들의 '부패한 심령'을 전혀 새롭게 하는 하나님의 영과 말씀의 '내면적 역사'를 통해, 드디어 말씀을 순종하는 새 백성을 창조하겠다는 것이다. 이런 미래는 정말 가능할까? 정말

---

2 스가랴 9-14장도, 미가 2-5장과 함께 다윗 언약을 따라 종말에 오실 '다윗 목자 – 왕'을 예언하는 본문이다. 스가랴 9:16-17, 13:7은 종말에 언약 백성 위에 세워질 '그 한 목자'를 예언한다.

하나님의 말씀을, 하나님의 영에 의해, 자발적으로 순종하는 새 백성이 탄생하게 될까? 언제 그렇게 될까? 신약성경은 바로 이러한 새 언약의 성취가 '시작되었다'는 '기쁜 소식, 복음'을 선포한다. 이제, 이 새 언약의 내용을 보다 상세히 살펴보자.

2. 새 언약의 8가지 주요 내용

새 언약은 구약에 나타난 옛 언약들과 전혀 다른 언약이 아니다. 본질상 동일한 약속의 내용을 품고 있지만, 그것을 새로운 차원에서 갱신(renewal)한 것이다. 왜 그럴 필요가 있었는가? 그것은 언약을 맺은 당사자인 '언약 백성의 실패와 무능(無能)의 문제'에 하나님께서 친히, 더욱 깊이, 개입하셨기 때문이다.

그러므로 새 언약의 특징은, 하나님께서 언약적 요구를 감당해야 하는 언약 백성이 그 요구를 성취해 낼 수 있도록 능력을 부여하시고, 하나님께서 친히 함께하셔서 도우시는 역할에 집중되어 있다. 이런 특징과 함께, 새 언약에는 기존의 언약들에서 바라보던 약속된 미래가 더욱 분명하고 구체적으로 묘사되기도 한다.

이제 새 언약의 특징적인 내용들을 8가지로 간추려서 요약해 보자. 신약성경이 예수 그리스도를 통해 이루어진 하나님의 계시 행동과 말씀을 기록한 '거대한 숲'이라면, 새 언약의 8가지 내용들은 이 숲속을 관통하는 8개의 큰 길들이라 할 수 있다.

(1) 영원한 속죄

속죄(贖罪) 즉 죄를 사하여 주시는 하나님의 은혜는, 하나님 백성이 '단번에, 영원히' 죄의 권세에서 해방된 계기일 뿐 아니라, 그 이후에도 계속해서 거룩을 유지하며 하나님의 백성으로 살아가게 하는 원동력이다. 옛 언약에서 속죄는 돌로 지은 성전에서, 흠결 있는 인간 제사장이 집행했으며, 동물 제사의 효력에 국한되었다. 그것은 필요에 따라 다양한 방식으로 반복되어야 했고, 자주 형식적인 제의(祭儀)에 그치게 되어, 언약 백성의 진정한 심령의 회개와 삶의 변화를 이끌어 내지 못했다.

다윗 왕조가 쇠락하던 시대의 선지자들은, 당시 성전에서 드리던 동물 제사가 언약 백성의 심령을 새롭게 하거나 하나님의 뜻을 순종하게 하는 참된 제사가 되지 못함을 통렬히 지적하곤 했다. 이사야는, 공의를 버리고 학대받는 자들과 고아와 과부를 돌보지 않으면서 성전 뜰만 밟는 제사가 아무런 쓸모가 없음을 통렬히 지적한다(사 1:10-17). 호세아도, 인애(仁愛)를 행하지 않고 하나님의 뜻을 행하는 일에 관심이 없으면서 형식적으로 드리는 제사나 번제물이 아무런 소용이 없음을 폭로한다(호 6:6).

시간이 지나면서 점점 더, 기존의 동물 제사는 사람의 죄를 사하고 심령을 깨끗하게 하며 중심으로부터 새롭게 할 수 없음이 명확해진다. 선지자들은 동물 제사를 드리는 성전의 유효 기간이 만료되는 때가 가까이 왔음을 내다보고, 장래에 하나님께서 더 나은 제사, 심령을 근본적으로 새롭게 하는, 항구적이고 온전한 속죄의 시대가 오게 하실 것을 내다보게 된다.

> "… 내가 그들의 악행을 사하고, 다시는 그 죄를 기억하지 아니하리라. 여호와의 말씀이니라."(렘 31:34)
>
> "주 여호와께서 이같이 말씀하셨느니라. 내가 너희를 모든 죄악에서 정결하게 하는 날에…."(겔 36:33)
>
> "그날에 죄와 더러움을 씻는 샘이 다윗의 족속과 예루살렘 주민을 위하여 열리리라."(슥 13:1)
>
> "우리는 다 양 같아서 그릇 행하여 각기 제 길로 갔거늘 여호와께서는 우리

모두의 죄악을 그에게 담당시키셨도다."(사 53:6)

어떻게, 이 영원한 속죄가 가능하게 될까? 돌로 지은 성전에서 드렸던 동물 제사가 정상적이었던 시대에, 그것을 구체적으로 상상하는 것은 어려운 일이었을 것이다. 하지만 다른 한편에서, 이사야는 '하나님의 종'으로 부름받은 메시아가 '우리 모두의 죄악을 담당하는' 그런 날이 올 것을 내다보았다.

에스겔은 종말에 다윗의 후손으로 오시는 '한 목자'가 하나님의 양 무리를 다스리며 그들에게 하나님의 말씀을 가르쳐 인도할 것을 예언했지만(겔 34:23-24), 스가랴는 하나님께서 택하신 그 목자가 양 무리를 위해 죽임을 당할 것을 내다보았다(슥 13:7). 종말에 오실 메시아를 통해 이루어질 완전한 속죄에 관한 구약의 이런 예언들은, 마치 여기저기에서 따로 흐르던 시냇물이 결국 하나의 커다란 강물로 만나듯이, 새 언약이 성취되는 그날 예수 그리스도에게서 모두 그 성취를 보게 된다(요 1:29; 히 9:12-15).

(2) 마음에 심긴 말씀

속죄 제사의 목적은 단순히 과거의 죄를 사해 주시는 데에 있지 않다. 죄 사함을 받고 다시 깨끗한 심령이 되는 것은, 또다시 죄를 지을 수 있는 기회를 얻는 것이 아니기 때문이다. 속죄 제도는 죄 씻음으로 말미암아 새롭게 된 양심으로 하나님의 뜻을 알고, 의와 진실과 긍휼을 행할 수 있는 마음의 힘을 얻기 위함이다. 이스라엘 백성이 홍해를 통과한 것이 단순히 바다를 건너는 기적을 경험하기 위함이 아니라, 시내산에서 하나님의 율법을 받고, 그 율법을 배우고 준행하기 위해 필요한 준비 과정인 것과 다르지 않다.

새 언약이, 하나님의 놀라운 은혜로 장차 '영원한 속죄'를 약속하는 이유도 이와 같다. 그 영원한 속죄의 은혜를 바탕으로, 죄 사함으로 인해 양심을 새롭게 회복하고, 그 새 마음으로 하나님의 말씀을 순종하는 새 언약 백성을 만들고자 함이기 때문이다. 옛 언약에서 하나님의 율법은, 십계명처럼 돌판에 기록되었다. 그러나 새 언약의 놀라운 특징은, 장차 하나님께서 자신의 새 언약의 법, 그 말씀을 돌판이 아니라 새 언약 백성의 심령에 '직접 기록하겠다'고 하신 것이다.

> "그러나 그날 후에 내가 이스라엘 집과 맺을 언약은 이러하니, 곧 내가 나의 법을 그들의 속에 두며 그들의 마음에 기록하여 나는 그들의 하나님이 되고 그들은 내 백성이 될 것이라. 여호와의 말씀이니라."(렘 31:33)

즉, 새 언약이 성취되는 그날에는 하나님의 말씀이 그 백성의 '외부에' 놓여 있지 않고, 그 백성의 심령에 '내면화'(internalized)될 것이라는 약속이다. 그것이 정확히 어떤 상태인지, 어떻게 이루어질지, 이 예언을 기록한 예레미야 당시에는 명확하지 않았을 것이다. 다만, 하나님께서 자신의 법도(法道), 자신의 말씀, 곧 새 언약의 은혜와 계명을 자기 백성의 심령에 직접 기록하여 새겨 넣으실 것이며, 그때에는 그 백성이 하나님의 법을 잊을 수도 없고, 버릴 수도 없고, 생각하지 않을 수도 없는 상태가 될 것이라고 내다본 것이다.

그렇다고 그때에 새 언약 백성이 '자신의 의지 없이, 기계처럼' 하나님의 말씀을 순종하게 될 것이라는 뜻은 아니다. 하나님께서는, 자신이 창조한 인간에게서 '자발적으로 사랑하고 순종하는 인격적 의지'를 빼앗지 않으신다. 만일 그렇게 한다면, 그것은 참으로 '순종'이라고 말할 수 없는 상태가 될 것이기 때문이다.

새 언약 시대에는 하나님의 말씀이 그 백성의 심령에 어떻게 직접 기록될 것인가? 그것은 마치 한 번도 벚꽃을 본 적이 없는 사람이, 한겨울에 벚나무를 바라보며 그 꽃 피는 모습을 상상하는 것과 유사할 것이다. 예레미야 당시에 그런 미래의 일을 구체적으로 상상하는 것은 쉬운 일이 아니었으리라. 하지만 봄이 오고 벚꽃이 필 때가 오면 모두가 그 놀라움과 아름다움에 도취되는 것처럼, 하나님의 약속이 성취되는 날도 그러할 것이다.

(3) 성령의 내주

하나님께서 세상을 창조하시고 아직 사람이 범죄하기 전에, 하나님은 에덴동산에서 친히 사람과 함께 거하시며 교제하셨다. 그러나 사람이 범죄하여 죽음이 세상에 들어오고, 죄와 폭력과 죽음이 온 세상에 가득 차게 되었을 때, '하나님의 영'은 사람들과 세상을 아주 떠나셨다(창 6:3). 세상은 그렇게 창조주 하나님, 생명의 근원이신 하나님과 분리된 채, 하나님의 임재를 떠나 죽음 아래 놓이게 된 것이다.

그 후에 하나님께서는, 자기의 언약 백성을 부르시고 그들과 동행하시며 그들 가운데 택하신 거룩한 장소에 그의 영으로 임재하셨는데, 그것은 처음에 '성막'으로 그리고 후에는 '성전'으로 자리 잡게 되었다. 성전에서는 대대적인 '속죄'(atonement) 즉 죄를 사하는 제사가 이루어졌고, 그 속죄의 바탕 위에 하나님께서 그곳에 영으로 임재하셨다(왕상 8:10-11). 죄와 죽음이 지배하는 세상 한복판에서, '성전'이란 창조주 하나님의 거룩과 생명이 회복되어 세상 속으로 흘러들어오는 놀라운 은혜의 장소였다.

그러나 하나님 백성의 죄악이 성전의 동물 제사마저 형식적으로 쓸모없는 것으로 만들었고, 성전에 거하시던 하나님의 영은, 참된 회개와 하나님의 말씀을 좇음이 없는 동물의 피만 가득한 '돌로 지은 성전'으로부터 아주 떠나시게 되었다(겔 10:18). 이것이 장차 하나님의 영, 여호와의 신(神)이 그의 언약 백성에게 다시 돌아오실 것이라는 새 언약의 배경이다. 돌로 지은 성전을 떠난 하나님의 영의 임재는, '장차 어떤 식으로' 그의 백성에게로 돌아오게 될 것인가? 에스겔은 이에 관한 놀라운 예언을 기록한다.

"내가 그들에게 한 마음을 주고 그 속에 새 영을 주며, 그 몸에서 돌 같은 마음을 제거하고 살처럼 부드러운 마음을 주어, 내 율례를 따르며 내 규례를 지켜 행하게 하리니 그들은 내 백성이 되고 나는 그들의 하나님이 되리라."(겔 11:19-20)

"또 새 영을 너희 속에 두고 … 내 영을 너희 속에 두어…"(겔 36:26-27)

새 언약이 성취되는 그날에는, 하나님의 영이 자기 백성에게로 돌아오는데, 그때에는 '새 영' 곧 '하나님의 영'이 돌로 지은 성전이 아니라 하나님의 백성의 '속에' 거하실 것이다. 어떻게 이런 일이 가능해질 것인가? 그리고 하나님의 영이 하나님의 백성의 심령에 직접 거하신다면, '돌로 지은 성전'은 어떻게 될 것인가? 둘 다 공존하게 될 것인가? 돌로 지은 성전은 필요 없게 될 것인가?

이 모든 것은 아직 명확하지 않다. 그때가 오면, 무엇이 참된 성전인지가 선명하게 드러나게 될 것이다. 다만, 새 언약이 성취되는 그날이 오면, 기존의 '성전' 개념에 혁명적인 변화가 있을 것이다. 성전의 회복을 간절히 소망했던 에스겔은, 하나님 백성의 중심에 놓인 그 종말의 성전에 하나님이 다시 돌아오셔서 임재하여 계시고, 그 성전 한복판에서 '생수(生水)의 강이 흘러나오는 것'을 보았다(겔 47:1-12; 48:35). 그는 무엇을 본 것인가? 그것도 마치 봄이 오면 마른 나무 가지에 핀 꽃을 볼 수 있듯이, 하나님께서 정하신 때가 와야 비로소 확인하게 될 그림자 같은 것이었다(요 2:19-22; 7:38-39).

(4) 새 마음

하나님께서 창조하신 인간의 '마음'은, 한 인격의 의지와 판단과 성품이 자리 잡고 있는 '통제 본부'(control tower)와 같은 부분이다. 모든 것은 바로 여기에서 시작한다. 사람의 영혼과 육체의 생명이 솟아나는 근원도 마음이다(잠 4:22). 한 사람의 마음에서, 그가 누리는 생명의 삶에 관한 모든 것이 결정되기 때문이다. 그래서 마음이 새롭게 되지 않으면, 그 사람의 삶이 새로워질 수가 없다.

하나님께서 우리의 죄를 사하여 주시는 것도, 우리의 심령에 하나님의 말씀을 기록하시는 것도, 우리의 심령에 하나님의 영이 내주(內住)하시는 것도, 모두 우리에게 '새 마음'을 주시기 위함이다. 죄 사함으로 깨끗해지고, 말씀과 성령의 능력에 힘입은 '새롭게 된 양심'으로 하나님의 뜻을 거짓 없이 분별할 수 있게 하려 하심이다.

더 나아가, 진리의 말씀과 성령의 은총으로 '살같이 부드러워진 마음'으로, 하나님의 진리에 순복하고 기꺼이 의와 긍휼을 행할 수 있게 하려 하심이다. 새 언약이 성취되는 날의 가장 두드러진 특징 가운데 하나는, 그 종말의 새 백성 안에 '새 마음, 부드러운 마음'이 창조될 것이라는 점이다.

> "내가 그들에게 한 마음을 주고 그 속에 새 영을 주며, 그 몸에서 돌 같은 마음을 제거하고 살처럼 부드러운 마음을 주어"(겔 11:19)
>
> "또 새 영을 너희 속에 두고 새 마음을 너희에게 주되 너희 육신에서 굳은 마음을 제거하고 부드러운 마음을 줄 것이며"(겔 36:26)

살아 있는 것은 부드럽고, 죽은 것은 딱딱하다. '돌 같은 마음'은, 딱딱하게 굳어진 마음이다. 하나님의 뜻, 그의 은혜와 사랑, 진리와 공의에 무뎌지고 차가워진 마음이다. 죄와 불의, 탐욕과 살의(殺意)로 질식되어 죽게 된 마음이다. '부드러운 마음'이란, 하나님의 생명과 사랑이 숨 쉬는 마음, 하늘의 거룩한 바람이 통하는 마음, 하나님의 의와 진실과 공의에 따라 쉽게 움직이고 따라가는 마음이다. 하나님은 그런 마음을 창조하시기 위해, 죄를 용서하시고, 그 심령에 말씀을 심으시고, 자기 영을 보내셔서 그 마음에 역사하실 것이다.

(5) 말씀을 순종하는 새 백성

'말씀을 순종하는 사람'은 하나님의 오랜 꿈이다. 그것이 하나님께서 세상을 창조하시고, 그 창조된 아름답고 좋은 세상을 '첫 사람 아담'에게 주시며 품으셨던 기대이기도 했다. 하나님은 자신의 형상을 닮은 아담을 말씀에 순종하는 '기계'로 창조하지 않으셨다. '사랑의 교제'는, 사랑을 받고 사랑을 할 수 있는 '자발적인 인격적 의지'를 전제하기 때문이다. 이것이 인간을 '인격'으로 창조하신 하나님의 신비이다.

하나님은 세상을 창조하시고 그 창조된 세상을 자기 백성에게 주셨다. 그 백성이 하나님이 주신 세상을 그들의 죄악과 반역으로 파괴하고 망쳤을 때, 하나님은 그들 가운데로 찾아오셨다. 그들을 죄의 비참에서 구원해 내시고, 많은 기적을 베푸셨다. 하지만 거기가 끝이 아니었다. 구원은 '구출'(rescue)의 의미뿐 아니라, '회복'(restoration)의 과정을 포함한다.

하나님은 우리가 하나님의 말씀을 듣고, 먹고, 그것으로 살고, 그것을 살아 내기를 원하신다. 그것만이 그분께서 창조하신 세상을 그 창조의 질서 곧 '의(義)의 길'을 따라 옳게 다스리고 돌보는 유일한 방식이기 때문이다. 그래서 하나님은 끊임없이 자기 백성에게 자신의 법, 자신의 길, 자신의 말씀을 가르치시고, 먹이시고, 그 말씀으로 이끄신다. 하나님의 법도를 떠난 세상 열방들 앞에서, 자신의 입에서 나오는 말씀으로 사는 자기 백성이, 자신과 자신의 거룩하고 의롭고 선하고 아름다운 통치를 드러내 보여 주기를 바라신다. 새 언약은 하나님의 이 오랜 열망을 잘 표현한다.

> "또 내 영을 너희 속에 두어 너희로 내 율례를 행하게 하리니 너희가 내 규례를 지켜 행할지라."(겔 36:27)
>
> "내 종 다윗이 그들의 왕이 되리니 그들 모두에게 한 목자가 있을 것이라. 그들이 내 규례를 준수하고 내 율례를 지켜 행하며"(겔 37:24)

하나님께서 종말에 자기 백성에게 자기의 영 곧 '성령'을 주시는 목적이 무엇인가? 그것은 단지 성령의 기적적인 초자연적 역사를 경험하는 것에 그치지 않는다. 그것은 시작일 뿐이다. 종말에 하나님께서 자기의 영을 새 언약 백성의 심령에 거하게 하시는 목적이 명확히 밝혀져 있다. 그것은 그들이 하나님의 영의 도우심을 받아, 비로소 '하나님의 말씀에 순종하는 새 백성'이 되게 하려 하심이다.

이 목적에서 벗어나는 성령에 대한 이해는, 새 언약을 주신 하나님의 의도에서 벗어나는 것이다. 종말에 오셔서 영원한 왕권을 받아 영원한 나라를 세우실 '약속된 다윗의 후손' 곧 '종말의 다윗 목자'의 가장 두드러진 특징도, 그가 우리 안에 거하시면서, 우리의 목자요 '의(義)의 교사'가 되셔서, 우리로 하여금 하나님의 말씀을 순종하는 새 백성이 되게 하신다는 것이다(마 28:20).

(6) 열방의 회복

하나님은 왜, 무엇 때문에 자신의 말씀에 순종하는 새 백성을 창조하시는가? 그들을 통해 하나님을 떠난 열방들을 자신에게로 되돌리시기 위함이다. 하나님의 이 계획은 아브라함 언약에서 명확히 계시되었다. 아브라함의 약속된 후손을 통해, 열방이 복을 얻고 하나님께로 돌아오는 일이 일어날 것이다.

성경은 애초에 하나님과 그의 언약 백성 사이의 이야기만은 아니다. 성경의 이야기는 '양자(兩者) 관계'가 아니라 '삼자(三者) 관계'에 관한 것이다. 하나님과 하나님을 떠난 열방, 그리고 하나님께 택하심을 입어 그 열방을 하나님께로 돌아오게 하는 특권과 사명을 받은 '제사장 나라' 곧 언약 백성 사이의 '삼자 관계'에 관한 이야기인 것이다. 예수님께서 비유로 말씀하신 대로, 어떤 아버지에게 첫째 아들과 둘째 아들, 이렇게 두 아들이 있는 것과 유사하다(눅 15:11-32). 집에서 아버지와 함께 있는 아들이 있는가 하면, 집 나간 아들도 있는 것이다.

하나님은 자기가 택하신 백성을 다루실 때, 그들을 구원하거나 심판하실 때, 하나님을 떠나 하나님을 대적하는 열방이 보는 앞에서 그렇게 하신다. 그렇게 하심으로써, 그들에게 자신이 온 세상을 통치하시는 왕이요 주이심을 알게 하신다. 역으로, 하나님께서 열방들을 심판하시거나 임의로 그들을 구해 내실 때에도, 자신의 언약 백성이 보는 앞에서 그렇게 하신다. 하나님을 잊고 교만하여 하나님의 뜻을 짓밟고 그의 창조 세계를 포악과 불의로 망치는 대가가 어떤 것인지 똑똑히 보게 하신다. 또한 이방 나라라도 그들에게 베푸시는 은혜를 통해, 자기 백성으로 하여금 하나님의 주권적인 긍휼과 통치가 어떠한 것인지 배우게 하신다.

그러므로 하나님께서 애초에 자기 백성을 부르신 이유는 자신을 떠난 열방들을 염두에 두셨기 때문이다. 아브라함을 불러 자신의 소유로 삼으시고 복을 주시며 동행하신 이유는, 그와 그의 후손들을 통해 열방이 하나님의 복을 얻고 하나님의 소유로 회복되게 하려 하심이다.

> "내 성소가 영원토록 그들 가운데에 있으리니, 내가 이스라엘을 거룩하게 하는 여호와인 줄을 열국이 알리라 하셨다 하라."(겔 37:28)
>
> "일어나라 빛을 발하라 이는 네 빛이 이르렀고 여호와의 영광이 네 위에 임하였음이니라. 보라 어둠이 땅을 덮을 것이며 캄캄함이 만민을 가리려니와 오직 여호와께서 네 위에 임하실 것이며 그의 영광이 네 위에 나타나리니, 나라들은 네 빛으로, 왕들은 비치는 네 광명으로 나아오리라. 네 눈을 들어 사방을 보라 무리가 다 모여 네게로 오느니라. 네 아들들은 먼 곳에서 오겠고 네 딸들은 안기어 올 것이라."(사 60:1-4)
>
> "땅이 싹을 내며 동산이 거기 뿌린 것을 움돋게 함같이 주 여호와께서 공의와 찬송을 모든 나라 앞에 솟아나게 하시리라. 나는 시온의 의가 빛같이, 예루살렘의 구원이 횃불같이 나타나도록 시온을 위하여 잠잠하지 아니하며 예

루살렘을 위하여 쉬지 아니할 것인즉, 이방 나라들이 네 공의를, 뭇 왕이 다 네 영광을 볼 것이요.…"(사 61:11-62:2)

누가복음에서 두 아들을 가진 아버지 이야기로 돌아가면, 형은 언제나 아버지와 함께 있고 아버지에게 속한 것이 다 그의 것이지만, 그에게는 집 나간 동생이 있다는 사실을 잊지 말았어야 했다. 그가 아버지를 사랑했다면, 날마다 동네 어귀에 나가 집을 떠난 둘째 아들을 목이 빠지게 기다리는 아버지의 심정을 헤아렸어야 했던 것이다. 교회는 교회를 위해 존재하지 않는다. 세상 속의 교회를 통해 창조주요 아버지이신 하나님께로 돌아와야 하는 열방을 위해서 존재하는 것이다. 그것이 아버지를 영화롭게 하고 그 뜻을 이루어 드리는 일이다.

(7) 하나님의 이름과 영광

한 사람의 '이름'은 그 사람의 인격과 성품 그리고 그의 의지를 대변한다. 하나님의 '이름'은 그래서 하나님의 자기 계시의 요체이다. 그분의 이름을 부른다든지, 믿는다든지, 그 이름에 영광을 돌린다는 것은, 곧 하나님을 부르고 믿으며 그분 자신에게 영광을 돌리는 것에 필적한다. 하나님의 백성은 이 세상에서 하나님의 이름을 짊어지고 사는 사람들이다. 세상 사람들은 하나님의 백성을 보고 그들이 짊어진 하나님의 이름에 대한 평판을 결정한다.

'내 이름으로 일컫는 내 백성'(대하 7:14). 이것이 언약 백성이 가진 특권이고 사명이다. '그리스도인' 곧 '그리스도'의 이름을 짊어진 사람들은, 예수 그리스도의 모든 은혜를 받고 누리는 자들이며, 동시에 예수 그리스도를 대변하는 사람들이다. 언약 백성은 세상 속에서 하나님의 이름을 짊어진 자들로 존재한다. 아브라함은 어디를 가든, 거기서 하나님께 단을 쌓고 하나님의 이름을 불렀다. 그와 그의 식솔들을 아는 주변의 이방인들은, 그가 하나님의 이름을 부르는 것을 보고 하나님과 그분의 나라에 대해 알게 되었다.

이스라엘 백성은, 모세를 통해 주신 율법을 배우고 준행하여 열방 가운데 하나님의 이름을 높이도록 부름받은 제사장 나라로서 살아가도록 되어 있었다. 그들이 하나님의 이름이 '거룩히 여김을 받도록' 하는 방법은, 하나님의 이름을 짊어진 '그들 자신을' 거룩하게 하고, 이방인들 가운데서 거룩한 삶을 사는 것이었다.

하지만 이스라엘은 열방 가운데서 하나님의 율법을 버리고 짓밟았으며, 스스로 세상 나라들과 같이 되기를 원했다. 그들이 짊어졌던 하나님의 거룩하고 크신 이름은 땅에 떨어졌고, 열방에게 모독을 당하며 그들에게 짓밟히는 이름이 되었다. 하지만 하나님께서는 아브라함과 모세와 다윗에게 주신 약속대로 자기 백성을 거룩하게 하심으로써, 끝내 열방 가운데서 자신의 이름을 높이실 것이다.

> "여러 나라 가운데에서 더럽혀진 이름 곧 너희가 그들 가운데에서 더럽힌 나의 큰 이름을 내가 거룩하게 할지라. 내가 그들의 눈앞에서 너희로 말미암아 나의 거룩함을 나타내리니, 내가 여호와인 줄을 여러 나라 사람이 알리라. 주 여호와의 말씀이니라."(겔 36:23)

열방은 하나님의 이름을 짊어진 그의 백성의 삶을 통해 하나님의 이름을 부르게 되고, 하나님이 계신 성전을 향하여 부르짖게 된다. 하나님의 이름을 부른다는 것은, 그래서 그 이름을 부르는 자마다 구원을 얻게 하려 함인 것이다(욜 2:32; 행 2:21; 롬 10:13). 하나님께서는, 종말에 물이 바다를 덮음같이 여호와를 아는 지식이 온 땅에 충만하고, 여호와의 영광을 인정하는 것이 세상에 가득하게 될 것이라고 약속하셨다(사 11:9; 합 2:14). 그때에 하나님은 자신의 피조 세계 안에 친히 거하시며 홀로 영광을 받으실 것이다.

(8) 새 하늘과 새 땅

하나님은 자신의 창조(creation)를 결코 취소하지 않으신다. 도리어, 완성하신다. 인간이 자신들의 죄와 하나님께 대한 반역으로 그분의 피조 세계를 망가뜨리지만, 하나님은 인간을 회복하심으로써 그들을 통해, 그리고 그들과 더불어, 자신의 피조 세계를 완성하신다. 하나님께서는 자신이 창조하신 그 원래의 목적을 반드시 성취하시는 것이다.

구약성경에 나오는 옛 언약들의 맨 첫 자리를 차지하는 것이 노아 언약이다. 하나님은 인간과 타락한 천사들이 망가뜨려 놓은(창 6:1-2) 피조 세계를 회복하시고, 그 이전보다 더 놀라운 상태로 이끄시고 완성하실 것이다. 피조 세계도 종국에는, 죄와 죽음과 허무에서 벗어나, 하나님의 자녀들이 받는 의와 생명과 영광에 함께 참여하게 될 것이다. 그때에는 구원받은 백성과 온 세계가, 하나님과 함께 거하며 영원토록 하나님을 찬송하게 될 것이다.

> "여호와께서 이와 같이 말씀하시니라. 너희가 능히 낮에 대한 나의 언약과 밤에 대한 나의 언약을 깨뜨려 주야로 그 때를 잃게 할 수 있을진대, 내 종 다윗에게 세운 나의 언약도 깨뜨려 그에게 그의 자리에 앉아 다스릴 아들이 없게 할 수 있겠으며…"(렘 33:20-21)
>
> "사람이 이르기를 이 땅이 황폐하더니 이제는 에덴동산같이 되었고 황량하고 적막하고 무너진 성읍들에 성벽과 주민이 있다 하리니."(겔 36:35)
>
> "보라 내가 새 하늘과 새 땅을 창조하나니 이전 것은 기억되거나 마음에 생각나지 아니할 것이라. … 그들이 부르기 전에 내가 응답하겠고 그들이 말을 마치기 전에 내가 들을 것이며, 이리와 어린양이 함께 먹을 것이며 사자가 소처럼 짚을 먹을 것이며 뱀은 흙을 양식으로 삼을 것이니, 나의 성산에서는 해함도 없겠고 상함도 없으리라. 여호와께서 말씀하시니라. … 내가 지을 새 하늘과 새 땅이 내 앞에 항상 있는 것같이, 너희 자손과 너희 이름이 항상 있으

리라. 여호와의 말이니라."(사 65:17, 24-25; 66:22)

새 하늘과 새 땅에 관한 약속의 성취는, 그 회복된 하나님 나라를 맡아 다스리고 돌볼 하나님의 백성 곧 새로운 인류를 창조하시는 사역과 긴밀히 연결되어 있다. 하나님께서는 노아 언약을 통해 창조 세계가 소멸되지 않고 새롭게 갱신(更新)되어 새롭게 완성될 것을 약속하신다. 그리고 아브라함을 부르시고, 모세를 부르시고, 다윗을 택하여 자신의 언약들을 주신다. 피조 세계의 회복은, 그 피조 세계 곧 하나님 나라를 유업으로 받아 하나님의 뜻대로 다스릴 백성을 전제하고 요청하기 때문이다.

인류 역사는 '에덴동산의 상실'로 시작해서 '에덴동산의 회복'으로 마친다. 에덴동산이란, 사람과 피조 세계가 삼위 하나님과 풍성한 생명과 사랑의 코이노니아를 누렸던 곳이다. 사람이 에덴동산에서 쫓겨났다는 것은, '삼위 하나님과의 교제 곧 그 영원한 코이노니아'에서 분리되었다는 뜻이다. 하나님은 그 '영원한 생명과 사랑의 코이노니아'를 회복하실 것이다. 인간의 죄로 인하여, 자신들도 동일하게 '오염과 썩어짐과 쇠함'에 갇혀 지금도 말할 수 없는 탄식 속에서 고통 받고 있는 이 피조 세계 역시, 그날에는 다시금 그 영원한 의(義)와 생명과 사랑의 코이노니아 안에서 새롭게 회복될 것이다.

하나님께서 약속하신 새 하늘과 새 땅은 '이미' 하나님 앞에 놓여 있고, 하늘에 간직되어 있고, 이 세상 속으로 들어오기 시작했다. 신약성경은, 이 새 하늘과 새 땅이 하나님의 새로운 백성 곧 새 언약 백성과 함께, 어떻게 이 세상 속으로 들어오게 되었으며, 어떻게 완성되어 가고 있는지를 설명한다. 그 영원한 나라를 이 땅에 가져오신 분이, 바로 새 언약을 성취하신 하나님의 아들, 아브라함의 아들, 다윗의 아들, 예수 그리스도이다(마 1:1).

이해와 나눔을 위한 질문

1. '새 언약'은 왜 '새로운' 언약인가? 새 언약의 내용은 무엇인가? 자신의 말로 정리해 보고, 가장 중요한 포인트라고 생각하는 점을 그 이유와 함께 설명해 보라.

2. 새 언약의 내용 중에, 자신에게 가장 잘 이루어진 부분이 있다면 어떤 것인가? 반대로, 자신에게 가장 잘 이루어지지 않은 부분이 있다면 어떤 것인가? 왜 그런지, 자세히 설명해 보라.

3. 이 땅의 교회가 새 언약의 성취를 온전히 누리고 순종하려면, 새 언약의 8가지 내용 중 어느 부분에 더욱 힘을 쏟아야 하는지 생각해 보고, 왜 그래야 하는지, 어떻게 하면 그렇게 될 수 있을지 함께 나누어 보라.

제3장

새 언약의 성취와 신약성경

신약성경은 무엇을 전달하고자 하는 책인가? 신약성경은 우선 '성경' 곧 하나님의 '기록된 계시'의 말씀이다. 특별히, 하나님께서 계시의 행동과 말씀으로 나타내신 언약들에 관한 것, 특히 옛 언약들을 총괄하고 갱신한 '새 언약의 성취'에 관한 말씀이다. 그러므로 '새 언약'(new covenant)은 신약(新約)성경을 관통하는 핵심적인 주제이다.

신약성경은 마태복음, 마가복음, 누가복음 그리고 요한복음으로 이루어지는 사복음서로 시작한다. 사복음서는 모두 새 언약의 중보(中保)이신 예수 그리스도께서 약속대로 세상에 오셔서 마침내 새 언약을 성취하신 '기쁜 소식'을 선포한다. 그 결과가 새 언약 백성의 탄생 곧 교회이며, 사도행전은 이 교회가 어떻게 태어나고 성장하게 되었는지를 설명한다.

사도행전에 기록된 사도들의 행적과 그들의 설교는 그들이 새 언약 교회들을 향하여 써 보낸 '서신'들과 서로 짝을 이룬다. 공동서신은, 예루살렘의 사도들인 야고보, 베드로, 요한 그리고 유다가 기록했고, 바울서신은 안디옥을 중심으로 활동했던 선교사요 사도인 바울이 기록했다. 신약의 서신들은 주로, 새 언약 성취로 탄생한 새 언약 백성인 교회의 삶과 경건에 대하여 가르친다.

이런 점에서, 사도행전이 사도들의 편지에 대한 서사적(narrative) 서론이라면, 히브리서는 새 언약의 은혜와 사명을 서술하는 신학적(theological) 서론인 셈이다. 신약의 맨 마지막 책인 요한계시록은, 새 언약 성취의 '최종적 완성'에 관하여 기록된 말씀이다. 이제부터 새 언약의 성취와 그 결과 그리고 그 완성에 관해 선포하고 가르치는 신약성경에 대해 자세히 알아보자.

제8과

새 언약의 성취와 신약성경의 형성 - 사복음서

신약성경은 어떻게 형성되기 시작했을까? 그것은 하나님의 '계시'로부터 시작되었다. 신약성경을 기록한 인간 저자들 앞에는, 하나님의 결정적인 '행동 계시'와 구약의 '말씀 계시'가 놓여 있었다. 그들은 모두 '메시아인 예수 곧 하나님의 아들'이라는 '종말에 일어난 하나님의 결정적인 행동 계시'를 경험한 증인들이었고, 동시에 그들에게는 종말에 메시아를 통해 성취될 일들에 관한 '하나님의 말씀 계시'가, 곧 구약과 성령을 통한 계시가 주어져 있었다.

초기에 예수를 메시아요 하나님의 아들로 믿고 따랐던 신약의 저자들은, 그 엄청난 하나님의 행동 계시의 절정인 '예수 그리스도라는 사건'을 이해하기 위해, 오늘날의 학자들처럼 자신들의 가설과 추측에 의존하지 않았다. 신약의 저자들은, 역사와 세상의 종말에 나타난 하나님의 행동 계시의 절정인 '예수 그리스도'가 누구이며, 그가 왜 오셨는지, 그리고 무엇을 이루셨으며 무엇을 이루고 계시며, 또한 장차 무엇을 온전히 이루실 것인지에 관해, 우선적으로 그리고 절대적으로, '하나님의 말씀 계시인 구약성경'과 '진리의 영이신 성령'께 의존했다.

승천하신 주 예수 그리스도께서 약속하신 대로 그들에게 보내 주신 '진리의 성령'께서, 그들에게 예수 그리스도의 사건과 구약의 예언들을 깨닫게 하셨다. 하나님의 일은, 하나님께서, 하나님의 영으로, 하나님의 말씀을 통해 알려 주셔야 비로소 알게 되는 것이다. 그래서 신약의 저자들은, 성령과 구약의 말씀에 힘입어 하나님께서 여러 언약들을 통해 약속하신 말씀들이 '성취되는 때가 왔다!'는 사실을 담대히 선포했다.

그들은 예수 그리스도께서 가르치신 말씀과 행하신 일들 속에서 하나님의 말씀이 성취된 것을 선포하고 기록하고 증거했다. 마침내 '말씀이 육신이 되어' 우리 가운데 거하셨다! 신약 전체가 그렇지만 사복음서는 더욱 분명하게, 예수 그리스도로 말미암아 나타난 하나님의 종말론적 행동 계시를 구약의 말씀 계시를 사용하여 설명하는 내용으로 가득 차 있다.

1. 약속과 성취 - 신약과 구약의 관계

흔히 구약성경은 '율법'에 관한 것이고 신약성경은 '복음 또는 은혜'에 관한 것이라고 말하곤 한다. 그렇지 않다. 이런 식의 구분은, 구약과 신약이 하나님의 '유기적이고' 연속적인 계시라는 사실을 잊은 오해에 기인한다. 구약이든 신약이든 둘 다, 하나님의 계시로서 '언약'의 약속과 그 성취를 설명한다. '새 언약의 성취'를 다루는 신약 안에는 물론, '옛 언약'을 다루는 구약 안에도 '은혜와 요구/율법'이 함께 포함되어 있다.

구약성경과 신약성경을 구분하는 합당한 기준은, 구약에는 새 언약의 '약속'이 단지 기록되어 있지만, 신약에서는 그 새 언약이 결정적으로 '성취'되기 시작한다는 사실에서 찾을 수 있다. 그렇다고 구약은 순전히 '약속'에 관한 책이고, 신약은 전적으로 '성취'에 관한 책이라고 할 수는 없다. 하나님의 계시는 유기적으로 통일되어 있고 연속성을 갖지만, '점진적'으로 성취되기 때문이다.

꽃이 피고 열매가 맺기 전에도 씨앗에서 싹이 나고 잎이 나듯, 구약 시대에도 옛 언약의 약속들은 점진적으로, 부분적으로 성취되고 있었다. 하지만 옛 언약들을 총괄하고 결정적으로 갱신한 '새 언약'은, 신약 시대에 와서야 본격적으로 꽃이 피고 열매 맺기 시작한다. 특별히, 신약성경은 하나님께서 보내신 '메시아'(Messiah) 곧 그리스도(Christ, '기름 부음 받은 자') 예수를 통해 새 언약이 결정적으로 성취되었고, 장차 온전히 성취될 것이라는 사실을 증거한다. 이것이 신약성경이 기록된 배경이다. 누가의 증언을 들어 보자.

> "우리 중에 이루어진 사실에 대하여, 처음부터 목격자와 말씀의 일꾼 된 자들이 전하여 준 그대로 내력을 저술하려고 붓을 든 사람이 많은지라."(눅 1:1-2)

누가가 복음서를 기록할 때 그의 앞에는 두 가지 중요한 내용이 있었다. 첫째는 '우리 중에 이루어진 사실'이고, 둘째는 '말씀'이다. 즉, 신약의 저자들은 하나님께서 종말에 나타내신 예수 그리스도라는 결정적인 '행동 계시'를 경험했고, 동시에 종말에 하나님께서 그의 메시아를 통해 그의 모든 언약들을 성취하실 것이라는 구약의 '말씀 계시'를 갖고 있었다.

신약성경을 형성하는 그 중심적인 뼈대(substructure)는 바로 여기서 형성되는데, 그것은 하나님께서 예수 그리스도를 통해 성취하시고 드러내신 '행동 계시'를, 종말에 성취될 것으로 예언된 구약의 '말씀 계시'로 설명한 내용들이다.[1] 예를 들어 마태복음을 기록한 마태는, 예수께서 유대 베들레헴에서 태어난 사실을 두고, 유대 땅 베들레헴에서 '다스리는 자' 곧 '이스라엘의 목자'가 나올 것을 예언한 미가서 5:2를 인용하여 설명한다(마 2:6).

1 신약에서 예수 그리스도의 '사건'에 관련된 내용들을 구약의 예언의 '말씀'으로 설명하는 방식을 '신약의 구약 사용'(the New Testament's use of the Old Testament)이라 부르고, 그 주요 본문들을 모아 놓은 것으로 추정되는 초기 교회의 문헌을 '증언목록집'('테스티모니아', *Testimonia*)이라고 부른다.

또한 사복음서는 모두, 예수께서 잡혀 고난 받고 죽으시는 중대한 사건을 두고, 이를 "내가 목자를 치리니 양의 떼가 흩어지리라"라는 스가랴 13:7의 말씀으로 설명한다(마 26:31; 막 14:27-31; 눅 22:31-34; 요 13:36-38). 흥미롭게도, 미가서 2-5장이나 스가랴 9-14장은, 새 언약이 기록된 에스겔 34-37장과 함께 모두 구약에서 '다윗 언약'(삼하 7:12)을 재해석한 대표적인 본문들이다.

구약 안에서도 다윗 언약이 반복적으로 기억되고 재해석되면서, 장차 '종말의 다윗의 후손' 곧 영원한 왕권을 받아 영원한 나라를 세울 그 메시아는 단순히 '정치적, 군사적 왕'이라기보다 '양 무리를 치유하고 가르치는 목자'의 모습으로 올 것이라는 예언들이 생겨났다. 그런데 신약성경의 저자들은, 예수 그리스도와 그분의 사역을 구약의 말씀 계시로 설명하는 '인용구들'을 기록하면서 신약성경의 근본적인 뼈대를 세워 가기 시작했다. 이런 관점으로 구약과 신약의 관계를 설명하는 아래의 그림을 살펴보자.

나무에 비유한 성경 계시

성경 계시를 하나의 나무로 비유하면, 그 몸통과 뿌리를 구약이라 할 때, 꽃이 피고 열매가 달린 윗부분을 신약이라 할 수 있다. 이렇게 보면, 신약과 구약이 서로 어떤 연관성을 갖는지를 쉽게 알 수 있다. 신약은 구약과 더불어 하나의 전체적인 계시를 이루는 일부분으로서, 특별히 나무에 꽃이 피고 열매가 맺은 것처럼 그 절정에 해당한다.

그렇다고 신약이 구약 없이 홀로 존재하지도 못하고 이해되지도 않는다는 것은, 그 몸통과 뿌리가 없이 존재하는 꽃과 열매가 있을 수 없다는 것처럼 명백한 사실이다. 신약과 구약은 서로 '유기적이고 또한 점진적인 성장'을 보이면서, 하나의 전체적인 계시의 통일성 안에서 존재하는 것이다. 성 아우구스티누스가 말한 것처럼, 실로 "신약은 구약 속에 감추어져 있고, 구약은 신약 안에 드러나 있다."

그것은 마치 한 나무의 꽃과 열매는 이미 몸통과 뿌리 속에 감추어져 있고, 역으로 그 몸통과 뿌리는 그 나무의 꽃과 열매로 드러나 있는 것과 마찬가지이다. 예를 들어, 구약의 레위기에 기록되어 있는 '동물 제사' 제도 속에는, 신약에서 세례 요한이 예수님을 가리켜 '세상 죄를 지고 가는 어린양'이라고 증언한 계시의 내용이 '감추어져 있고'(레 1:4; 요 1:29), 십자가에서 우리의 죄를 대속하여 죽으신 그리스도의 죽음에는, 출애굽 때에 희생당했던 유월절의 어린양이 가리키는 바가 '온전히 드러나' 있는 것이다(출 12:3; 마 26:2).

마찬가지로, 뿌리에 해당할 만큼 구약에서도 오래된 계시인 "빛이 있으라"(창 1:3)라는 말씀은, 그 나무의 몸통 부분에 와서는 "주의 말씀은 내 발에 등이요 내 길에 빛이니이다"(시 119:105)로 드러나고, 꽃의 단계에 이르러서는 말씀이 육신이 되신 예수 그리스도께서 스스로를 가리켜 "내가 세상에 있는 동안에는 세상의 빛이로라"(요 9:5)라는 말씀에서 그 절정에 이르는 것도 동일한 이치에 따른 것이라 할 수 있다.[2]

이렇게 보면, 신약과 구약이 '유기적이고 점진적인 계시의 역사' 안에서 얼마나 긴밀하게 연결되어 있는지를 깨닫게 된다. 위의 그림에서 꽃과 열매가 없는 채로, 그저 나무의 몸통과 뿌리만을 보고 '이 나무가 어떤 나무인지' 알기는 거의 불가능하다. 반대로, 몸통과 뿌리를 살펴보지 못한 채, 꽃과 열매만을 이야기한다면 그것은 충분하지 않은 설명이 될 것이다. 이처럼, 신약에서 하나님의 계시가 예수 그리스도를 통해 어떻게 성취되었는지를 알지 못하면, 구약은 도대체 어디로, 무엇을 향해 나아가며, 무엇을 의미하는지 그 방향성을 찾지 못하게 된다. 반대로, 구약을 알지 못하면 신약에서 예수 그리스도께서 성취하신 내용이 실제로 어떤 의미이며, 어떤 폭과 깊이와 넓이를 갖고 있는지를 제대로 가늠하지 못하게 된다.

즉, 신약과 구약은 서로를 설명하는 것이다. 이것은 '전체 성경'(*tota scriptura*)을 이해해야 하나님의 뜻을 이해할 수 있다는 종교개혁의 원리이기도 하다. 그러므로 구약을 읽을 때에 그 계시의 내용이 신약에서 어떻게 성취되었으며 어떻게 펼쳐졌는지를 염두에 두고 읽어야 하며, 신약을 읽을 때에는 그 계시의 내용이 구약에서 어떤 의미와 목적으로 주어진 것인지를 충분히 살펴야 한다.

2. 사복음서 – 예수 그리스도와 새 언약의 성취

한 나무가 자라는데 꽃이 피는 단계는, 그 이전과는 근본적으로 확연히 다른 상태에 들어갔음을 의미한다. 구약의 끝자락에서 새 언약이 계시되었고, 오랜 기다림 끝에 드디어 그 새 언약이 성취되는 때가 왔다. 받은 특권과 은혜에 비해서 주어진 사명, 곧 하나님의 율법을 준행함으로써 열방을 하나님께로 되돌리는 제사장의 사명에 실패했던 옛 언약 백성의 기나긴 포로기

2 참조. 요일 1:5, "하나님은 빛이시라"; 계 22:5, "다시 밤이 없겠고 등불과 햇빛이 쓸데없으니 이는 주 하나님이 그들에게 비치심이라 그들이 세세토록 왕 노릇 하리로다"

도 끝날 것이었다. 드디어, 이스라엘의 참목자이신 하나님께서 실패한 자기 백성을 자신의 이름을 위하여 '의(義)의 길'로 인도하실 때가 왔다.

이제 비로소, 이 땅에 하나님께서 약속하신 영원한 나라 곧 '종말의 다윗 왕국'이 세워지는 때가 왔다. 그 영원한 왕권을 받아 하나님 나라를 이루실 분이 왔다. 사복음서는 한목소리로, 세례 요한의 입을 통해 이 놀랍고도 영광스러운 때, 이스라엘이 회복되는 때, 하나님의 영광이 나타나는 때가 왔다고 선포한다.

"회개하라 천국이 가까이 왔느니라 하였으니, 그는 선지자 이사야를 통하여 말씀하신 자라 일렀으되, 광야에 외치는 자의 소리가 있어 이르되 너희는 주의 길을 준비하라, 그가 오실 길을 곧게 하라 하였느니라."(마 3:2-3; 참조. 막 1:2-3; 눅 3:4; 요 1:23)[3]

사복음서(Four Gospels)의 중심 주제는, 그래서 예수 그리스도이다. 하나님께서 언약들 곧 새 언약으로 총괄되고 갱신된 '종말에 이루어질 그 약속'을 성취하시기 위하여 '예수'라 하는 이름의 '메시아' 곧 '그리스도'('기름 부음 받은 자')를 보내셨기 때문이다. 하나님께서 종말에 약속하셨던 '그의 아들'이요 '그의 종 다윗 목자'를 보내심으로써 최종적으로 말씀하신 것이다(삼하 7:14; 시 2:7; 겔 34:23-24). 예수 그리스도는 하나님의 행동 계시와 말씀 계시의 절정이다. 하나님께서 창조와 구속 역사를 통해 드러내신 모든 계시의 '꽃'이다. 예수 그리스도는 창조의 비밀이며, 구약 계시의 절정인 것이다.

---

3 여기서 인용된 이사야 40:3의 전후 문맥에서는, 포로기가 끝나고 위로의 때가 왔으며(1-2절), 여호와의 영광이 나타날 것이며(5절), 하나님의 말씀이 성취되고(8절), 이스라엘의 목자가 돌아와 양 무리를 인도할 것임을 알린다(11절).

"옛적에 선지자들을 통하여 여러 부분과 여러 모양으로 우리 조상들에게 말씀하신 하나님이 이 모든 날 마지막에는 아들을 통하여 우리에게 말씀하셨으니, 이 아들을 만유의 상속자로 세우시고 또 그로 말미암아 모든 세계를 지으셨느니라."(히 1:1-2)

"태초에 말씀이 계시니라 이 말씀이 하나님과 함께 계셨으니 이 말씀은 곧 하나님이시니라. 그가 태초에 하나님과 함께 계셨고 만물이 그로 말미암아 지은 바 되었으니 지은 것이 하나도 그가 없이는 된 것이 없느니라. … 말씀이 육신이 되어 우리 가운데 거하시매 우리가 그의 영광을 보니, 아버지의 독생자의 영광이요 은혜와 진리가 충만하더라."(요 1:1-3, 14)

하나님은 행동으로, 말씀으로 자신을 계시하신다. 하나님께서 자기 아들을 세상에 보내신 것은, 그것 자체가 하나님의 행동 계시와 말씀 계시의 절정이다. 사도 요한은 그것을 두고 '말씀'이 '육신이 되었다'고 표현했다. 그 '말씀'은 하나님께서 구약 시대에 선지자들을 통하여 주신 말씀들이기도 하지만, 창세전부터 계셨던 말씀이며, 하나님께서 그것으로 세상을 창조하신 바로 '그 말씀'이시다.

그러므로 사복음서는, 예수 그리스도를 통해 어떻게 세상의 구원이 이루어지며 창조가 완성되는지를 알려 준다. 예수 그리스도는 구원의 성취요, 창조의 완성이시다. 하나님께서 창조하신 모든 세계가 인간의 죄로 인해 죽음과 허무 아래 놓이게 되었지만, 그 아들 예수 그리스도께서 죄와 죽음과 허무의 권능을 파괴하시고 승리하심으로써, 피조물 전체를 죄와 죽음과 허무에서 구해 내시고, 창조의 원래 목적을 성취하신다.

그런데 '복음서'는 왜 4개나 되는가? 그것은 종말에 하나님께서 그 아들 예수 그리스도를 통해 나타내신 계시가 '말할 수 없이 풍요'하기 때문이다. 고대에 4라는 숫자는 동서남북 모든 방향을 포괄하는 세상 전체를 가리키기도 했다. 복음서가 4개인 것은, 예수 그리스도라는 하나님의 행동과 말씀 계시의 절정을 '온전히' 전달하기 위한 것이었다.

초기 교부 이레니우스에 의하면, 사복음서는 당시 교회의 기둥과 같은 사도들이 그 배경에 서 있는데, 매우 유대적인 복음서인 마태복음 뒤에는 주의 형제 야고보가, 마가복음 뒤에는 마가가 동역한 사도 베드로가, 누가복음 뒤에는 누가와 함께 사역한 사도 바울이, 그리고 요한복음 뒤에는 사도 요한이 서 있다고 보았다. 이렇게 사복음서는 각기 초기 교회의 대표적인 사도가 인준한, 예수 그리스도에 대하여 증언하는 믿을 만하고 온전한 기록으로 여겨졌다.

한편, 사복음서 가운데 마태복음과 마가복음 그리고 누가복음을 '공관복음'(共觀福音, synoptic gospels)이라 부르기도 한다.[4] 대체로 '같은 관점에서' 예수 그리스도의 사건을 바라보기 때문이다. 상대적으로 요한복음은 이 셋과는 조금 다른 관점에서 설명한다. 이를 두고, 공관복음이 예수 그리스도의 육체라면 요한복음은 그 육체에 깃든 영혼과도 같다고 비유하기도 한다. 공관복음이 비교적 역사적인 차원에서 예수 그리스도를 묘사한다면, 요한복음은 예수 그리스도의 영적 실체를 직접적으로 설명하기 때문이다. 사복음서는 예수 그리스도를 어떤 분으로 증거하는가?

사복음서가 증거하는 예수 그리스도

A. 마태/ 과거로부터 현재
B. 누가/ 현재로부터 미래
C. 마가/ 공간적, 로마
D. 요한/ 초월적, 온 세상

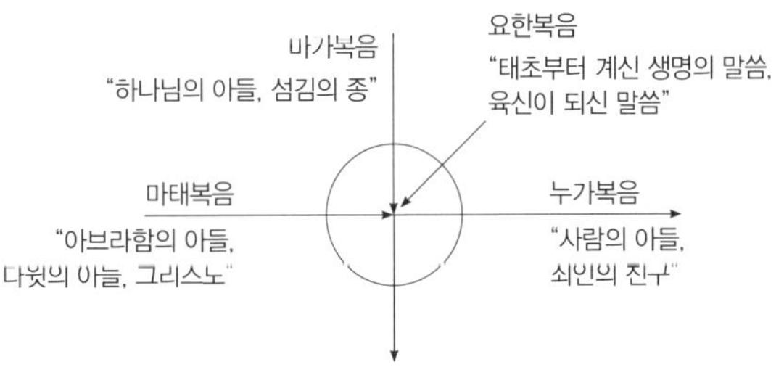

4 공관복음인 마태, 마가, 누가복음 중 어느 것이 먼저 기록된 복음서인지를 묻는 '공관복음의 문제'는 아직 명확히 해결되지 않았다. 역사비평에 근거한 연구는 마가복음이 가장 이른 복음서라고 말하고, 초기 교회 전통에서는 마태복음이나 요한복음을 가장 오래된 복음서로 본다.

사복음서는 하나님께서 보내신 메시아 곧 예수 그리스도께서 어떻게 새 언약을 성취하심으로써 구약의 모든 언약들을 이루셨고, 그 결과로 이 세상에 '하나님 나라'를 어떻게 가져오셨는지를 선포한다. 그 단적인 예로 사복음서는 모두, 예수께서 잡히시던 날 밤 유월절 만찬 때에 그가 자신의 피로 '영원한 속죄'를 이루심으로써 새 언약을 성취하실 것을 말씀하셨다고 증언한다.[5]

"이것은 죄 사함을 얻게 하려고 많은 사람을 위하여 흘리는 바 나의 피 곧 언약의 피니라"(마 26:28)

"이르시되 이것은 많은 사람을 위하여 흘리는 나의 피 곧 언약의 피니라"(막 14:24)

"저녁 먹은 후에 잔도 그와 같이 하여 이르시되 이 잔은 내 피로 세우는 새 언약이니 곧 너희를 위하여 붓는 것이라"(눅 22:20)

새 언약이 약속한 '영원한 속죄'는 복음서 기록의 절정에 해당하지만, 그것이 새 언약 자체의 절정에 해당하지는 않는다. 새 언약의 절정은 '새 하늘과 새 땅' 곧 온 피조 세계가 하나님의 임재 안에서 회복되는 것이다. 복음서는 다만, 예수 그리스도께서 새 언약을 전격적으로 성취한 기초와 근거로서, 그가 십자가에서 죽으셔서 '우선적으로' 영원한 속죄를 이루신 사건을 예수의 생애에 관한 내러티브의 절정으로 묘사한다.

이렇게 특히 공관복음서는 공통적으로 그 절정에서, 새 언약의 성취의 시작이요 기초인 '영원한 속죄'의 사건 곧 예수 그리스도께서 십자가에 죽으셔서 언약의 피를 흘리신 사건을 묘사하는 데에 집중하면서도, 그 내용에 있어서는 언약을 성취하시는 예수 그리스도의 모습을 각기 독특한 방식으로 보여 준다.

---

5 요한복음 13장에는, 이 새 언약의 영원한 속죄가 "이미 목욕한 자는 발밖에 씻을 필요가 없느니라"(10절)라는 말씀 속에 함축되어 있다.

(1) 마태복음이 증거하는 '아브라함의 아들, 다윗의 아들, 그리스도'

위의 그림에서 볼 때, 마태복음은 구약에서 면면히 흐르는 하나님 백성의 과거로부터 예수 그리스도와 새 언약 백성의 현재에 이르는 그 '역사적 차원'(A)을 잘 보여 준다. 마태복음은 특별히, 예수 그리스도께서 아브라함 언약을 성취하시는 '아브라함의 아들'로 오셨음을, 그리고 다윗 언약을 성취하시는 '다윗의 아들'로 오셨음을 선포하고 증거한다.

"아브라함과 다윗의 자손 예수 그리스도의 계보라"(마 1:1)

아브라함 언약의 핵심은 '열방의 회복'이다. 예수 그리스도는 '그 약속된 아브라함의 후손'으로서, 그를 통하여 하나님께서 열방을 자신에게로 되돌리시는 진정한 '복의 근원'이 되신다. 이것이 마태복음이 '약속된 다윗 왕'이신 메시아 예수의 족보를 기록하면서, 이방인이며 여자들인 '아람인 다말, 가나안 사람 라합, 모압 출신 룻 그리고 헷 족속인 우리아의 아내 밧세바'를 포함시키는 이유이며(마 1:3-6), 이방인들 곧 '동방박사들'이 아기 예수께로 나아오는 사건을 자세히 보도하는 이유이다(2:1-12).

매우 민족적이고 유대적인 색채가 짙은 복음서로 알려진 마태복음은, 이런 식으로 예수가 '그 약속된 아브라함의 아들'로서 열방을 회복하시는 분이라는 기쁜 소식을 선포한다. 로마의 백부장이 옛 언약 백성들보다 나은 믿음을 가진 것으로 칭찬을 받고, 예수께서는 "동서로부터 많은 사람이 이르러 아브라함과 이삭과 야곱과 함께 천국에 앉을" 것이라고 말씀하시며(마 8:10-11), 어떤 가나안 이방 여인의 '믿음'이 칭찬받기도 한다(마 15:28). 결국 마태복음은, 부활하신 그리스도께서 그의 제자들과 함께 열방으로 나아가 모든 나라와 민족들 가운데서 종말의 새 백성을 모으는 장면으로 마무리된다(마 28:19-20).

실로, 예수 그리스도를 통해서 아브라함의 언약이 성취되기 시작했다. 그것은 예수님 자신이 '그 약속된 다윗의 자손'으로서 이제 영원한 왕권을 받아 '영원한 나라'를 세우기 시작했다는 소식과 병행한다. 왜냐하면 열방의 회복은, 제사장 나라가 된 하나님의 언약 백성을 통해 이루어지기 때문이다(출 19:5-6; 벧전 2:9-10). 마태복음은 예수 그리스도께서 유독 '다윗의 자손'이심을 강조한다. 백성들은 자주 그에게 와서 "다윗의 자손이여, 나를 불쌍히 여기소서" 하며 병 고침을 간구했다(마 9:27; 15:22; 20:30-31).

마태복음은, 에스겔 선지자가 바라본 대로 종말에 오실 '그 약속된 다윗의 자손'이신 예수님이 곧 이스라엘의 목자이신 여호와 자신의 권세를 가진 '치유하는 긍휼의 목자'이심을 증거한다(겔 34:11-16; 마 9:35-36). 동시에 예수님은, 새 언약 백성으로 하여금 하나님의 말씀에 순종하도록 가르치고 인도하여 열방 가운데서 하나님의 이름이 거룩히 여김을 받도록 할 '내 종 다윗 목자'이시다(겔 34:23-24; 37:24-28; 마 5:17-7:29; 28:19-20).[6]

예수님 자신이 율법의 요구를 포함한 '모든 의(義)'를 성취하셨다(마 3:15). 그분이 광야 시험에서 승리하신 후, 십자가에서 하나님의 뜻에 순종하시고 많은 사람들을 위해 자신의 목숨을 주신 것은, '하나님을 사랑하고 이웃을 사랑하라'는 율법의 요구를 순종하신 결과이다. 이제 구약의 모든 율법은 예수 그리스도를 통해 성취되었고, 재해석되어야 하며, 그분께서 새 언약 백성에게 주신 새 계명으로 수렴된다(마 5:17-20). 그 새 계명은 그를 믿는 자들의 심령 안에 심겨 있으며, 그들 안에 내주하시는 성령께서는 그들을 '말씀을 순종하는 새 백성'으로 만들어 가신다.

이제 새 언약 백성 위에 세워지는 '종말의 다윗 목자'는 '하늘과 땅의 모든 권세'를 받아 이 땅에 '하늘의 통치'를 가져오신다(마 3:15-17; 11:27; 28:18). 그의

6 채영삼, 『긍휼의 목자 예수』, 182-206, 467-476.

통치는 특징적으로 '성령의 통치'이다(마 12:28). 그가 세우시는 영원한 나라는, 과거 다윗 왕조의 정치적, 군사적 국가가 아니다. 정치와 경제와 사회와 문화의 모든 영역들을 포함할 뿐 아니라, 하늘의 모든 정사들과 권세들까지 통치하시는 성령의 통치, 죄와 죽음을 이긴 의(義)와 화평과 생명의 통치, 새 하늘과 새 땅의 통치이다. 이제 그를 통해 임한 하나님 나라에 들어간 새 언약 백성의 '착한 행실'을 통해 열방이 하나님께 영광을 돌릴 때가 왔다(마 5:13-16).

(2) 마가복음이 증거하는 '하나님의 아들, 섬김의 종'

마태복음이 옛 언약의 과거로부터 새 언약 백성의 탄생이라는 현재에 이르기까지의 역사를 배경으로 예수 그리스도를 조명한다면, 마가복음은 비교적 '공간적으로'(B) 당시의 로마(Rome)라고 하는 제국을 배경으로 예수 그리스도를 증거한다. 마가복음의 구조 자체가 당시 그리스-로마 사회의 비극(悲劇)의 형식과 닮아 있다. 위대한 주인공이 처절한 배신과 고난을 당하여 끝내 비참하게 죽고 마는 것이다.

"하나님의 아들 예수 그리스도의 복음의 시작이라"(막 1:1)

이런 점에서 마가복음의 시작과 끝은 '하나님의 아들'에 관하여 대조적이고 강렬한 인상을 남긴다. 마가복음은 예수 그리스도를 '하나님의 아들'로 소개하며 시작한다. '하나님의 아들'(son of God)이라는 표현은, 당시 로마의 황제에게 바쳐졌던 칭호였다. 마가는 예수님을 '하나님의 아들'로 소개함으로써, 그 내러티브의 시작에서부터 로마 제국의 체제와 충돌하는 강력한 도전을 던진다. 누가 과연 진정한 '하나님의 아들'인가? 하나님의 아들이란 어떤 존재이며, 어떻게 그 백성을 다스려야 하는가? 당신은 어떤 '하나님의 아들'을 섬기며 따를 것인가? 마가복음은 이런 질문들을 던지며 시작하는 셈이다.

그리고 마가복음의 마지막 부분에는, 예수께서 '유대인의 왕'으로서 조롱당하며 끝내 십자가에 달려 비참하게 죽는 장면이 기록된다. 더구나, 그렇게 죽으신 예수 그리스도를 목격한 이방인인 로마의 백부장이 "이 사람은 진실로 하나님의 아들이었도다!"(막 15:39)라고 고백하는 대목이 기록된다. 어떤 의미에서 예수님은 진정 '하나님의 아들'이었던가? 마가복음의 내러티브는 바로 이 질문에 대한 답변이라고 할 수 있다.

마가복음이 강조하는 '하나님의 아들'이라는 칭호의 기원은 '다윗 언약'이다. 하나님께서 장차 다윗의 왕위에 한 왕을 세우실 것인데 그를 '내 아들'로 칭하신 것이다(삼하 7:14; 시 2:7). 회개할 것이 없는 예수께서 자기 백성을 위하여 세례를 받으시고 물 위로 올라오셨을 때, 하늘로부터 성령이 비둘기 같이 그에게 내려오셨고 "너는 내 사랑하는 아들이라 내가 너를 기뻐하노라"(막 1:11)라는 말씀이 계시된 것은, 바로 이분이 하나님께서 직접 하늘과 땅의 모든 권세를 주셔서 영원한 나라의 '영원한 왕'('내 아들', 시 2:7)으로 삼을 분이며, 고난을 통해 하나님의 뜻을 이루어 하나님을 기쁘시게 할 '여호와의 종'(사 42:1)이심을 증거한 것이다.

그러므로 '종말의 그 약속된 다윗의 후손'으로서 영원한 왕권을 받으신 예수 그리스도의 통치는, 특징적으로 하늘과 땅 모두를 총괄하여 다스리는 '하나님의 영, 성령'의 통치이다. 마가복음은 특히 귀신을 내쫓으시는 예수님의 모습을 강조한다. 예수님께서 이처럼 귀신을 내쫓으시며, 또한 병자를 고치시고, 의(義)와 진리의 말씀으로 가르치실 뿐 아니라, 무엇보다 많은 사람을 위하여 자신의 목숨을 내어 주시는 섬김의 사역은, 그분을 통하여 드러나는 하늘의 통치 곧 '성령의 통치'의 나타남이고 그 특징이다.

예수님께서 하나님께서 세우신 영원한 나라의 영원한 왕권을 받으신 분이라는 사실은, 변화산상에서 '내 사랑하는 아들'이라는 소리를 통해 다시 한 번 확증된다(막 9:7). 하지만 귀신들도 알아보고 절하는 예수 그리스도의 왕된 권세를, 정작 제자들이나 대제사장은 깨닫기 어려워한다(막 1:24; 5:7; 14:61). 세상에서 권세 있는 자들이 자신의 목숨을 내어 주기까지 자신에게 맡겨진 백성을 섬기는 일은 흔치 않다. '권력의 타락'이 일상인 세상이기 때문이다. 하지만 '권력'이란 원래 '섬김'을 위해 창조된 것이라는 사실을, 마가복음이 묘사하는 예수님께서는 죽기까지 그 섬김의 길을 가심으로써 증거하신다.

마가복음 전체를 관통하는 '길'(the way) 모티브는, 제자들이 예수의 왕적 권세를 깨닫고, 그 하나님의 아들이 가셨던 '섬김의 길'을 따라가는 일에 얼마나 더디고 무지한지를 보여 준다. 하나님께서 주신 권세를 섬김의 도구로 사용하는 삶은, 오직 새 언약 백성 안에 내주하시는 성령의 역사를 통해서 가능하다. '하나님의 아들' 예수께서 세우시고 통치하시는 그 영원한 나라에서, 섬김을 위해 사용되지 않는 권세는 심판의 대상일 뿐이다.

그 영원한 왕권을 받으신 분께서, "인자가 온 것은 섬김을 받으려 함이 아니라 도리어 섬기려 하고 자기 목숨을 많은 사람의 대속물로 주려 함이니라"(막 10:45)라고 말씀하셨고, 또한 친히 그 십자가의 길을 가셨다. 여기서 '인자'(the Son of Man)는 하나님에게서 영원한 나라의 왕권을 받은 천상적 존재이다.[7] 그 천상적인 신적 존재가 이 땅에 와서, 섬김과 희생의 길을 가셨다는 것이다. 예수는 진실로 '하나님의 아들'이시다. '하나님의 아들들' 된 새 언약 백성 역시,[8] 그분이 가신 섬김의 길을 따라가야 한다.

(3) 누가복음이 증거하는 '사람의 아들, 죄인의 친구'

예수 그리스도의 족보 이야기는 마태복음에서는 아브라함에서 시작하지

---

7 "내가 또 밤 환상 중에 보니 인자[사람의 아들] 같은 이가 하늘 구름을 타고 와서 옛적부터 항상 계신 이에게 나아가 그 앞으로 인도되매, 그에게 권세와 영광과 나라를 주고 모든 백성과 나라들과 다른 언어를 말하는 모든 자들이 그를 섬기게 하였으니 그의 권세는 소멸되지 아니하는 영원한 권세요 그의 나라는 멸망하지 아니할 것이니라"(단 7:13-14).

8 '하나님의 아들'은 이스라엘 곧 하나님의 백성 전체를 가리키기도 한다(출 4:22; 마 2:15).

만, 누가복음에서는 '아담'까지 거슬러 올라간다(눅 3:38). 아담은 하나님께서 창조하신 인류의 조상이다. 예수는 아담의 아들 곧 '사람의 아들'로서, 온 인류를 하나님께로 돌아오게 하시는 메시아이다. '사람의 아들'이라는 칭호는 종말에 하나님께로부터 영원한 나라를 받을 '사람의 아들 같은 이'라는 천상의 신적(divine) 존재를 가리킨다(단 7:13-14). 누가복음에서 메시아이신 예수님은 바로 그 영원한 나라를 받으실 '사람의 아들'로서 이방인들을 하나님께로 돌이키는 분이시다.

이런 점에서 누가복음은 사도행전과 함께 짝을 이루어, 시간적으로나 공간적으로 모든 열방들에게로 나아가 이방인들을 하나님께로 돌이키게 하는 새 언약 공동체인 교회의 현재뿐 아니라 '미래적 비전'을 잘 담아낸다(그림에서 B). 그만큼 누가복음은 이방인들이 어떻게 하나님의 백성이 되는지에 관심을 기울인다. 누가복음은, 예수 그리스도께서 세례를 받으신 후 성령의 권능으로 '가난한 자에게 복음을 전하고, 포로 된 자에게 자유를, 눈먼 자에게 다시 보게 함을 전파하며, 눌린 자를 자유롭게 하는 복음'을 전하는 자신의 사명을 선포하셨음을 강조한다(눅 4:16-19; 사 61:1-3).

이것은 예수께서 이사야가 기록한 대로, 열방 앞에서 '의(義)와 찬송'의 싹을 틔우는 종말의 새 백성을 창조하시는 새 언약을 성취하시는 분임을 의미하는 것이다(사 61:10-62:2). 마태복음에서는 종말의 다윗 목자가 옛 언약 백성 곧 이스라엘의 잃어버린 양 무리를 회복하는 사역에 초점이 맞추어져 있었다면, 누가복음에서는 그 '종말의 목자'가 곧 '사람의 아들'로서 이방인들을 찾아가셔서 구원하시고, 세리(稅吏)였던 삭개오의 경우처럼 진실한 회개를 통해 하나님의 백성이 되는 것을 더 강조한다.

"인자가 온 것은 잃어버린 자를 찾아 구원하려 함이니라."(눅 19:10)

이것이 누가가 자주 묘사하는 예수의 식탁 교제의 특징이며, 예수가 '죄인의 친구'라 불리는 이유이기도 하다(눅 7:34). 누가복음에서 가장 특징적인 부분은 예수께서 그 제자들과 함께 예루살렘으로 올라가신 이야기를 길게 묘사하는 대목이다(9:51-19:44). 여기서 예수는 유대인들에게 거부당하는 가운데 이방인들에게로 가셔서, 거기서 '잃어버린 자들'을 찾아가신다. 이 '여행기사(記事)'의 가장 중앙에 놓인 누가복음 15장은, 연속적으로 '잃은 양의 비유'와 '되찾은 드라크마의 비유' 그리고 '되찾은 둘째 아들의 비유'를 기록함으로써, 예수가 이방인들 가운데서 하나님의 백성을 찾으시며 새 언약 백성을 창조하시는 분이심을 강조한다.

누가복음은 예수님의 죽으심뿐 아니라 부활하심과 승천을 강조한다. 그것은 예수 그리스도의 죽으심으로 성취된 새 언약의 영원한 속죄의 복음이 '온 열방에게 전파'되는 일의 중요성을 강조하기 위함이다. 누가복음에서 부활하신 예수는, 예루살렘을 떠나 엠마오로 가는 제자들에게 나타나셔서 "그의 이름으로 죄 사함을 받게 하는 회개가 예루살렘에서 시작하여 모든 족속에게 전파될 것"을 말씀하신다(눅 24:47). 그리고 제자들이 보는 데에서 하늘로 올라가심으로써, 공식적으로 이스라엘과 이방인들 모두를 다스리시는 '주'(主)가 되셨음을 선포하시고, 이 일의 증거와 그 온전한 성취를 위해 성령을 보내실 것을 약속하신다(눅 24:49-53; 참조. 시 110:1; 행 2:14-40; 10:34-43).

(4) 요한복음이 증거하는 '태초부터 계신 생명의 말씀, 육신이 되신 말씀'

요한복음이 증언하는 예수의 정체성은 우리의 상상을 초월한다. 마태복음이 예수 그리스도를 이스라엘의 역사에 비추어 '아브라함의 아들, 다윗의 아들'로 소개했다면, 그리고 마가복음이 로마라는 당시의 세상을 배경으로 '하나님의 아들'로 소개했다면, 또한 누가복음이 잃어버린 사람들을 찾아 나서는 새로운 '아담' 곧 종말론적인 '사람의 아들'로 소개했다면, 요한복음은 이런 공관복음서의 시간과 공간 속에서의 묘사와는 차원이 다른, 예수 그리스도의 '초월적이고 영적인 정체성'에 관해 '직접적으로' 알려 주기 때문이다.

> "태초에 말씀이 계시니라 이 말씀이 하나님과 함께 계셨으니 이 말씀은 곧 하나님이시니라."(요 1:1)
>
> "말씀이 육신이 되어 우리 가운데 거하시매 우리가 그의 영광을 보니 아버지의 독생자의 영광이요 은혜와 진리가 충만하더라."(요 1:14)

예수님은 역사 안에서 하나님의 약속을 실현하시는 그의 종, 메시아 곧 그리스도일 뿐 아니라, 동시에 그분은 '세상의 창조 이전부터 계시는 말씀'이시고, 그분 자신이 '하나님'이시다! "나를 본 자는 아버지를 보았거늘"(요 14:9)이라는 말씀이나 "나와 아버지는 하나이니라"(요 10:30)라는 증언 역시, 공관복음서에서 '간접적으로' 함축된 예수의 신적(神的) 정체성을 예수 자신이 '직접적으로' 밝히는 대목이다.

아버지 하나님께서 세상에 보내신 '아들'로서 '하나님'이신 예수 그리스도는, 아버지께서 보내신 그 뜻을 온전히 성취하시는 '육신으로 오신 말씀' 자신이다(요 1:14).[9] 선뜻 이해하기 어렵지만, 예수가 '말씀'이시라는 사실은, 그를 통해 하나님께서 뜻하신 바, 창조와 구원의 모든 계획이 성취되었음을 알려 준다. 요한복음이, 예수께서 십자가에서 운명하시며 "다 이루었다"(요 19:30)라고 말씀하신 것을 특정하여 기록하고 있다는 사실도 이를 뒷받침한다.

그렇다면 '말씀'으로 세상에 보내어진 '아들이신 하나님' 예수 그리스도께서 '무엇을' 다 이루셨다는 것인가? 먼저, 말씀이신 예수는 구약의 모든 약속들의 총체인 새 언약을 성취하신다. 세례 요한은 자기에게 나아오는 예수를

---

9 말씀은 반드시 하나님의 뜻을 성취한다. "내 입에서 나가는 말도 이와 같이 헛되이 내게로 되돌아오지 아니하고, 나의 기뻐하는 뜻을 이루며 내가 보낸 일에 형통함이니라"(사 55:11).

보고 "세상 죄를 지고 가는 하나님의 어린양"(요 1:29)임을 선포하며 '영원한 속죄'의 시대가 열릴 것을 예고한다.

예수님께서는, 46년이나 걸려 세워진 예루살렘의 돌로 지은 성전을 향해서 "이 성전을 헐라. 내가 3일 만에 다시 일으키리라"라고 하심으로써, 부활한 자신의 몸이 '더 이상 동물 제사도 제사장들도 필요 없는' 새 언약 시대의 '살아 있는 성전'이 될 것을 선포하신다(요 2:19-22). 무엇보다 예수님은, 세례 요한이 증언한 그대로 '성령으로 세례를 주시는 이'가 되실 것이다(요 1:33). 돌로 지은 성전 시대처럼 특정한 장소에 구애받지 않고, 그분을 믿는 자들 안에 '내주'(內住)하시는 성령으로 말미암아, 드디어 이제는 어디서든 '영과 진리로 예배하는' 시대가 된 것이다(요 4:23; 7:38).

예수는 '종말의 그 약속된 다윗 목자'로서 이스라엘의 잃어버린 양들과 함께 이방인들 가운데서 부르심을 받은 새 백성을 인도하며 가르치시는 종말의 그 '한 목자'(One Shepherd)일 뿐 아니라(요 10:16; 겔 34:23), 그 자신이 이스라엘의 선한 목자 곧 '여호와 목자' 자신이시다(요 10:11; 11:27). 유대인의 수전절(修殿節)을 배경으로 예루살렘 성전 안 솔로몬 행각에 다니시던 예수께서는, 성전에 충만한 하나님의 임재를 기념하는 맥락에서 바로 자기 자신이 이스라엘의 바로 '그 목자'(여호와 하나님)이며, '나와 아버지는 하나'라고까지 선포하신다(요 10:22-30). 예수는 구약의 모든 약속들이 성취된 '말씀의 실현' 곧 '육신이 되신 말씀' 자체이시다.

예수님이 곧 '하나님'이시라는 요한복음의 증언은, 예수님 자신이 역사적으로 언약의 성취의 결정적인 내용일 뿐 아니라, 그분 자신이 하늘로부터 오신, 즉 '위로부터 오신' 참되고 영원한 실재(Reality)로서 '창조의 완성'이 되신다는 뜻이다.

예수 자신이 '생명'의 실체이시다. 그분은 창조 이전부터 계셨던 말씀으로서, 만물이 그로 말미암아 생명을 얻게 된 그 창조주의 생명 자체이시다. 그분은 말씀으로 창조된 빛이 아니라, 그 빛을 창조하신 말씀으로서 '참빛'이시다(요 9:5). 그분은 하늘로부터 오신 '참떡' 곧 '말씀 자체'이시며, 떡이 육체에 생명을 주는 것과는 비교할 수 없는 '영원한 생명'을 주시는 '생명의 말씀'이시다(요 6:51).

요한복음이 증거하는 예수님은 이처럼 충격적이고 가슴 벅찬 복음, 곧 기쁜 소식의 실체이시다. 예수님은 세상 죄를 스스로 짊어지시고 친히 해결하신 '어린양'이시다. 죽음조차 이 예수, 태초부터 있는 말씀, 영원한 생명이신 그분을 가둬 둘 수 없었다. 그분은 부활 생명으로서 죽음을 정복하신 분이다. 그분 자신이 '부활이요 생명'이시기 때문이다(요 11:25). 그분은 땅에 임한 하늘 곧 창조의 원형이실 뿐 아니라, 현재 속으로 들어오신 미래 즉, 약속의 신실한 성취이시다.

그래서 예수 그리스도는 '진리'('참')이시다. 그분 안에서 하늘과 땅이, 창조와 구속과 완성이, 곧, 과거와 현재와 미래가, 하나로 통일된다. 그분은 죄와 죽음 아래 있는 우리 육신 안으로 들어오신, 완전히 의로우신 영원한 생명이시요 하나님 자신이다. 요한이 증거하는 예수님의 신비(神祕)는 이루 다 헤아리기 어렵다. 이 '하나님의 아들'을 믿고 자신 안에 '영원한 생명'을 가진 자가 이 신비를 누리고 소유할 것이다(요 20:31). 이것이 요한복음의 기록 목적이다.

이해와 나눔을 위한 질문

1. 신약과 구약의 관계를 표현하는 '약속과 성취'에 대한 내용을 자신의 말로 정리하여, 가장 중요한 포인트라고 생각하는 부분을 강조해서 함께 나누어 보라.

2. 마태복음과 마가복음에 나타난 예수님의 특징을 자신의 말로 설명해 보고, 그중에서 예수님의 어떤 점이 가장 좋은지, 왜 그렇게 생각하는지 함께 나누어 보라.

3. 누가복음과 요한복음에 나타난 예수님의 특징을 자신의 말로 설명해 보고, 그중에서 예수님의 어떤 점이 가장 좋은지, 왜 그렇게 생각하는지 함께 나누어 보라.

제9과

새 언약의 성취와 신약성경의 구조 - 사도행전, 서신서, 계시록

신약성경은 '새 언약의 성취'를 통해서 어떻게 구약의 옛 언약들이 모두 성취되며, 그 성취의 결과로 어떻게 '하나님 나라'가 이루어져 가고 있는지를 선포하고 가르친다. 마치 씨앗에서 싹이 나고 잎이 나더니, 점점 그 줄기가 자라고 뿌리가 깊어지면서, 마침내는 가지마다 화려한 꽃이 피고 결국 풍성한 열매가 맺히는 것에 비유할 수 있다.

하나님의 '말씀 계시'로서 신약성경은, 새 언약을 성취하며 하나님 나라를 실현하려고 세상에 오신 '예수 그리스도의 사건'이라는 하나님의 종말의 '행동 계시'를 설명하면서 시작하여(사복음서), 장차 세상에 다시 오시는 예수 그리스도를 통해 그 하나님 나라를 완성하실 하나님의 최종적인 '행동 계시'를 예언하는 말씀으로 마무리된다(요한계시록). 신약성경의 구조를 '새 언약의 성취'라는 핵심적인 주제를 통해 개관해 보자.

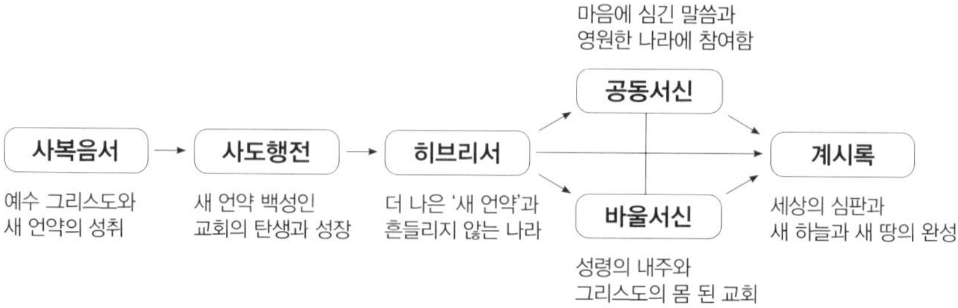

새 언약의 성취와 신약의 구조

신약성경의 구조를 나타내는 이 그림에서 우선, 신약성경이 사복음서로 시작해서 요한계시록으로 끝난다는 사실을 알 수 있다. 사복음서는, 하나님께서 그 아들 예수 그리스도를 세상에 보내셔서 새 언약을 성취하시고 하나님 나라를 가져오신, 하나님의 종말의 결정적인 '행동 계시'를 설명하는 말씀이다. 반면에, 요한계시록은 이미 세상에 오셔서 하나님 나라를 가져오신 예수 그리스도께서, 세상과 역사의 끝에 다시 오셔서, 이미 시작된 그 하나님 나라를 완성하시는 하나님의 최종적인 '행동 계시'를 예언하는 말씀이다.

그러니까 예수 그리스도를 세상에 보내시어 '행동으로 말씀하신' 하나님께서, 이 모든 역사의 마지막에 다시 예수 그리스도를 보내셔서 최종적인 '행동으로 자신을 계시하실' 것이다. 이것이 신약성경의 큰 틀이다. 그러므로 우리는 사복음서를 통해, 하나님께서 종말에 이 세상과 역사 안에서 그 아들을 보내심으로 과연 '무엇을 이루셨고, 이루고 계신지'를 주목하여 보고, 믿음과 그에 합당한 삶으로 응답해야 한다. 동시에, 장차 다시 오셔서 세상을 심판하시고, 이미 성취되기 시작된 새 하늘과 새 땅을 '온전히 이루실' 예수 그리스도의 최종적인 행동 계시를 간절히 소망하며, 그 소망에 합당하게 살도록 요청받는다.

앞 과에서 살펴보았듯이, 사복음서는 새 언약을 성취하시고 종말에 완성될 새 하늘과 새 땅을 결정적으로 실현하신 '예수 그리스도라는 엄청난 사건'

을 선포하고 설명한다. 그리고 예수 그리스도께서 새 언약을 성취하심으로써, 새 언약 백성이 탄생한다. 그것이 사도행전이 기록하는 교회의 탄생과 성장의 역사이다. 또한 신약의 사도들은 그렇게 세워진 새 언약 백성 곧 예수 그리스도의 교회들에게 목회적인 편지들을 썼는데, 그것이 신약의 서신서이다. 신약의 마지막 책인 요한계시록과 함께, 이를 간단히 개관해 보자.

1. 사도행전, '새 언약 백성인 교회의 탄생과 성장'

사도행전은 무엇에 관한 책인가? 사복음서가 주로 하나님 나라의 '왕'이신 예수 그리스도에 관해서 기록하고 설명했다면, 사도행전은 주로 그 영원한 나라의 '새 백성'(new people)이 어떻게 형성되고 성장하게 되었는지를 기록하고 설명한다. '새 언약 성취의 복음' 곧 '그 영원한 나라의 복음'이 예루살렘으로부터 시작해서 땅끝까지 전해지는 복음 전파의 과정을 통해,[1] 유대인들과 이방인들로부터 '새 언약 백성 곧 예수 그리스도의 교회'가 형성되고 성장해 가는 역사를 기록하는 것이다.

다윗 언약은 이미 구약에서 새 언약을 통해 더욱 구체화되고 그 깊이와 폭이 넓어졌다. 사도행전은 이제, 그 종말의 다윗 왕국이 새 언약을 따라 성취되어 가며 열방 속으로 뻗어 나가는 장엄한 광경을 보여 준다. 사도행전의 첫 장에서, 제자들은 부활하신 예수님께 '이스라엘 나라의 회복'에 관하여 묻는다. 그들은 다윗 언약을 기억하고 종말에 회복될 다윗 왕국에 대해 물었지만, 부활하신 예수님은 이에 대해 '새 언약의 내용'에 따라 대답하신다(행 1:6-9).

즉, 그 종말의 다윗 왕국이란 단지 열방의 정치적, 경제적 압제를 이긴 정도가 아니라, 이제는 죄와 죽음의 권세 자체를 이긴 '의(義)와 부활 생명의 통

1 사도행전의 문학적 구조는, 지리적으로 예루살렘(1:1-5:42), 유대와 사마리아(6:1-11:18), 땅끝(11:19-28:31)에서의 복음 전파라는 순서로 전개된다.

치' 곧 '성령의 통치'를 받는 나라이며, 단지 예루살렘에 국한되지 않고 유대와 사마리아와 땅끝에 이르기까지 온 '열방의 회복'을 가져오는 나라임을 알려 주신다. 그리고 부활하신 예수는 제자들이 보는 앞에서 '하늘로' 올라가셔서, 하나님 보좌 우편에 앉아 하늘과 땅의 만유를 통치하시는 '영원한 왕권'을 받은 '주'(Kyrios)가 되신다. 그분은 장차 다시 오셔서 그 '영원한 나라'를 완성하실 것이라는 약속의 말씀을 제자들에게 남기신다.

시편 110편의 예언의 말씀을 따라, 이제 유대인과 이방인, 예루살렘과 열방, 하늘과 땅을 통치하는 만유의 '주'(主)가 되신 예수 그리스도는, 그의 '성령'과 '말씀'의 주도적인 개입과 역사(役事)를 통해, 종말의 새 언약 백성 곧 교회를 창조하시고 성장시키신다(행 2:33-36). 주 예수께서는 이 복음 전파를 위해 사도들을 부르셨다. 사도들은 어떤 자들인가? 사도행전이란, 문자적으로 '보냄받은 자들'이라는 의미의 '사도들'(apostles)의 '행적'(acts)을 기록한 책을 의미한다.

'하나님의 큰 일'을 선포하는 복음 전파를 위해 부르심을 받은 '사도들'의 행적은, 대략 사도행전 15장에 기록된 '예루살렘 총회'를 기점으로 그 전과 후로 나뉜다. 초기 교회의 이 역사적인 첫 번째 총회 이전에는 주로 '예루살렘'의 사도들인 '주의 형제 야고보, 사도 베드로와 사도 요한' 등의 복음 전파 활동을 기록하고(행 1:12-15:21), 총회 후에는 주로 '안디옥'을 선교 기지로 삼고 이방인들에게 복음을 전할 사명을 받아 '땅끝으로' 나아가는 '사도 바울'의 선교 여행을 집중적으로 묘사한다(행 15:22-28:31).

당시 초기 교회 전체를 이끌었던 예루살렘에서 총회장 격의 지도력을 발휘했던 주의 형제 야고보가 그 첫 번째 총회를 마무리하며 선포했던 말씀은, 사도행전이 묘사하는 하나님 나라 복음 전파의 두 측면을 잘 표현해 준다.

"선지자들의 말씀이 이와 일치하도다. 기록된 바, 이 후에 내가 돌아와서 다윗의 무너진 장막을 다시 지으며 또 그 허물어진 것을 다시 지어 일으키리니, 이는 그 남은 사람들과 내 이름으로 일컬음을 받는 모든 이방인들로 주를 찾게 하려 함이라 하셨으니."(행 15:15-17)

메시아 예수의 이름을 전하는 복음은, 유대인들에게는 그토록 기다려 왔던 종말의 다윗 왕국의 건설이요, 이방인들에게는 주께로 돌아오는 구원과 회복이라는, 하나님의 오랜 약속들의 신실한 성취에 관한 기쁜 소식이라는 것이다.[2] 동시에, 이제 종말에 '약속된 다윗의 아들'이 '영원한 왕권'을 받아 세우는 그 '영원한 나라'는, 열방으로부터 돌아오는 이방인들과 함께 세워지는 하나님의 나라가 된다.

사도행전은, 부활하시고 승천하신 주 예수께로부터 보냄을 받은 사도들이 하나님의 약속의 성취를 돕는 귀한 도구들이었음을 잘 드러내 준다. 그들은 '성령'과 '말씀'의 주권적인 역사에 순종하며, 예수 그리스도를 증거하며 그분께서 가셨던 고난의 길을 따라갔던 신실한 '말씀의 종들'이었다.

부활하신 예수님은 제자들에게 '성령으로부터 권능을 받기까지' 기다리라고 말씀하셨다. 사도행전에서, 예수님께서 십자가에서 죄를 대속하는 죽음을 죽으신 후, 오순절(Pentecost)에 예루살렘에 있던 제자들에게 임하신 성령은, 저들로 하여금 '하나님의 큰 일'을 그곳에 모여든 열국의 백성들에게 '방언' 곧 각국의 언어로 전하게 하신다.

성령님은 빌립으로 하여금 에디오피아 사람에게 다가가 복음을 전하게도 하시고, 바울과 디모데로 하여금 아시아에서 말씀을 전하지 못하게 막기도 하신다. 성령님은 스데반으로 하여금 하늘 보좌의 영광과 승천하신 예수를 보게 하심으로 핍박을 견뎌 내게도 하시고, 베드로가 전하는 말씀과 더불

2 사도행전은 '하나님의 뜻과 계획'이 '필연적으로' 성취되고 있음을 반복적으로 강조한다(행 1:16; 2:23; 3:18, 21; 4:28; 5:38-39; 10:42; 13:27; 17:3, 31; 20:27; 22:14; 26:16).

어 역사하셔서 수천 명이 회개하고 예수의 이름으로 세례를 받는 역사도 일으키신다.

하나님의 아들의 피로 사신 교회 곧 하나님의 양 무리를 돌보고 섬기는 감독을 세우는 분도 '성령님 자신'이시다. 이처럼 사도행전은 실로 '성령행전'이라고 할 수 있을 만큼, 교회의 탄생과 성장의 역사가 십자가에서 죽으시고 부활하셨으며 승천하사 만유의 '주'(Lord)가 되신 예수 그리스도께서 보내신 성령 곧 '예수의 영'의 주권적인 사역임을 증언한다.

성령님은 특정 사도나 어떤 신자가 자기 마음대로, 자기의 목적을 따라 부릴 수 있는 영이 아니시다. 마술을 행하던 시몬의 생각처럼 돈을 주고 살 수 있는 것도 아니다(행 8:9-24). 성령님은 오직 '예수 그리스도를 증거'하실 목적으로, 사도들을 통해 그들이 전하는 복음을 확증하시기 위해 기적을 일으키기도 하시고, 그들에게 증언할 수 있는 능력을 부여하기도 하신다. 성령님은 예수 그리스도와 그의 나라에 관한 복음 곧 하나님의 말씀을 전할 때에, 그 말씀과 함께 역사하신다.

사도들이 전한 '복음의 내용'은 무엇인가? 사도행전에 나타난 베드로와 요한 그리고 사도 바울 등의 설교 내용을 살펴보면, 이들은 세상의 '심판'을 선포하고, 모든 사람들이 우상을 섬기는 데서 돌이켜 하나님께로 돌아오는 '회개'를 요청한다.

> "일어나 너의 발로 서라 내가 네게 나타난 것은 곧 네가 나를 본 일과 장차 내가 네게 나타날 일에 너로 종과 증인을 삼으려 함이니, 이스라엘과 이방인들에게서 내가 너를 구원하여 그들에게 보내어 그 눈을 뜨게 하여 어둠에서 빛으로, 사탄의 권세에서 하나님께로 돌아오게 하고 죄 사함과 나를 믿어 거룩하게 된 무리 가운데서 기업을 얻게 하리라 하더이다."(행 26:16-18)

이 회개는, 종말의 심판을 맡으셨으며 동시에 믿는 이에게 죄 사함과 성령을 선물로 주시는 예수의 이름으로 '세례'를 받아 어둠에서 빛으로, '사탄의 세력에서 하나님께로 돌아오는 것'이다(행 26:18). 이것이 죄와 죽음을 이기시고 부활하신 메시아 예수를 믿음으로 누리는 '영원한 생명의 복음'이고, 승천하사 유대인과 이방인, 하늘과 땅을 통치하는 '주'가 되신 메시아 예수와 그의 '영원한 나라' 곧 '하나님 나라'에 관한 가르침이다.[3]

'주'가 되셔서 영원한 왕권을 받으신 예수님께서는, '성령'을 보내셔서 복음의 '말씀'이 흥왕하여지고 세력을 얻게 하신다(행 6:7; 12:24; 13:49; 19:20). 성령으로 충만해진 제자들은 담대히 예수 그리스도의 죽으심과 부활의 복음을 전하며, 그들의 주이신 예수 그리스도를 따라 그들 역시 복음으로 인한 핍박을 겪으며 고난과 순교의 길을 걸어갔다.

또한 초기 교회 성도들은 성령을 따라 사도들의 가르침에 순종하며, 한마음과 한뜻으로 재물을 나누어, 그들 안에서 누구도 가난 때문에 핍절함이 없는 '나눔과 사귐의 코이노니아'를 세워 갔다. 그 결과로 모든 사람들의 칭찬을 받고 하나님의 이름이 영광을 얻으시는 일이 일어났다(행 2:43-47; 5:12-15). 하나님의 약속과 뜻을 따라, 종말에 하나님의 성령으로 하나님의 '말씀에 순종하는 새 언약 백성'이 출현한 것이다. 이들은 모든 열방이 하나님께로 돌아오기까지 성령과 말씀의 권능으로 주 예수 그리스도와 하나님 나라의 통치 아래 살며, 그 나라의 복음을 전하도록 부르심을 받았다.

2. 히브리서, '더 나은 새 언약과 흔들리지 않는 나라'

사복음서가 새 언약을 성취하시는 메시아 예수의 인격과 사역에 집중했

3 행 4:2; 9:20-22; 10:34-43; 11:11-18; 13:3-41; 15:11; 17:30-31; 20:21; 22:16; 26:18-23; 28:23, 31.

다면, 그리고 사도행전이 그 새 언약 백성의 형성과 성장에 주목했다면, 히브리서는 그 '새 언약의 복음이 무엇인지'를 중심 주제로 삼아 설명하는 중요한 책이며, 새 언약 백성의 삶을 소개하는 서신서들의 서론 역할을 한다.

이렇듯 새 언약을 본격적으로 설명하는 히브리서를 기점으로, 크게 보아서 한편으로는 '마음에 기록된 말씀'의 성취를 통한 구원과 '세상을 맞닥뜨린 교회'의 부르심과 사명을 강조하는 공동서신(Catholic Epistles), 다른 한편으로는 주로 '성령의 내주'하심을 통한 구원론과 예루살렘 성전과 차별화되는 '그리스도의 몸 된 교회론과 윤리적 비전'을 강조하는 바울서신(Pauline Epistles)의 두 갈래로 나누어진다고 할 수 있다.

실로 히브리서는 '새 언약의 서신'이라고 부를 만하다. 히브리서는 예레미야 31장의 '새 언약' 본문을 직접 인용하면서(히 8:8-11), 하나님께서 마지막 때에 보내신 하나님의 아들 예수 그리스도께서 '새 언약의 중보자'가 되셨음을 명확하게 선포한다.

> "그러나 이제 그는 더 아름다운 직분을 얻으셨으니, 그는 더 좋은 약속으로 세우신 더 좋은 언약의 중보자시라. … 새 언약이라 말씀하셨으매 첫 것은 낡아지게 하신 것이니 낡아지고 쇠하는 것은 없어져 가는 것이라."(히 8:6, 13)

예수께서 '더 좋은 언약의 중보자'가 되신다는 말씀은, 메시아인 예수께서 하나님과 그의 백성 사이에 맺어지는 새 언약 관계를 이루고 세우시는 핵심 인물이라는 뜻이다. 히브리서는 새 언약을 옛 언약 특히 모세 언약과 대조해서 설명하는데, 모세 언약에서 제정한 모든 것들이 '첫 것'이라면 새 언약의 내용은 '둘째 것'이며, 새 언약은 옛 언약과 비교할 수 없이 '더 좋은 언약'이고, 이제 영원히 유효한 새 언약이 세워졌으므로 옛 언약 즉 첫째 것은 사라지고 있다고 선포한다(히 8:7, 13).

히브리서의 저자가 새 언약을 집중적으로 설명하는 이유는, 단지 신학적인 관심 때문이 아니라 수신자들이 처한 핍박의 상황 때문이기도 하다.[4] 히브리서를 살펴보면, 수신자들은 처음에 선교사들로부터 예수 믿는 '도(道)의 초보'를 들었지만, 그 때문에 비방과 환난을 당하고 때로 갇히기도 하며 재산을 빼앗기는 등 힘겨운 고난의 싸움을 싸우는 동안 '지치고 피곤하여' 낙심하게 되었다. 그러다가 점점 신앙의 담대함을 잃고 옛 언약의 형식적인 종교 생활 속으로 돌아가기도 하고, 끝내는 '배교'(apostasy)할 위험에 처하기도 한 것으로 보인다(히 2:3; 6:1-12; 10:26-35; 12:3-17).

이런 상황 속에서 히브리서의 저자는, 예수 그리스도로 말미암아 성취된 새 언약이 얼마나 '더 나은 언약'인지, 그 새 언약 성취의 결과로서 수신자 교회가 누리게 된 '더 큰 은혜'와 '더 큰 사명'이 무엇인지를 명확히 밝힌다. 이로써 새 언약 백성 된 저들이 지치고 고단하여 뒤로 미끄러지지 않도록 힘있게 권면하는 것이다(히 13:22).

그렇다면 새 언약은, 어떤 점에서 옛 언약보다 '더 좋은 언약'인가? 우선, 예수 그리스도는 짐승의 피로 하지 않고 '오직 자기의 피 곧 영원한 언약의 피로써 영원한 속죄'를 이루심으로써, '그들의 죄와 불법을 다시는 기억하지 아니하리라'라는 약속을 성취하셨다(렘 31:34). 이로써 구약의 동물 제사를 폐하시고, '자신을 단번에 제물로 드려 죄를 없이'하셨으며 '다시는 죄를 위하여 제사를 드릴 필요가 없는' 새 언약의 시대에 이르게 하셨다(히 8:13; 9:12, 26; 10:18; 13:20).

더욱 놀라운 복음은, 예수 그리스도께서 '흠 없는 영원한 속죄제물'이실 뿐 아니라 '영원하고 온전한 대제사장'이 되심으로써, 새 언약 백성을 '하늘에 있는, 살아 계신 하나님의 도성인 하늘의 예루살렘에 있는 참성전의 성소(聖

---

4 대체로 설교 형식으로 되어 있는 히브리서의 저자는 명확하지 않다. 2세기 말경에는 바울로 간주되기도 했고, 바울의 조력자인 누가, 바나바, 실라, 아굴라, 브리스길라 등이 거론된다.

所)' 안으로 들어가게 하셨다는 사실이다(히 2:17; 4:14-5:10; 6:20; 9:14, 26). 그러므로 예수 그리스도를 영원한 속죄제물이요 영원한 대제사장으로 모시고 있는 새 언약 백성은, 하늘에 있는 하나님의 성전에 이른 자들이요, 그 하늘에 있는 '영원한 기업' 곧 '흔들리지 않는 나라'를 유업으로 받은 자들이다.

> "그러므로 우리가 흔들리지 않는 나라를 받았은즉 은혜를 받자. 이로 말미암아 경건함과 두려움으로 하나님을 기쁘시게 섬길지니, 우리 하나님은 소멸하는 불이심이라."(히 12:28-29)

이렇듯 '더 큰 은혜'를 받은 새 언약 백성은 또한 '더 큰 사명과 책임'을 받는다. 그들은 영원한 속죄와 함께 '거룩함'과 '온전함'을 선물로 받았으며, 죽은 행실에서 자신을 깨끗하게 하는 '새로운 양심'을 따라 살아야 한다(히 9:14). 그들이 받은 '하나님의 선한 말씀'은 또한 그들의 심령 속에서 '좌우에 날 선 어떤 검보다도 예리하여 혼과 영과 및 관절과 골수를 찔러 쪼개기까지 하며 또 마음의 생각과 뜻을 판단'하신다(히 4:12; 6:5).

모세의 법을 어긴 자들이 받았던 심판에 비하면, '하나님의 아들을 짓밟고 자기를 거룩하게 한 언약의 피를 부정한 것으로 여기고, 은혜의 성령을 욕되게 하는 자'가 받을 형벌은 비교할 수 없이 혹독할 것이다. 하나님은 '소멸하는 불'이시다(히 10:29; 12:29).

그러므로 '흔들리지 않는 나라'를 받은 새 언약 백성은 어느 때고 뒤로 물러서지 말아야 한다. 이미 하늘에 있고 또한 장차 이 땅에 이루어질 그 영원한 '본향'(本鄕)을 향해, 세상을 지나가는 '나그네와 행인'으로서 모든 믿음의 선조들의 신앙과 소망과 인내를 따라, 오직 모든 경건함과 두려움으로 하나님을 기쁘시게 섬기며 힘 있게 전진해 나아가야 한다(히 11:16; 12:28).

3. 공동서신, '마음에 심긴 말씀과 영원한 나라에 참여함'

히브리서에서 설명된 새 언약의 내용들은, 그 강조점에 따라 각기 공동서신과 바울서신에서 새롭고 더 풍성하게 펼쳐진다. 공동서신은 예루살렘의 유력한 사도들이 기록한, 야고보서, 베드로전후서, 요한 1, 2, 3서 그리고 유다서를 포함해서 모두 7개의 서신들을 가리킨다. 초기 교회가 남긴 신약 정경 목록들이나 신약의 사본들이 증거하는 바에 따르면, 사도행전 다음에 야고보서를 비롯한 예루살렘 사도들이 기록한 공동서신이 배열된 순차가 압도적으로 많다는 사실을 알 수 있다.[5]

사도행전은 15장을 기점으로 그 앞부분은 대체로 예루살렘 사도들의 행적을, 그리고 그 이후는 사도 바울의 행적을 기록하기 때문에, 그들이 기록한 서신들의 경우에도 이처럼 공동서신이 먼저 나오고 그다음에 바울서신이 배열되는 순차가 자연스러운 것이다.[6] 당시 예루살렘의 사도들은, 안디옥을 선교 사역의 '베이스캠프'(base camp)로 삼아 활동했던 바울을 지원하며, 로마 전역에 흩어진 초기 교회 전반을 지도하는 '컨트롤 타워'(control tower)의 역할을 감당했다.

선교사요 교회 개척자인 바울은 자신의 전도 사역과 관련 있는 특정 지역의 성도들에게 편지를 보낸 반면, 공동서신의 지자들인 예루살렘의 사도들은 대체로 보다 넓은 지역에 흩어져 있는 불특정 다수의 교회들에게 편지를 보

---

5 초기 교회의 정경 목록들 가운데 대표적인 아타나시우스의 39번째 부활절 편지(367년)에 기록된 정경 목록은 사복음서 다음에 '사도들의 행적과 그들의 서신들'(acts of the apostles and their letters) 즉 '공동서신'(Catholic Epistles)을 배열한다. 또한, 캠브리지 대학 Tyndale House의 본문비평학자들이 편집 발간한, Dirk Jongkind, et al eds., *The Greek New Testament* (Wheaton: Crossway, 2017)을 비롯한 많은 신약 원어 성경들이 신약 사본들의 증거에 따라 사도행전 다음에 공동서신을 배치하는 '헬라 순차'(Greek order)를 복구하고 있다.

6 현재 한글 성경에서 바울서신이 공동서신보다 먼저 나오는 순차는, 한글 성경의 원전 역할을 했던 고대 영어 번역본들이 주후 5세기 히에로니무스가 완성한 라틴어 번역 성경인 벌게이트(Vulgate)의 '라틴 순차'(Latin order)의 영향을 받았기 때문이다.

냈다(예. 약 1:1, '흩어져 있는 열두 지파에게'). 이런 의미에서 공동서신은, 요한삼서는 다소 예외적이지만, 처음부터 로마에 흩어진 새 언약 교회 전체를 대상으로 기록되고 보내어진 서신들이라 할 수 있다.

공동서신은 새 언약의 내용 중에서도, 종말에는 하나님의 말씀이 옛 언약에서처럼 '돌판'이 아니라 새 언약 백성의 '심령에 기록될 것'이라는 약속이 성취된 사실을 일관되고도 뚜렷하게 강조한다. 사도 바울이 그의 서신들에서 에스겔이 예언한 새 언약의 약속인 '성령의 내주(indwelling)'를 강조하는 경향과 사뭇 대조를 이룬다. 이런 식으로, 공동서신은 신자의 '거듭남'과 그 이후 '성화'(sanctification)의 삶에 관해서 일관되게 '말씀'의 역사를 강조한다.

> "… 너희 영혼을 능히 구원할 바 마음에 심어진 말씀을 온유함으로 받으라"(약 1:21)
>
> "너희가 거듭난 것은 썩어질 씨로 된 것이 아니요 썩지 아니할 씨로 된 것이니 살아 있고 항상 있는 하나님의 말씀으로 되었느니라"(벧전 1:23)
>
> "또 우리에게는 더 확실한 예언이 있어 어두운 데를 비추는 등불과 같으니 날이 새어 샛별이 너희 마음에 떠오르기까지 너희가 이것을 주의하는 것이 옳으니라"(벧후 1:19)
>
> "하나님께로부터 난 자마다 죄를 짓지 아니하나니 이는 하나님의 씨가 그의 속에 거함이요…"(요일 3:9)

야고보서가 전하는 새 언약 성취의 복음은, 우리 '영혼을 구원할 능력이 있는 그 말씀'이 이제는 예수 그리스도를 믿는 이의 '심령에 심어져 있다'는 사실에 있다. 여기서 '심긴 말씀'의 배경은 '새 언약이 성취되는 그날에는' 하나님의 말씀이 그 백성의 '마음에 기록될 것'이라는 예레미야 31:33의 약속이다.

베드로전서 역시 마찬가지로, 새 언약 백성의 거듭남이 '썩지 아니할 씨'

곧 '살아 있고 항상 있는 하나님의 말씀'으로 되는 것임을 강조한다. 베드로전서와 짝을 이루는 베드로후서는, 예수 그리스도의 오심에 관한 예언이 신자의 '마음에 샛별처럼 떠오를 때까지' 그 말씀에 거하라고 강조함으로써, 역시 하나님의 말씀이 거듭난 신자의 심령에 역사하는 것을 강조한다.

요한일서는 보다 명확하게 '하나님의 씨' 곧 성령의 역사로 거듭난 심령 속에 거하는 하나님의 말씀이, 그렇게 거듭난 성도로 하여금 죄로부터 벗어나게 하는 능력임을 강조하는 것이다. 한 걸음 더 나아가 사도 요한은, 새 언약 백성이 믿고 영접한 예수 그리스도 자신이 바로 '태초부터 있는 생명의 말씀'이라고 선포한다(요일 1:1; 참조. 요 1:1). 이처럼, 예루살렘 전통에 서 있던 초기 교회의 주요 사도들인 야고보, 베드로, 요한은 예수 그리스도를 통하여 성취된 새 언약의 내용 가운데서도 '말씀'의 역사를 유독 강조한다는 사실을 볼 수 있다.

그러므로 공동서신이 가르치는 새 언약 백성의 '성화' 즉 '거룩함'에 이르는 길은, 성령으로 거듭난 그들의 심령에 심긴 말씀, 그 썩지 않는 씨, 하나님의 씨, 곧 생명의 말씀을 '온유함으로 받아들이는' 것이다. 마치 예수님께서 '밭에 뿌린 씨앗'의 비유에서 말씀하신 것처럼(마 13:18-23), 그들이 복음을 듣고 믿을 때에 심긴 그 '생명의 말씀'이 싹이 나고 꽃이 피고 열매를 맺기까지, 그 말씀을 모든 겸손함과 온유함으로 받아들이고 순종하여 살아 내는 것이다.

성령으로 거듭난 심령에 새 언약의 복음과 계명의 말씀, 그 영원한 생명의 말씀을 기록하신, 또는 심으신 분이 하나님 자신이시고, 그렇게 '능히 너희를 구원할 말씀이 그 마음에 심기게 된' 것은 전적으로 하나님의 '주권적 은혜'이다. 아버지 하나님께서 '진리의 말씀'으로 자기 백성을 '낳으셨기' 때문이다(약 1:18). 그렇게 새 언약의 복음을 믿는 마음에 심어진 말씀은, 마치 씨앗이 싹을 내듯 그의 믿음을 통해 그 말씀의 생명, 곧 긍휼과 말의 절제와 세속에서 자신을 지키는 정결과 같은, 세상을 이기는 참된 경건을 만들어 낸다(약 1:26-27).

이렇듯, 공동서신에서 거듭남과 성화(聖化)는 '생명의 말씀'이 그의 심령에 심긴 후에 그 '말씀의 생명'이 성장하여 나타나는 일관되고 자연스러운 과정이다.[7] 그래서 '믿음'으로 진리의 말씀을 받아 중생한 성도는, 그 믿음의 '행함' 곧 그 믿음으로 받은 '말씀의 생명을 나타내야' 한다. 그런 의미에서 '행함이 없는 믿음'은, 마치 싹이 나지 않는 씨앗처럼 죽은 것이라고 할 수밖에 없는 것이다(약 2:14-26).

신자의 중생과 성화에 있어서 '마음에 기록된 말씀'을 강조하는 공동서신은, '세상을 맞닥뜨린 교회'를 위한 복음과 교회론 그리고 그에 적합한 윤리적 비전을 풍성하게 담고 있다. 공동서신의 이 두 가지 강조점 즉 '말씀으로 인한 구원'과 '세상을 맞닥뜨린 교회의 문제 상황'은 서로 긴밀히 연관되어 있다. '말씀'은 처음부터 '세상'과 뗄 수 없는 관계에 놓여 있기 때문이다. 하나님은 세상을 '말씀'으로 창조하셨고, 택하시고 부르신 언약 백성에게 '율법'을 주셨으며, 그들이 이 세상에서는 '지혜'를 따라 살도록 하셨다.[8]

이처럼 세상은 말씀과 긴밀한 관계에 놓여 있는데, 말씀을 통한 중생과 성화를 강조하는 공동서신은 동시에 '세상을 맞닥뜨린 교회'가 그 말씀의 생명과 능력으로 어떻게 세상을 이기며 나아가는지를 설명한다. 세상 속의 교회는 '여러 가지 시험'에 맞닥뜨리는데(약 1:2; 벧전 1:6), 야고보서는 하나님과 세상 사이에서 갈등하는 새 언약 백성이 '자신 안에 심긴 말씀'으로, '자유의 온전한 율법'을 따라, 그리고 '위로부터 오는 지혜'를 따라 행함으로써 인내하며 시험을 이기고 온전함에 이른다고 가르친다(약 1:21, 25; 2:12; 3:17-18).

베드로전서는, 사람을 깨끗하게 하고 썩지 않으며 살았고 영원한 말씀으로 거듭난 교회가, 우리를 죄에서 해방하신 십자가와 죽으심을 이기신 부활

---

7 오직 믿음으로 의롭다 하심(칭의)을 입은 사실과, 궁극적으로 율법(말씀)의 요구를 준행해야 하는 성화의 과정이 종종 충돌하는 것처럼 설명되는 바울의 경우와는 사뭇 다른 방식의 설명이다.

8 유사하게, 야고보서는 1장에서는 '심긴 말씀'(1:18, 21)을, 2장에서는 '자유의 율법'(2:8, 12)을, 3장에서는 '위로부터 오는 지혜'(3:17)를 강조한다.

그리고 영원한 성령의 임재를 통해, 이미 '썩지 않고 더럽지 않고 쇠하지 않는' 하늘에 간직된 유업을 소유하고 있음을 선포한다(벧전 1:3-4, 22-25).

> "우리 주 예수 그리스도의 아버지 하나님을 찬송하리로다. 그의 많으신 긍휼대로 예수 그리스도를 죽은 자 가운데서 부활하게 하심으로 말미암아 우리를 거듭나게 하사 산 소망이 있게 하시며, 썩지 않고 더럽지 않고 쇠하지 아니하는 유업을 잇게 하시나니 곧 너희를 위하여 하늘에 간직하신 것이라."(벧전 1:3-4)
>
> "하나님의 날이 임하기를 바라보고 간절히 사모하라. 그날에 하늘이 불에 타서 풀어지고 체질이 뜨거운 불에 녹아지려니와, 우리는 그의 약속대로 의의 거하는바 새 하늘과 새 땅을 바라보도다."(벧후 3:12-13, 개역한글)

이들은 '살아 있는 하나님의 성전'으로서 그들 안에 있는 '살아 있는 소망'을 따라, 이 세상을 '나그네와 행인'으로 지나간다(벧전 2:1-12). 동시에, 이들은 거듭난 심령의 새롭게 된 양심을 따라 선한 일을 행함으로써 이방인들로 하여금 하나님께 영광을 돌리도록 하는 '제사장 공동체'의 사명을 감당한다(벧전 2:9-3:22).

베드로후서는, 오염되고 부패한 거짓 가르침을 통해 이 세상의 '더러움과 썩어짐과 허무함'의 강력을 교회 안에 끌어들이려는 거짓 교사들을 경고하고 이에 대한 해법을 제시한다. 교회 안에 들어온 세상의 죄와 죽음과 허무의 강력을 이기는 길은, 하나님의 말씀이 '빛'이요 그 말씀을 사사로이 해석하는 해석자 자신이 '어둠'이라는 사실을 인정하는 데에서 시작한다(벧후 1:19-21). 그 말씀의 빛과 생명 안에서 해석자인 교회는, 이미 임했고 임하고 있으며 장차 온전히 이루어질 새 하늘과 새 땅, 그 '영원한 나라'에 참여하는 신직 성품에서 성장함으로써 세상의 거짓 가르침을 이겨 낸다(벧후 1:4-11; 3:13-14, 18).

요한서신은 하나님께서 자신을 떠나 악한 자 마귀의 거짓과 죄와 죽음 아래 갇힌 이 세상(코스모스)에 보내신 '생명의 말씀'이요 '영원한 생명'이신 그 아들 예수 그리스도로 말미암아 탄생한 교회의 본질이 곧 '삼위 하나님과의 코이노니아'임을 선포한다(요일 1:1-4). 그 아들의 '생명'과 그 아들을 보내신 아버지 하나님의 '사랑'을 알게 하시고 그 안에 거하게 하시는 성령께서 이루어 가시는 삼위 하나님과의 코이노니아가 바로 새 언약 성취의 열매이고 절정이며, 하나님 나라의 본질적이고 실제적인 내용이라는 것이다(요일 4:13-21).[9]

유다서는 '세상에서 자신을 지키는' 일에 관련된 복음과 사명을 강조한다. 정경적으로 보면, 하나님께서 자신의 교회를 '지키시기' 때문에 교회는 세상에서 '자신을 지켜야' 한다는 주제는 요한일서의 끝부분에서 시작해서(요일 5:18, 21) 요한이서와 요한삼서를 거쳐 유다서에 이르러 그 결론에 이른다. 유다서 역시 '하나님의 지키심'이라는 주제로 시작해서 '자신을 지킴'이라는 주제로 끝난다(유 1:1, 21).

유다서는 또한 하늘과 땅이 통합되는 '총체적인 우주관'을 제시한다는 점에서, 오늘날 인간과 환경과 창조주가 서로에게서 '분리'되어 버린 '해체적인 세계관'에 의미 있는 도전을 던진다. 하늘에서 '자신의 지위와 처소'를 떠난 천사들의 타락은, 땅에서 자신의 지위와 처소를 저버리는 사람들의 타락의 패턴을 결정한다(유 1:6). 역으로, 땅에서 자신에게 주어진 은혜의 지위와 사명의 처소를 지켜 내는 성도의 경건은 온 세상을 심판에서 지켜 낸다(유 1:14-15).

요한일서와 유다서의 '지키심과 지킴'의 주제 안에 놓인 요한이서와 요한삼서는, 각기 '진리'와 '사랑'을 강조한다. 요한이서는 그 아들의 '진리로 지키심을 입은 교회'가 거짓 가르침으로부터 자신을 지켜야 하는 사명이 있음을 실제적인 사례를 통해 권면한다. 요한삼서는 그 아들을 보내신 아버지의 '사

9 채영삼, 『코이노니아와 코스모스: 요한일서의 이해』 (이레서원, 2021), 198-211.

랑으로 지키심을 입은 교회'가 그 사랑 안에서 자신과 교회를 지켜내야 하는 사명의 중요성을 강조한다. 교회가 세상에서 자신을 지키는 길은 '그 아들의 진리와 아버지의 사랑'을 통해서이다. 진리 없는 사랑은 속이는 것이며, 사랑 없는 진리는 폭력적임을 기억해야 한다. 여기에 교회를 지키시는 하나님의 은혜와 지혜가 있다.

또한 유다서는, 교회가 소유하고 누리는 가장 큰 영광이란 이 땅에서 무슨 다른 영광을 만들어 내는 것이 아니며, 하나님께서 그 아들을 통해 주신 성도의 '지위와 처소' 곧 그 사랑 안에서 은혜로 주어진 그 아들의 영광을 온전히 소유하고 누리고, 그것을 나타내어 전하며, 끝까지 세상에 빼앗기지 않고 지켜 내는 것에 있음을 일깨운다. 이것이 유다서가 굳이 '에녹'을 들어 경건의 표본으로 내세우는 이유이다(유 1:14). 에녹은 모세처럼 엄청난 업적을 이루지 않았다. 단지 날마다 하나님과 교제하고 동행하다가 하늘로 들려 올림을 받았다. 유다는 에녹이야말로, 특별히 '일상의 경건'으로 인내의 열매를 맺어야 하는 시대에 기억해야 하는 하나님의 사람임을 알려 준다.

4. 바울서신, '성령의 내주와 그리스도의 몸 된 교회'

바울은 스스로를 '새 언약의 일꾼'으로 자처하며, 예수 그리스도께서 성취하신 새 언약의 내용 중에서도 특히 '성령의 내주하심과 역사'를 강조한다(고후 3:6-11). 율법의 행위가 아니라 예수 그리스도를 믿음으로 받은 성령으로 말미암아, 그들은 드디어 율법의 요구를 성취하는 언약 백성, 곧 '하나님의 말씀을 순종하는 종말의 새 백성'이 된다(롬 8:1-4; 갈 3:5).

또한 그들은, 부활하고 하늘에 오르시어 '주'(主)가 되신 예수 그리스도와 연합한 '살아 있는 그리스도의 몸'이며(고전 12:27), 그리스도를 머릿돌로 삼아 성령이 친히 거하시는 '살아 있는 성전'으로 지어져 간다. 새 언약 백성으로서 교회는, 이처럼 그리스도 안에서 성령의 역사를 통해 하늘의 모든 신성한 은혜의 충만으로 채워져 가며, 끝내 모든 피조 세계가 그리스도 안에서 '만유(萬有)를 충만하게 하시는 하나님의 충만으로' 통일되는 '하나님 나라'를 유업으로 받는 '하나님의 자녀들'이다(갈 4:7; 엡 1:22-23).

바울은 원래 바리새파에 속한 자로서, 율법을 철저히 준수함으로써 이스라엘이 잃어버렸던 언약 백성의 옛 영광을 회복할 수 있다고 믿었던 유대인 청년이었다. 사도행전뿐 아니라 그가 쓴 편지들에서도 자주 언급되듯이, 바울이 회심(回心)하여 예수 그리스도를 믿게 된 계기는, 그가 예수 믿는 자들을 잡아 예루살렘으로 끌고 갈 목적으로 다메섹으로 가던 길에, 부활하신 주께서 친히 하늘의 '빛' 가운데 그에게 나타나셔서 "네가 어찌하여 나를 박해하느냐"라고 말씀하시고, 그 후에 아나니아를 통해 그에게 성령을 충만히 부어주신 사건 때문이었다(행 9:1-9; 22:6-16; 26:12-18; 갈 1:13-17; 빌 3:4-11).

바울이 후에 명명백백히 고백했듯이, 자신은 예수 믿는 자들을 죽이려던 '비방자요 박해자요 폭행자'였을 뿐이었다(딤전 1:13). 그런데 전혀 뜻밖에 '부활하신 주 예수 그리스도'를 만나게 된 것이다. 정확히 말하면, 죽음에서 부활하신 주께서 그의 '주권적인' 의지에 따라 그 형언할 수 없는 거룩한 빛 가운데서 친히 나타나 만나 주시는 '은혜'를 베푸신 것이다. 그것은 결단코, 바울이 유대교의 율법을 철저히 준수한 대가가 아니었다. 전혀 그 반대였다.

바울이 힘써 전한 '오직 그리스도를 믿음으로 의롭게 된다'는 '이신칭의'(justification by faith)의 복음은, 그 자신의 회심의 경험에서 먼저 확인된 진리였다. 즉, 사람이 '죽음을 이긴 부활 생명을 얻는다'든지, '사탄의 세력에서 나와 하나님께로 돌아온다'든지, '하나님의 영 곧 성령을 선물로 받는' 일은, 율법 아래서 율법을 행하는 것과 전혀 상관없이 '오직 그리스도를 믿음'으로 되는 하나님의 주권적 은혜의 결과라는 사실이다.

바울은 자신이 전하는 복음이 '사람의 뜻'에서 난 것이 아니라 '예수 그리스도의 계시'로 말미암은 것임을 강조한다(갈 1:11-12; 고후 4:6). 자신이 율법을 준수하겠다는 열심을 좇아 예수 믿는 자들을 잡아 죽이려 했는데, 오히려 부활하신 주께서 그에게 나타나셔서, 오직 그 주권적인 은혜로 그에게 부활 생명을 주시고 성령을 선물로 주시지 않았던가!

이로써 바울은, 이제 '율법과 상관없이' 유대인이든 이방인이든 오직 예수 그리스도를 믿음으로 죄 사함을 받고, 의롭다 하심을 입으며, 성령을 받아 이제 '아브라함의 자녀'로서 하나님의 언약 백성이 되는 복음, 그리하여 약속된 하나님 나라를 유업으로 받는다는 '칭의의 복음'을 확신을 갖고 선포하게 된다.

예루살렘에서 열렸던 총회에서, 바울은 자신의 이러한 '칭의의 복음'을 '유대인 그리스도인들'의 지도자였던 베드로와 요한 그리고 최종적으로 주의 형제 야고보에 의해 공식적으로 인준받는다(행 15:1-21; 갈 2:9). 동일한 성령과 말씀이 예루살렘의 사도들에게 임하여 예수 그리스도를 증거하셨기 때문이었다. 그 이후로, 바울은 더욱 활발하고 진취적으로 지중해 동쪽 소아시아 지역뿐 아니라 마케도니아와 아가야, 고린도와 아테네에 이르기까지 나아가 이방인들에게 예수 그리스도를 믿는 복음을 전했고 교회들을 세웠으며, 또한 그 지역에 세워진 교회들에게 여러 편지들을 보냈다.[10] 그 편지들에서 바울이 전한 복음을 종합해 보면 몇 가지 특징과 강조점들을 발견할 수 있다.

우선 위에서 설명한 대로, 바울이 전한 복음은 '사람이 의롭게 되는 것은, 율법 아래서 율법의 행위로 말미암은 것이 아니라, 예수 그리스도를 믿음으로 되는 것'이라는 강조가 두드러진다. 신약의 서신들 중에서, 바울이 로마서나 갈라디아서에서 전개하는 것처럼 이렇게 복음을 '율법과 대조해서' 장황하고 세밀하게 논증하는 경우는 찾아보기 어렵다. 그 이유는, 바울 자신이 율

10 바울이 주후 48년에서 65년경까지 기록한 13개의 서신들을 순차적으로 열거하면 다음과 같다: 갈라디아서, 데살로니가전후서, 빌립보서, 고린도전후서, 에베소서, 골로새서, 빌레몬서, 디모데전후서, 로마서, 디도서.

법과 상관없이 부활하신 주를 만나 성령을 받게 된 자신의 회심 체험에도 있지만, 그가 전도한 '이방인 그리스도인들'에게 율법의 행위를 강요하며 그들을 율법 아래로 끌고 가려 했던 유대인들에 맞서 싸워야 했던 선교적, 목회적 정황도 큰 원인이 되었다.

> "너희에게 성령을 주시고 너희 가운데서 능력을 행하시는 이의 일이 율법의 행위에서냐 혹은 듣고 믿음에서냐. 아브라함이 하나님을 믿으매 그것을 그에게 의로 정하셨다 함과 같으니라. 그런즉 믿음으로 말미암은 자들은 아브라함의 자손인 줄 알지어다."(갈 3:5-7)

이제 하나님께서는 유대인이나 이방인이나 할 것 없이, 예수 그리스도를 믿음으로 '성령을 받아' 하나님의 자녀가 되는 자기 백성을 통해 '아브라함 언약'을 성취하신다. 예수 그리스도는 하나님께서 아브라함에게 약속하셨던 '그 후손, 그 씨'로서(갈 3:16), 그를 통하여 열방이 하나님께로 돌아오는 바로 그 '복의 통로'이시다. 이제 옛 언약의 남은 자들과 모든 열방이, 오래전 약속된 그 '아브라함의 씨'이신 메시아 예수를 믿음으로써 죄 사함 받고, 성령을 받아, 하나님의 새 백성이 되고, 하나님 나라를 유업으로 받는다는 복음이 선포된 것이다.

그렇다면 이제 누가 '참으로 아브라함의 자손'인가? 누가 '참이스라엘'인가? 누가 진정한 '하나님의 언약 백성'인가? 이 질문을 둘러싼 논쟁과 싸움은 바울의 사역 내내 지속되었다. '혈과 육'으로 아브라함의 자손임을 주장하고, 율법의 정신은 지키지도 않으면서 율법을 소유하고 있는 언약 백성이라는 특권 의식을 가진 일부 유대인들은, 계속해서 바울이 전하는 '칭의'의 복음을 폄훼하고, 그가 세운 이방인들의 교회를 유혹하고 핍박하며 '할례'나 '족보'나 '율법의 행위들'을 요구했다(빌 3:2; 살전 2:14; 딤전 1:6-8; 딛 1:14; 3:9).

바울은 계속해서 이런 유대교의 '퇴행적'인 경향에 맞서 싸워야 했는데, 그것은 단지 '할례를 받고 안 받고'와 같은 율법의 행위의 문제가 아니었다. 바울에게 이 문제는 그리스도의 '십자가의 죽으심'을 헛되게 하는 위험, 즉 '성령으로 시작했다가 육체로 마치는' 어리석은 일을 저지르는 위험(갈 3:2-3), 그리고 궁극적으로는 하나님께서 예수 그리스도를 통해 성취하신 구속 역사적인 '진전'(progress)을 거꾸로 되돌리려는 위험을 내포한 일이었다.

이렇듯, 이방인의 사도로 부르심을 받은 바울에게 있어서, '열방의 회복'과 종말에 '하나님의 새 백성'을 창조하시는 새 언약의 성취를 위해서는, 율법과 상관없이 의롭다 하심을 입는 '칭의의 복음'만큼은 결코 양보할 수 없는 것이었다. 또한 바울이 선포한 복음에 의하면, 믿음으로 의롭게 된 '새 언약 백성'은 그리스도로 말미암아 '성령을 선물로' 받은 자들이므로, 오직 '성령을 따라 행할 때'(갈 5:16) 육체의 욕심을 행하는 죄에서 벗어날 뿐 아니라, 율법이 요구하는 모든 것을 성취할 수 있는 능력을 받은 자들이다.

로마서가 전하는 가장 놀랍고 기쁜 소식 중에 하나는, 이제는 율법 아래서 행하는 율법의 행함이 아니라, 그리스도를 믿음으로 받은 '성령을 따라 행함으로 율법의 요구를 이루는 새 언약 백성'이 탄생했다는 사실이다!

> "그러므로 이제 그리스도 예수 안에 있는 자에게는 결코 정죄함이 없나니, 이는 그리스도 예수 안에 있는 생명의 성령의 법이 죄와 사망의 법에서 너를 해방하였음이라. 율법이 육신으로 말미암아 연약하여 할 수 없는 그것을 하나님은 하시나니, 곧 죄로 말미암아 자기 아들을 죄 있는 육신의 모양으로 보내어 육신에 죄를 정하사, 육신을 따르지 않고 그 영을 따라 행하는 우리에게 율법의 요구가 이루어지게 하려 하심이니라."(롬 8:1-4)

바울을 사로잡은 복음은 또한, 그 자신이 다메섹 도상에서 부활의 주를 만났던 사건이 가리키듯이 단연 '부활의 복음'이기도 하다(행 17:32; 고전 15:1-58; 딤후 1:9-10; 2:8-10). 이스라엘의 '메시아'로 오신 예수께서는, 단지 이 땅의 정치적인 대적들을 무찌르시고 자신의 왕국을 세우신 것이 아니라, '죄와 죽음'이라는 궁극적인 원수들을 정복하여 승리하신 '부활 생명의 주'가 되셨다. 죄와 죽음이라는 대적에게 승리하셨으므로, 그리스도의 왕권은 '영원한' 것이며, 그의 나라는 '영원한 나라'인 것이다!

> "이 복음은 하나님이 선지자들을 통하여 그의 아들에 관하여 성경에 미리 약속하신 것이라. 그의 아들에 관하여 말하면, 육신으로는 다윗의 혈통에서 나셨고 성결의 영으로는 죽은 자들 가운데서 부활하사 능력으로 하나님의 아들로 선포되셨으니, 곧 우리 주 예수 그리스도시라. 그로 말미암아 우리가 은혜와 사도의 직분을 받아, 그의 이름을 위하여 모든 이방인 중에서 믿어 순종하게 하나니."(롬 1:2-5)
>
> "또 이사야가 이르되, 이새의 뿌리 곧 열방을 다스리기 위하여 일어나시는 이가 있으리니 열방이 그에게 소망을 두리라 하셨느니라."(롬 15:12)

로마서의 시작은 '다윗의 약속된 후손'으로 오신 종말의 다윗 왕이신 메시아 예수가, 어떻게 죽은 자 가운데서 부활하셔서 능력으로 '하나님의 아들'로 선포되셨는지를 설명한다. 다윗 언약에서 하나님은 장차 '영원한 왕권'을 받아 '영원한 나라'를 세울 종말에 오실 다윗의 후손을 '내 아들' 곧 '하나님의 아들'로 부르셨다(삼하 7:14; 시 2:7).

이제 바울은 그 약속된 다윗의 아들이 왔으며, 그가 하나님의 아들로서 받은 영원한 왕권은 다름 아닌 '죄와 죽음이라는 원수를 정복한' 왕권이고, 그의 나라는 '의와 생명의 통치가 있는 영원한 나라'임을 선포한 것이다. 십자가와 부활을 통해 죄와 죽음을 정복하시고 하늘에 오르시어 하나님 보좌에 앉으신 '주' 예수 그리스도는, 유대인이든 이방인이든 그를 믿는 모든 자들에게 '생명의 성령'을 보내셔서 그들 역시 죄와 죽음에 대하여 승리하는 '새 언약 백성'으로 창조하신다.

로마서는, '새 언약 백성의 창조', 즉 '성령 안에서 말씀을 순종하는 새 백성'(8장, 12-16장)과 열방 가운데서 하나님께로 돌아오는 이방인들과 옛 언약에서 남은 자들로 이루어진 '종말의 새 백성'(9-11장)의 창조라는 새 언약 성취를 중대한 목적으로 제시한다. 이를 위해서, 이제 유대인이든 이방인이든 율법의 행위가 아니라 그리스도를 믿음으로 의롭다 하심을 입고 아브라함의 참된 자손이 되는 '칭의의 복음'(1-7장)이 선포되는 것이다.

> "또 만물을 그의 발아래에 복종하게 하시고, 그를 만물 위에 교회의 머리로 삼으셨느니라. 교회는 그의 몸이니, 만물 안에서 만물을 충만하게 하시는 이의 충만함이니라."(엡 1:22-23)
>
> "아버지께서는 모든 충만으로 예수 안에 거하게 하시고, 그의 십자가의 피로 화평을 이루사, 만물 곧 땅에 있는 것들이나 하늘에 있는 것들이 그로 말미암아 자기와 화목하게 되기를 기뻐하심이라."(골 1:19-20)

죄와 죽음을 이긴 예수 그리스도의 부활 생명과 의롬, 성령의 내주하심을 통해 선물과 능력으로 받은 새 언약 백성은, 육신이 되신 하나님의 아들 예수 그리스도 안에서, 성령께서 주시는 하늘의 모든 은총의 충만을 통해, 유대인이든 이방인이든, 하나님이 친히 거하시는 '한 성전'으로 지어져 간다(엡 2:18-22). 또한, 하늘에 오르시어 하나님 보좌 우편에 앉으신 주 예수 그리스도와 한 몸을 이룬 교회는, '아직' 이 땅에서 순례자요 전투하는 교회이지만, 승천하시어 교회의 머리 되신 그리스도와 함께 '이미' 하늘에 앉아 있는 천상의 교회이다(엡 2:6).

한 걸음 더 나아가, 아직은 죄와 죽음과 허무 아래 갇혀 탄식하고 있는 모든 피조물들도, 이제 죄와 죽음을 이기신 '다윗의 씨'요 '부활하신 주 예수 그리스도'와 함께 나타나기 시작한 '하나님의 자녀들'과 더불어, 죄의 오염과 썩어짐의 고통에서 완전히 해방될 것이다(롬 8:18-25). 바울은, 죽음을 이기시고 하늘에 오르셔서 주(主)가 되신 그리스도 안에서, 하늘과 땅, 모든 피조 세계가 하나님의 충만으로 충만하게 회복되고 완성되는 그날이 이미 왔고, 지금도 이루어지고 있음을 확신시킨다. 그러므로 새 언약 백성 된 교회는, 성령 안에서 장차 온전히 완성될 소망으로 인내하며, 낙심치 말고 선한 일을 계속하고, 항상 기뻐하며 범사에 감사함으로, 힘써 경건의 삶을 살아야 한다.

5. 요한계시록, '세상의 심판과 새 하늘과 새 땅의 완성'

서로 다른 방향에서 흘러오던 지류(支流)들이 큰 강의 하구(河口)에서 하나로 합쳐지듯, 구약에서부터 약속된 모든 언약들과 그 언약들을 새롭게 펼쳐낸 새 언약의 내용들이 신약성경의 맨 마지막 책인 요한계시록에서 그 영광스러운 성취의 절정을 맞이한다. 요한계시록은 구약의 예언을 비록 한 번도 직접 인용하지는 않지만, 하나님의 구원과 창조의 완성에 관한 모든 약속들이 온전히 성취될 미래에 관한 계시록의 말씀 속에 속속들이 녹아 있다.

신약의 첫 책인 사복음서가 '십자가에서 죽으심으로써' 죽음의 권세를 정복하고 부활하신 예수 그리스도에게 집중했다면, 대조적으로 신약의 마지막 책인 요한계시록은 죽임을 당하신 그 '어린양' 예수 그리스도가 하늘에 오르시어 하나님의 보좌에 앉으신 '만왕의 왕이요 만주(萬主)의 주'로서 '최후의 심판과 구원을 실행'하심으로써 끝내 새 창조를 이루시는 역사를 보여 준다.

"보좌에 앉으신 이가 이르시되 보라 내가 만물을 새롭게 하노라…"(계 21:5)

'어떻게'(?) 만물을 새롭게 하신다는 것인가? 이것이 요한계시록이 설명하고자 하는 내용이다. 여기서 '새롭게' 하신다는 것은, 주께서 만물을 소멸시켜 '무'(無)로 돌리시고 '다시 전혀 다른' 창조를 하신다는 뜻이 아니다. 반대로, 지금 눈에 보이는 이 세상을 이 세상의 수준에서 개혁하고 개선해서 '이전보다는 조금 더 나은 세상'을 만드시겠다는 의미도 아니다.

장차 완성될 '새 하늘과 새 땅'은, 지금 우리가 겪고 있는 '첫째 하늘과 땅'과 어떤 면에서는 '연속적'이기도 하고, 또 다른 면에서는 철저하게 '불연속적'이다. 그곳은 여전히 '하늘과 땅' 곧 피조 세계로서, '땅의 왕들이 자기 영광을 가지고 들어오고, 사람들이 만국의 영광과 존귀를 가지고 들어오는' 곳이다. 하지만 거기에는 지금 세상을 지배하고 있는 죄나 죽음 그리고 세상을 미혹하는 마귀도 없고, '무엇이든지 속된 것이나 가증한 일, 거짓말하는 자는 결코 들어오지 못하고, 어린양의 생명책에 기록된 자들만' 있는 곳이다(계 21:10-13; 21:24-27).

하나님께서는 '말씀으로 창조하신' 세상을 결단코 폐기하지 않으신다. 오히려 완성하신다. '말씀이 육신이 되어' 세상에 오신 그 아들 '어린양' 예수 그리스도를 통해, 창조의 말씀이 의미했던 원래의 목적을 온전히 이루실 것이다. '어떻게' 이루시는가? 하늘의 '보좌에 앉으신 이와 어린양'께서 세상에 대한 최종적인 '심판과 구원'을 실행하심으로써 이루신다.

이를 통해, 장차 이 세상에서 '죄와 죽음과 마귀의 권세'를 완전히 파멸하시고, 그 '영원한 나라'를 유업으로 받을 자기 백성을 창조하시며, 만유(萬有) 안에서 만유를 자신의 영광과 모든 신성(神性)의 임재로 충만케 하시는 종말의 예루살렘 '성전'(Temple) 곧 '새 하늘과 새 땅'을 완성하실 것이다.[11]

요한계시록이 소개하는 예수 그리스도는, 이런 면에서 사복음서가 묘사

---

11 그날에는 하나님과 어린양이 곧 성전이 되시며, 해와 달이 되신다(계 21:22-23).

하는 바대로 십자가에서 자신을 희생 제물로 드리신 지상(地上)의 메시아 예수의 모습과 사뭇 다르다. 그분은 천상(天上)의 영광과 권능으로 충만한 '인자'(人子)요, 심판주요, 전사(Warrior)요, 전능자로서, 하나님 아버지와 함께 보좌에 앉으신 '어린양'으로 드러난다.

그분은 하늘의 성전을 섬기는 대제사장으로서 가슴에 금띠를 띠고 계시며, 흰 양털 같은 머리와 불꽃 같은 눈을 가진 지혜와 성령으로 충만한 하나님이시다. 그의 발은 그 어떤 원수도 짓밟아 멸절시킬 만큼 단련된 빛난 주석 같으며, 그의 음성은 하늘의 군대가 쏟아져 달려올 듯 엄위한 권세를 가지셨다. 그의 입에서는 양날을 가진 검(劍)처럼 대적하는 자를 '죽이기도 하고 살리기도 하는' 진리와 생명의 말씀이 나오며, 그분은 하나님의 영광의 빛으로 충만한 전능자이시다(계 1:9-16).

요한이 전하는 기쁜 소식이 여기에 있다. 바로, 하늘의 '보좌에 앉으신 전능하신 어린양'께서 그 비할 수 없는 권세와 힘과 지혜와 능력으로, 이 땅을 순례하는 자신의 교회를 지키고 인도하는 '목자'가 되신다는 사실이다(계 2:17-3:22). 그분은 자신의 교회를 어디까지 인도하시는가? 그분이 앉으신 그 하늘의 보좌에 이르기까지이다.

> "이는 보좌 가운데 계신 어린양이 그들의 목자가 되사 생명수 샘으로 인도하시고 하나님께서 그들의 눈에서 모든 눈물을 씻어 주실 것임이라"(계 7:17)

예수 그리스도는 '그의 피로 우리 죄에서 우리를 해방'하신 '어린양'이시며, 우리를 '나라와 제사장'으로 삼으시고, 각 나라와 족속과 방언에서 자신의 새 언약 백성을 불러내셔서,[12] 그들을 끝내 자신과 함께 하늘의 하나님 보좌에 앉히시기까지 인도하시는 '목자'이시다. 그 어떤 원수도 이 '어린양이며 목자'이신 예수 그리스도를 막을 수 없는 이유는, 바로 이분이 사망과 음부의 권세를 받아 승리하신 '다윗의 뿌리' 곧 종말에 약속된 그 '다윗의 후손'이시기 때문이다(계 5:5; 22:16).

바로 이분이 사망 권세를 이기신 '영원한 왕권'을 통해 그 '영원한 나라'를 세우실 '종말의 다윗의 아들'이시다. 그가 하늘에 있는 하나님의 보좌에 앉으신 '주'(Lord)가 되셔서, 원수들을 그 발아래 복종시키고, 만물을 자신 안에서 통일시켜 하나님과 온전히 화해시키실 것이다. 죄와 사망의 권세, 마귀의 권세에 대해 승리하신 '다윗의 뿌리'인 '어린양' 예수께서 이제 최종적인 심판의 권세를 행하신다.

그분께서는 '일곱 인(印)'의 심판으로부터 시작해서 '일곱 나팔' 그리고 '일곱 대접'의 심판을, 온 세상을 미혹하는 사악한 '영적, 실제적 권세들' 위에 쏟아부으실 것이다(계 6-16장). 하나님께서 창조하신 피조 세계는 마치 치료가 불가능한 암(癌)에 걸린 것처럼, 악한 권세들에 의해 죄와 불의, 사망과 허무의 고통 아래서 신음하고 있다. 이제 십자가와 부활로 승리하신 '어린양' 예수 그리스도는 종말의 심판을 통해, 하나님의 선하고 아름다운 피조 세계를 더러움과 썩어짐과 허무의 굴레 속에서 신음하게 했던 그 '암 덩어리'를 완전히 제거하려 하신다.

사도 요한이 받은 계시(啓示)는, 마치 이 암 덩어리를 방사선으로 비추는 것처럼, 세상 배후에 똬리를 틀고 앉아 거짓으로 세상을 미혹하며, 죄를 짓게 하며, 하나님을 대적하게 하고 영원한 파멸로 내달리게 하는 그 '영적이고 실제적인 권세'의 실체를 낱낱이 폭로한다. 그것들은 '용'이라고 불리는 '사탄, 옛 뱀, 마귀'(계 20:2)와 그 용에게 권세를 받아 '죽었다가 살아난 것처럼' 속여

12 요한계시록에서 숫자는 상징적인 의미이다. 하나님의 소유로 '인 침'을 받은 백성의 수가 144,000이라는 것은 문자적으로 '십사만 사천 명'이라는 뜻이 아니다(계 7:4; 14:1, 3). 언약 백성의 12지파에 '완전수'인 12와 '다수'를 가리키는 1000을 곱한 수로서, 이스라엘과 열방에서 예수 그리스도를 통하여 하나님의 자녀가 되는, 종말의 하나님의 '새 백성 전체'를 가리키는 상징적인 숫자이다.

우상숭배를 조장하는 포악한 권력자인 '짐승'[13] 그리고 온갖 더러운 거짓으로 세상을 미혹하는 '거짓 선지자'인데, 결코 스스로 신(神)이 될 수 없는 이것들은 성(聖) 삼위 하나님을 모방하여 '가짜 삼위일체'로 행세한다(계 13:3, 13).

하나님으로부터 세상을 탈취해서, 그 세상을 거짓과 죄, 죽음과 허무의 나락에 빠뜨리고 잠시 '세상의 임금' 노릇을 하던 '마귀'와 그 밑에서 우상숭배와 불의와 포악으로 세상을 파괴하던 '짐승' 그리고 '거짓 선지자'는, 결국 '사망'과 '음부'와 함께 '불 못'이라 하는 최종적인 심판의 장소에 던져진다(계 20:10, 14). 그리고 세상의 심판과 재앙이 진행되는 동안, 하나님은 '제사장과 나라'를 삼으신 교회를 통해 각 민족과 나라와 백성들 가운데서 자기 백성을 모으실 것이다. 그들이 아버지와 그 아들의 나라를 유업으로 받을 것이다.

> "일곱째 천사가 나팔을 불매 하늘에 큰 음성이 나서 이르되, 세상 나라가 우리 주와 그의 그리스도의 나라가 되어 그가 세세토록 왕 노릇 하시리로다 하니"(계 11:15)

하지만, 누구든 '생명책에 기록되지 못한 자들' 역시 불 못에 던질 것이다(계 20:15). 이것이 최후의 심판이다. 그렇다면 누가 '생명책에 기록되는' 자이며, 누가 그렇지 못한 자인가? 하늘로부터 땅으로 쏟아지는 일곱 인과 일곱 나팔, 일곱 대접의 심판은 진행될수록 더욱더 혹독한 재앙들을 불러온다. 이 땅에서 예수 그리스도를 따르는 신실한 성도들 역시 이런 재앙들의 고난과 고통을 피하지는 못한다.

하지만 예수를 끝까지 신실하게 따르는 자들은, 그런 재앙의 고통뿐 아니

---

13 요한계시록 13:18에 나오는 '짐승의 수가 666'이라는 상징은, 고대에 알파벳 글자마다 각기 숫자의 가치를 부여하는 '게마트리아'(gematria)의 관행을 따른 것이다. 로마의 '황제'나 '네로'라는 이름의 히브리어 알파벳을 숫자로 환산할 때 합산된 수와 일치한다.

라 악한 짐승 같은 세속 권력의 핍박과 거짓 선지자들의 미혹 속에서도, 더욱 더 신실하게 '목자' 되신 예수 그리스도께서 인도하시는 '어린양'의 길, 십자가의 길을 따라갈 것이다. 그것은, 모든 심판을 전능하시고 공의로우신 하나님께 온전히 맡기는 길이다. 그것은 오직 의(義)를 전파하며, 진리를 순종하고, 악으로 악을 갚지 않고 선으로 악을 이기는 은혜의 길, 사랑의 길이다. 왜 이런 순교자의 길이 '승리의 길'이 되는가?

여기에 요한계시록이 보여 주고자 하는 진리요 교훈이 있다. 악을 악으로 갚는 것은 더 큰 악을 불러온다. 악은 정의와 힘으로 제압하면 잠시 억제될 수 있다. 하지만 악을 파멸시키는 것은 언제나 십자가이다. 십자가에서 악은 자신의 교만과 탐욕과 무지 때문에 '죄 없는 생명의 주, 하나님의 아들'을 죽였다.

그리스도인에게는 십자가가 '죽임을 당하는 곳'만이 아니다. 십자가의 자리는 또한 하늘에서 '공의'(公義)로 심판하시는 전능하신 하나님의 법정이다. 하나님의 공의로운 심판은 반드시(!) 실행된다는 것, 이것이 요한계시록이 보여 주는 승리와 소망과 인내의 근거이다. 심판은 하나님의 몫이다. 어린양 예수께 속하는 성도는 오직 끝까지 십자가의 길, 의를 선포하고 사랑을 살아 내는 생명의 길을 가야 한다.

하지만, 하늘로부터 쏟아지는 혹독한 심판과 재앙이 주는 고통 속에서도 결코 '회개하지 않는' 자들이 있을 것이다(계 9:20, 16:11). 그들은 자신의 전적으로 부패한 심령 때문에 마귀와 짐승과 거짓 선지자를 따라, 그것들과 함께 불 못에 던져질 것이다. "불의를 행하는 자들은 그대로 불의를 행하고 더러운 자는 그대로 더럽고, 의로운 자는 그대로 의를 행하고 거룩한 자는 그대로 거룩하게 하라"(계 22:11)라는 말씀 그대로이다.

그러므로 요한계시록에서 '한 때 두 때 반'이나 '마흔두 달' 또는 '1260일'

로 표현되는 심판과 재앙의 기간은,[14] 마치 맹렬한 '풀무 불'처럼 그 안에서 각자 자신이 누구인지가 검증되는 기간이다. 최후의 심판에서 사람은 '각자의 행위대로 심판'을 받는다(계 20:13). 이때, 그 '행위'란 그 사람의 믿음과 그에 근거한 행위와 삶 전체를 가리킨다. 그가 믿고 경배하고 사랑해 온 것이 하나님과 그 아들 예수 그리스도였는지, 아니면 '바벨론, 음녀'라고 불리는 이 세상이나 이 세상의 더럽고 잔혹한 권세인 '짐승'과 '거짓 선지자'였는지, 그 날의 심판이 드러내 보여 줄 것이다.

그렇다면 이 땅에서 순례하는 교회, 전투하는 교회는, 어떻게 예수께 대한 소망을 붙들고 사랑을 견지할 것인가? 이를 위해 요한계시록은, '묵시'와 '예언'과 '권면'을 활용한다. '묵시'(apocalypse)란 눈에 보이는 현실 이면의 '실제 현실'(true reality) 또는 '영적 현실'을 보여 준다. 요한은 이 땅에서 심판과 재앙의 날들, 미혹과 유혹과 핍박의 고난을 지나가야 하는 교회에게 '믿음의 눈으로 하늘을 바라보라'고 격려한다.

거기에서는 죄와 죽음을 이기시고 승천하신 어린양이 통치하신다. 그분이 '이미' 하나님의 보좌에 앉아 계신다. 놀랍게도 거기에는 또한 승리하신 그분과 함께 '이미' 보좌에 앉아 있는 '승리한 교회'도 있다(계 4:4; 5:11; 20:4; 참조. 엡 2:6).[15] 그리스도의 몸 된 교회는, 그분과 함께 이미 하늘의 보좌에 앉아 있는 영광스러운 교회, 승리한 교회이다. 교회는 이 묵시의 사실이, 고난 받는 이 땅의 현실만큼이나, 아니 그보다 더욱더 실제적인 사실이라는 것을 확신하고 누려야 한다.

죽음에서 부활하신 우리의 대제사장 예수 그리스도께서 자신의 육체로 '열어 놓으신 하늘' 그리고 그의 성령께서 거기로부터 이 땅 위에 내려오신

14 모두 '3년 반'을 나타내는 이 숫자들은 '7'년이라는 '완전수, 하나님의 안식'의 절반을 뜻하는 숫자들로서 한창 '환란이 진행되는 고난과 연단의 기간'을 가리킨다(계 11:3; 12:6, 14; 13:5).

15 요한계시록은 '천상의 승리한 교회'(1장, 4-5장, 7장, 10장, 14장, 19-22장)와 '지상의 순례하며 전투하는 교회'(2-3장, 6장, 8-9장, 11-13장, 15-18장)의 대조적인 모습을 번갈아 가며 보여 준다.

그 '열린 하늘' 안에는(계 19:11; 참조. 마 27:51; 히 10:20), 이미 '거룩한 성 예루살렘'이 단장한 신부처럼 예비되어 있다(계 21:2). 거기에서는 이미 만물이 보좌에 앉으신 이와 어린양께 '거룩하다, 거룩하다, 거룩하다' 찬송하며 영원토록 경배하고 있다. 교회는 날마다 하나님과 어린양을 예배하고 경배하며 그 하늘의 보좌 앞에, 그 은혜의 보좌 앞에 담대히 나아가 새 힘과 능력, 더욱 살아 있는 소망과 뜨거운 사랑으로 채워진다.

요한계시록은 또한 '예언'(prophecy)을 통해 교회로 하여금 '위로, 하늘'을 바라볼 뿐 아니라, '역사와 세상의 끝'을 바라보며 살아가는 지혜로 무장할 것을 요청한다. 하늘에 이미 예비되어 간직된 그 새 예루살렘 성 곧 온전하고 영광스러운 생명으로 충만한 승리한 교회는, 역사와 세상의 마지막에 '하늘로부터 내려와' 새 하늘과 새 땅을 완성할 것이다. 그것은 역사와 세상의 '끝'에서 다시 그 맨 '처음'으로 돌아가는 것이지만, 그 처음의 에덴동산보다 더 영광스러운 '새로운 처음' 곧 영원한 하나님 나라가 될 것이다.

이러한 묵시와 예언에 근거해서 요한은, '이미' 승리했지만 '아직' 이 땅을 순례하며 전투하는 교회가 하늘의 살아 있는 소망과 종말을 아는 지혜로 충만하여, 많은 유혹과 핍박 속에서도 오직 어린양의 길을 따라가기만을 '권면'(exhortation)한다.

교회는 세상을 '이기신 분'을 따라, 믿음으로 받은 예수 그리스도의 '피 뿌린 옷'을 깨끗하고 선한 행실로 '희게 간직'하며(계 19:8), 끝까지 충성된 증인으로 살아서, 약속된 영광스러운 생명의 면류관을 온전히 소유해야 한다. 우리의 비참과 고난을 아시는 '죽임당한 어린양'이시며 우리를 체휼하시는 '긍휼의 목자'께서 우리를 끝까지 인도하셔서, 이미 우리에게 주어진 하늘 보좌의 영광 가운데로 인도하실 것이다.

이해와 나눔을 위한 질문

1. 사도행전과 히브리서에 나타난 새 언약의 성취에 관한 설명을 읽고, 당신에게 가장 인상적으로 남았던 내용이 있다면 그것을 몇 가지로 정리해 보고, 왜 그렇게 생각하는지 함께 나누어 보라.

2. 공동서신과 바울서신에 나타난 새 언약의 성취에 관한 설명을 읽고, 당신에게 가장 인상적으로 남았던 내용이 있다면 그것을 몇 가지로 정리해 보고, 왜 그렇게 생각하는지 함께 나누어 보라.

3. 요한계시록에 나타난 새 언약의 성취에 관한 설명을 읽고, 당신에게 가장 인상적으로 남았던 내용이 있다면 그것을 몇 가지로 정리해 보고, 왜 그렇게 생각하는지 함께 나누어 보라.

제4장

새 언약의 성취와 신약의 8중 복음

크고 높은 산이나 제법 큰 규모의 국립공원 같은 곳을 탐방할 때, 대부분의 사람들은 출발하기 전에 지도를 확인한다. 어느 루트를 따라 어느 곳을 돌아보고 어떻게 돌아올지를 미리 확인해야 하기 때문이다. 신약성경을 읽을 때에도 이와 같은 일이 필요하다. 신약성경을 아주 넓고도 깊은 숲에 비유한다면, 이 숲은 몇 군데의 뚜렷한 구역(區域)으로 나뉠 수 있다. 사복음서, 사도행전, 히브리서, 공동서신, 바울서신, 요한계시록이 그 구역들이다.

하지만, 이런 다양한 지역들을 이리저리 '관통하는 큰 길들'도 나 있다. 그것은 '새 언약 성취'로 인해 펼쳐진 길들이다. 마치 여러 개의 강(江)줄기들이 각기 큰 숲을 관통하며 흐르듯이, 새 언약 성취로 인한 결과들이 나름대로의 맥(脈)을 형성하며 신약성경을 관통하고 있기 때문이다. 그 핵심적인 내용은 8가지로 정리될 수 있는데, 영원한 속죄, 마음에 심긴 말씀, 내주하시는 성령, 새롭게 된 양심, 말씀을 순종하는 새 백성, 열방의 회복, 하나님의 이름과 영광, 새 하늘과 새 땅의 '8중(八重) 복음'이다. 이번 과에서는, 신약을 관통하는 생수(生水)의 강줄기들과 같은, 새 언약의 복음 8가지 내용들을 하나씩 살펴보자.

제10과

신약의 8중 복음 (1)

복음이란 무엇인가? 개신교의 교단마다 복음의 핵심을 정리한 내용들이 있고, 그 내용들은 각 교단의 탄생 배경과 역사적 상황에 따라 강조점이 조금씩 다르다. 성결교단은 '중생(regeneration), 성결, 신유(divine healing), 재림'의 '4중 복음'을 가르치고, 순복음 교단은 '중생, 성령 충만, 축복, 신유, 재림'의 '5중 복음'을 가르친다. 장로교는 칭의를 중심에 둔 '구원의 서정'(*ordo salutis*) 즉 '예정, 소명(calling), 중생, 믿음, 칭의, 회개, 양자 됨(adoption), 성화(sanctification), 견인(perseverance), 영화(glorification)'를 통해 복음을 설명한다.

이렇듯 교단마다 '구원이란 무엇인가, 복음이란 무엇인가'에 대하여 조금씩 다른 항목들을 제시하지만, 그것은 각 교단이 탄생하게 된 '부흥의 역사적 배경' 속에서, 주로 '한 개인이 하나님의 은혜로 어떻게 구원을 얻게 되는가'의 관점에서 정리된 내용들이라 할 수 있다. 하지만 옛 언약들과 새 언약의 성취에 이르기까지 구약과 신약에 나타난 하나님의 구원과 복음의 내용은, 단지 특정한 은사들이나 하나님 앞에 선 개인의 영역에 국한되지 않고, '공동체와 열방 그리고 온 피조 세계'를 아우르는 '총체적인 회복과 창조의 궁극적인 완성'을 전제한다.

하나님께서 언약들을 통해 행동과 말씀으로 계시하신 구원의 기쁜 소식은, 결국 개인과 공동체 그리고 온 피조 세계가 '서로 필연적으로 연결'되어 있는 우주의 총체적인 갱신, 곧 그 아들 예수 그리스도를 통해 '하나님 나라'가 왔고, 오고 있고, 장차 온전히 이루어진다는 선포에서 절정을 이룬다. 구약의 언약들을 통합하고 갱신한 '새 언약'이 예수 그리스도를 통하여 이미 성취되었고, 지금도 성취되고 있고, 장차 온전히 성취되리라는 것이 신약성경이 전하는 복음(Good News)의 골자이며, 그것이 곧 하나님 나라의 복음이기 때문이다.

> "제자들이 이 비유의 뜻을 물으니 이르시되, 하나님 나라의 비밀을 아는 것이 너희에게는 허락되었으나 다른 사람에게는 비유로 하나니 … 이 비유는 이러하니라. 씨는 하나님의 말씀이요. 길가에 있다는 것은 말씀을 들은 자니 … 좋은 땅에 있다는 것은 착하고 좋은 마음으로 말씀을 듣고 지키어 인내로 결실하는 자니라."(눅 8:9-15)

예수님께서는 하나님 나라가 씨앗을 밭에 뿌리는 것과 같다고 비유하시면서, 하나님 나라는 '하나님의 말씀'이 '사람의 마음'에 심겨 많은 열매를 맺는 방식으로 이루어진다고 말씀하신다(마 13:18-23). 하나님 나라에 관한 예수님의 이 비유는 '새 언약'과 깊은 관련이 있는데, 새 언약은 종말에 하나님께서 자신의 '말씀'을 새 언약 백성의 '심령에 기록함'으로써 이루어지는 것이기 때문이다(렘 31:33).

예수님께서 하나님 나라에 관해 말씀하신 '씨 뿌리는 비유'는, 정확히 새 언약이 어떻게 성취될지를 알려 주는 청사진과도 같다. 생각해 보라. 농부가 밭에 씨를 뿌리기 전에 무엇을 하는가? 길바닥처럼 딱딱해진 땅을 뒤엎고, 가시덤불이나 돌들을 걷어내어 부드럽고 좋은 땅을 만들 것이다. 그리고 그것을 그대로 버려두는가? 그런 농부는 없을 것이다. 겨울 내내 단단해진 땅을 갈아엎어 부드럽게 만든 이유는 거기에 씨앗을 심을 것이기 때문이다.

새 언약의 전개도 이와 같다. 하나님께서는 종말에 먼저 '영원한 속죄'의 복음으로 자기 백성의 심령을 깨끗하게 하고 부드럽게 하실 것이다. 하지만 그것 자체가 목적은 아니다. 새 언약에서 죄 사함의 목적은, 속죄의 은혜로 부드러워진 심령 안에 '새 언약의 복음, 곧 영원한 생명의 말씀을 심기' 위함이다. 그런 다음, 마치 농부가 밭에 씨앗을 심고 그 위에 물을 붓듯, 하나님께서는 새 언약 백성의 심령에 말씀을 심으실 때에 자신의 영 곧 성령을 물 붓듯이 부어 주실 것이다. 그것이 '성령의 내주(內住)'의 성취이다.

그러면 그것으로 끝인가? 성령 충만은 그 자체가 목적인가? 병 낫기 위해서 필요한 것인가? 방언하고 입신(入神)하기 위해 필요한 것인가? 그렇지 않다. 농부가 밭에 씨앗을 심고 물을 주는 것 자체를 목적으로 삼지는 않는다. 씨앗에서 싹이 나고 꽃이 피고 열매를 맺는 것을 보고자 하는 것이다. 새 언약을 성취하시는 하나님도 그러하시다. 성령께서 새 언약 백성의 심령에 내주하시는 이유는, 그 새 백성 속에 심긴 그 말씀의 생명으로 새롭게 된 양심을 통해 드디어 '하나님의 법, 그 말씀을 순종하는 새 백성'을 만드시기 위함이다.

농부는 밭에 씨를 뿌려, 결국 열매를 거둔다. 그리고 그 열매로 많은 사람들을 먹여 살린다. 새 언약의 목적도 그러하다. 하나님께서는 결국 온 열방과 민족과 나라들이 '말씀을 순종하는 자신의 새 언약 백성의 삶'을 통해 나타나는 '의(義)와 진리와 긍휼과 화평'의 열매들을 먹고, 하나님의 이름에 영광을 돌리며 자신에게로 돌아오기를 원하신다. 그런 일들이 펼쳐지는 그 끝에, 주께서 다시 오셔서 최후의 심판과 구원을 완성하심으로써, 하나님의 이름과 영광이 온 땅에 충만하게 되는 하나님 나라, 곧 새 하늘과 새 땅이 온전히 이루어질 것이다.

그러므로 신약성경이 선포하는 하나님 나라는, 단지 정치, 사회, 경제적 조직으로 세워지는 이 땅에 속한 나라가 아니다. '말씀'이신 하나님의 아들이 '육신'이 되어 세상에 오셨을 때부터 이미 이 세상 속에 전격적으로 침투하기 시작한 '하늘의 통치, 하나님 나라'는, 그 아들을 믿는 자들에게 주시는 영원한 속죄의 은혜와 함께 시작한다. 그리고 성령의 능력으로 그들의 심령에 심긴 말씀과 그로 말미암아 그들의 거듭난 심령 속에 창조되는 새 마음으로 더불어 성장한다. 이번 과에서는 이 내용들을 살펴보자.

1. '영원한 속죄'의 복음

예수님의 공생애 사역을 통틀어 가장 독특하고 두드러진 특징 가운데 하나는, 그분께서 '죄 사함의 복음, 은혜의 복음'을 선포하고 실행했다는 사실이다. 예수님 당시에 아직 예루살렘 성전이 서 있었고 거기서 제사장을 통해 죄 사함을 위한 동물 제사가 드려지고 있었다. 유대인들은 성전에서 드리는 동물 제사를 근거로 오직 하나님만이 죄를 사하실 권세를 갖고 계신다고 여겼지만, 예수님께서는 병자들을 고치시면서도 종종 "네 죄 사함을 받았느니라" 라고 선포하시며 자신이 죄 용서하시는 권세를 가지셨음을 나타내셨다(마 9:2; 눅 5:20; 7:48).

'예수는 도대체 누구이며, 왜 자신이 죄를 용서할 수 있다고 말하는가?' 당시의 유대인들은 그런 의문을 품었다. 마태복음은 그 이유 중에 하나로서, 예수님이 '세상에서 죄를 사하는 권능'을 받으신 '인자'이기 때문이라고 대답한다(마 9:6). 여기서 '인자'(the Son of Man)는 다니엘이 보았던 천상의 신적인 존재로서, 하나님께로부터 영원한 권세와 영원한 나라를 받은 '사람 같은 이'를 가리킨다(단 7:13-14).[1]

"너희 중에 누구든지 으뜸이 되고자 하는 자는 모든 사람의 종이 되어야 하리라. 인자가 온 것은 섬김을 받으려 함이 아니라 도리어 섬기려 하고, 자기 목숨을 많은 사람의 대속물로 주려 함이니라."(막 10:44-45)

복음서는 메시아인 예수가 바로 그 천상의 신적 존재인 '사람의 아들'일 뿐 아니라, 그가 영원한 나라의 왕권을 받으신 그 인자로서 이 땅에 와서 많은 사람들을 위하여 자기 목숨을 내어 주셨다고 증언한다. '대속물'(代贖物)이란, 마치 노예로 팔린 사람을 값을 치르고 다시 자유인으로 만들어 주는 것처럼, 예수께서 우리의 죄의 결과인 사망의 값을 대신 치르고 우리를 죄와 사망에서 해방시키신 사실을 의미한다.

여기서, 다윗 언약이 내다보았던 종말의 영원한 왕권(王權)은 오직 '섬김'으로 이루어지며, 그 영원한 나라는 '섬김과 희생의 권력'으로 통치된다는 사실을 알 수 있다. 그 영원한 나라의 최고 권력자로 지명된 '인자'이신 예수께서 이 땅에 오셔서 많은 사람을 위한 '대속 제물'이 되셨다는 것은, 장차 오는 그 영원한 나라가 과연 '어떤 나라'이며, 그 영원한 나라에서 산다는 것은 어떤 삶인지를 명확히 보여 주기 때문이다.

예수께서 많은 사람들의 죄를 위하여 '죄 없고 흠 없는 자신의 목숨'을 내어 주실 것이라는 사실은, 모세 언약이 집중적으로 발전시켰던 '유월절 속죄양'(passover lamb) 전통에 의해서도 증거된다. 유월절은 이스라엘 백성이 이집트를 나올 때 어린양의 피를 문설주에 바르면, 심판하시는 여호와의 사자(使者)가 그 집을 '넘어 지나갔던'('유월', 踰越) 구원 사건을 기념하는 것이다.

복음서는 한결같이 메시아 예수님께서 자신의 생애의 마지막에 제자들

---

1 '영원한 왕권'과 '영원한 나라'의 약속은 다윗 언약(삼하 7:12-14)을 생각나게 한다. 다니엘이 본 환상은, '종말의 다윗 왕'은 또한 '천상의 인자 곧 사람의 아들'이라는 사실을 암시한다. 복음서는 메시아로 오신 예수가 바로 그 '약속된 다윗의 아들'이며 '천상의 사람의 아들'임을 증거한다.

과 함께했던 최후의 만찬을 통해, 그리고 마침내는 십자가에서 자신의 목숨을 내어 주신 그 놀라운 사건을 통해, 바로 그분이 새 언약이 약속했던 '영원한 속죄'를 완성하시는 종말의 진정한 '유월절 어린양'이셨음을 증거한다(마 26:17-30; 막 14:12-26; 눅 22:7-23; 참조. 고전 11:23-25).

예수님께서 이스라엘 앞에 나타나셨을 때, 세례 요한은 바로 그분이 '세상 죄를 지고 가는 하나님의 어린양'이심을 보았고 선포했다(요 1:29). 사람의 죄를 용서하고 그를 깨끗하게 하시는 그분의 대속적인 죽으심의 '형언할 수 없는 자비와 은혜의 능력'은, 실로 '온 세상의 죄'라도 다 씻고도 남을 만큼 크고 깊고 강력하다. 하지만 오직, 그분이 바로 하나님의 아들이요 메시아임을 믿는 자들만 그 영원한 속죄의 능력을 맛보고 누린다.

> "하나님이 그 아들을 세상에 보내신 것은 세상을 심판하려 하심이 아니요, 그로 말미암아 세상이 구원을 받게 하려 하심이라."(요 3:17)

이제 종말이 왔고, 하나님이 세상에 보내신 그 흠 없고 거룩한 '하나님의 아들' 자신이 영원토록 참된 '유월절 어린양'이 되셨다. 이제 그를 믿는 자들은 누구나, 단지 '애굽 땅'이 아니라 '죄와 사망의 혹독한 지배'로부터 그리고 '이 세상을 지배하는 악한 자 마귀의 권세'로부터 영원토록 해방된다. 이 새 언약 백성은 '흑암의 권세'에서 건짐을 받아 '그의 사랑의 아들의 나라', 그 의(義)와 생명, 은혜와 진리, 그리고 하나님의 빛과 사랑의 통치 안으로 영원토록 옮겨진 것이다(골 1:13).

히브리서는, 하나님의 아들이요 새 언약의 중보이신 예수 그리스도께서 죄인들을 위해 흘려 주신 그분의 보배로운 피가 얼마나 놀라운 은혜요 영광이요 능력인지를 상세히 논증한다. 이제 새 언약 백성이 소유하게 된 '대속제물'은, 구약에서처럼 흠이 있고 반복해서 드려야 하는 '소나 양'이 아니다.

"이제 자기를 단번에 제물로 드려 죄를 없이하시려고 세상 끝에 나타나셨느니라. … 이와 같이 그리스도도 많은 사람의 죄를 담당하시려고 단번에 드리신바 되었고 … 이 뜻을 따라 예수 그리스도의 몸을 단번에 드리심으로 말미암아 우리가 거룩함을 얻었노라. … 이것들을 사하셨은즉 다시 죄를 위하여 제사드릴 것이 없느니라. … 우리가 마음에 뿌림을 받아 악한 양심으로부터 벗어나고 몸은 맑은 물로 씻음을 받았으니…."(히 9:26, 28; 10:10, 22)

"나의 자녀들아 내가 이것을 너희에게 씀은 너희로 죄를 범하지 않게 하려 함이라. 만일 누가 죄를 범하여도 아버지 앞에서 우리에게 대언자가 있으니 곧 의로우신 예수 그리스도시라. 그는 우리 죄를 위한 화목[속죄] 제물이니 우리만 위할 뿐 아니요 온 세상의 죄를 위하심이라."(요일 2:1-2)

전혀 '흠이 없는' 하나님의 아들 예수께서는 자신을 '단번에' 영원한 속죄제물로 드리심으로써, 그를 믿는 자들에게 영원한 속죄와 거룩과 온전함 그리고 새롭게 된 깨끗한 양심을 선물로 주신다. 그뿐만 아니라, 그 영원한 속죄를 통하여 그를 믿는 자들을 하늘의 성전으로 인도하시며, '자기의 피로 죄에서 해방하신'(계 1:5) 자기 백성에게 지금도 하늘에 간직된 그 '썩지 않고 더럽지 않고 쇠하지 않는 유업'(벧전 1:4) 곧 그가 다시 오실 때 최후의 심판과 구원을 통해 온전히 이루실 그 '흔들리지 않는 나라'를 신물로 주신다(히 9:15; 12:28).

새 언약에서 하나님의 아들 예수 그리스도께서 이루신 영원한 속죄는, 이제는 더 이상 속죄의 제사가 '반복될 필요가 없다'는 의미와 더불어, 그 '속죄의 넓이와 깊이'가 온 세상의 죄를 다 사하고도 남을 만큼 광대하고 풍요하다는 의미를 포함한다(요일 2:1-2). 그렇다고 모든 사람들이 속죄제물이 되신 그 아들을 믿지 않고 죄를 회개하지도 않은 채, 자동적으로 죄 사함을 받게 된다는 뜻은 결코 아니다. '인격'으로 창조된 인간이, 자신의 믿음의 결단과 회개의 의지가 배제된 채 강제적으로 죄 사함을 받는다는 것은 인격의 소멸과 다름이 없기 때문이다.

오직 그 아들이 자신을 위한 속죄제물이 되신다는 사실을 믿고 알고 누리는 사람만이, 그 아들의 속죄의 크기와 깊이와 넓이가 말로 할 수 없이 광활하다는 사실을 깨닫게 된다. 끝없이 펼쳐진 바다처럼 풍성한 그 속죄의 은혜는, 우리로 하여금 죄 속에서 계속 헤매다 죽으라고 주신 것이 아니라, 도리어 더 이상 '죄를 짓지 않게' 하기 위하여 주어진 것이다.

병원에 암 수술 성공률 100%의 의사들이 있기 때문에, 마음대로 발암물질을 먹고 마시며 기회 있는 대로 방사선 치료를 하고 여러 번 수술을 받겠다고 생각하는 사람은 없을 것이다. 건축 중인 건물의 1층 둘레에 쳐 놓은 안전망 위로 뛰어내리는 인부가 없듯이, 하나님께서 주신 영원한 속죄의 은혜는, 믿는 자로 하여금 더욱 의를 행하며 거룩과 생명을 누리고 선한 일에 열심을 내는 새 백성으로 자신을 세워 가도록 역사한다.

2. '마음에 심긴 말씀'의 복음

봄이 찾아와, 겨우내 얼어붙어 딱딱해진 밭을 쟁기로 갈아엎고 깨끗하고 부드럽게 만든 후에, 그것을 그대로 방치하는 어리석은 농부는 없을 것이다. 굳이 힘들여 밭을 갈아놓은 것은, 거기에 씨앗을 뿌려 열매를 거두려고 하는 것이기 때문이다. 새 언약이 성취되는 과정도 그와 같다. 영원한 속죄 자체가 목적이 아니다. 그 영원한 속죄를 누리게 하심은 그 '은혜를 방탕거리'로 남용하고 오용하게 하심이 아니며(유 1:4), 그 은혜의 풍성함을 확인하는 것에 안주해서 더 죄를 짓고 그 안에 거하게 하심이 아닌 것이다(롬 6:1).

종말에 이르러, 하나님께서 새 언약 백성에게 이제 그 약속된 '영원한' 속죄를 누리게 하신은, 그 놀라운 은혜가 우리를 양육하여 우리로 하여금 이 세상에서 의롭고 경건하게 살며, 새 하늘과 새 땅의 완성을 바라보는 가운데,

적극적으로 선한 일에 열심을 내는 하나님의 참된 백성이 되게 하려 하심이다(딛 2:11-14). 이 일을 위하여, 하나님께서는 영원한 속죄로 거룩해진 심령 속에 성령을 통하여 자신의 살아 있고 영원한 '말씀'의 씨앗을 심으신다.

> "그가 그 피조물 중에 우리로 한 첫 열매가 되게 하시려고 자기의 뜻을 따라 진리의 말씀으로 우리를 낳으셨느니라. … 그러므로 모든 더러운 것과 넘치는 악을 내버리고 너희 영혼을 능히 구원할 바 마음에 심어진 말씀을 온유함으로 받으라."(약 1:18, 21)
>
> "너희가 거듭난 것은 썩어질 씨로 된 것이 아니요 썩지 아니할 씨로 된 것이니 살아 있고 항상 있는 하나님의 말씀으로 되었느니라."(벧전 1:23)
>
> "하나님께로부터 난 자마다 죄를 짓지 아니하나니 이는 하나님의 씨가 그의 속에 거함이요 그도 범죄하지 못하는 것은 하나님께로부터 났음이라."(요일 3:9)

야고보서, 베드로전서 그리고 요한일서처럼 공동서신에 속하는 신약의 성경들이 새 언약 백성의 중생(重生) 곧 거듭남에 관하여 일관되게 선포하는 내용은, 그들이 하나님의 뜻을 좇아 '진리의 말씀' 곧 '복음'을 믿음으로 받아 성령을 통해 거듭날 때, 그들을 '능히 구원할 말씀' 또는 '썩지 않을 씨' 곧 '하나님의 씨'가 죄 사함을 받은 그들의 심령 안에 영원토록 심기세 되었다는 사실이다. 이것은 종말에 하나님께서 새 언약의 약속과 계명, 그 영원한 말씀을 자기 백성의 심령에 '기록하겠다'고 하신 약속이 실현된 결과이다(렘 31:33).

그러므로 '그리스도인이란 누구인가? 어떤 존재인가?'라고 물을 때, 위에서 보는 것처럼 예루살렘의 사도들이었던 공동서신의 저자들은, '그리스도인이란 그들의 거듭난 심령 속에 살았고 영원한 하나님의 말씀이 심겨 있는 자들'이라고 알려 줄 것이다. 그것이 예수 믿은 자의 두드러진 특징이다. 예수 믿는다는 것을, '예수님이 내 안에 거하신다'라고 말할 수도 있고, '성령께서 내 안에 거하신다'라고 표현할 수도 있다.

하지만 '예수 믿는다는 것은 말씀이 내 안에 심겨 있다는 뜻이야'라고 설명하는 것은 어떤 차이를 가져오는가? 무엇보다 이런 이해는, '믿음'과 '행함' 사이의 연속성이 자연스러운 것임을 알려 준다. 즉, 믿음을 통해 받은 복음의 말씀은 성령의 역사를 통해 거듭난 심령 속에 씨앗처럼 심긴다. 그것은 주일날 설교를 듣고 기억한다는 정도의 의미가 아니다. 하나님의 말씀이 거듭난 심령의 영적 생명과 분리할 수 없는 방식으로 연합되어 있다는 뜻이기 때문이다. 그렇게 믿음으로 받아 거듭난 심령에 심긴 말씀은, 그 말씀의 '생명을 나타내기' 시작한다.

마치 밭을 갈고 거기에 씨앗을 심은 후에, 햇빛을 쏘이게 하고 물을 주며 바람이 통하게 하면 시간이 지나 자연스럽게 그 씨앗의 생명이 싹으로, 잎으로, 줄기로 나타나 마침내 꽃으로 환히 드러나고 열매로 결실을 보는 것과 같다. 이처럼 믿음으로 받은 '말씀' 곧 그 믿음으로 말씀을 받아 거듭난 그 사람을 구원할 능력이 있는 그 말씀은 그의 속에 심겨 뿌리를 내리고 싹을 내며 결국 꽃이 피고 열매가 맺히기까지 그의 안에서 '살아서 역사하고 활동'하는 것이다.

이것이 야고보가 말하는 '행함 있는 믿음' 또는 '행함으로 온전케 되는 믿음'(약 2:14-26)이며, 바울이 말했던 '사랑으로 역사하는 믿음'의 실체이다(갈 5:6). 마치 잘 갈아 놓은 밭이 그 위에 뿌려진 씨앗을 잘 품듯이, 그리스도인이 자신의 심령에 심긴 그 '생명의 말씀'을 '온유함으로 받아 그 말씀의 길을 따라 순종하면' 그 말씀의 생명이 그의 심령과 삶 속에서 풍성한 하늘의 영광과 능력을 드러내게 되는 것이다.

바로 여기에, 종말에 열방 앞에서 '의(義)와 찬송'의 싹을 내어 '공의(公義)를 빛같이 구원을 횃불같이' 드러내는 '새 언약 백성의 출현'이라는 하나님의 오랜 꿈이 실현된다(사 60:10-62:5; 마 5:13-16; 벧전 2:16). 예수 그리스도를 믿음으로써, 자기 안에 '살았고 영원한 말씀' 곧 그 '썩지 아니하는 씨앗'이 심겨 있는 새 언약 백성은, 그 말씀을 온유함으로 품고 그 말씀의 생명을 따라 살아감으로써, 이 세상과 이 세상의 모든 정욕들은 다 지나가며 사라져도, 그 영원한 말씀과 함께 '영원토록 거하게' 될 것이다(요일 2:16-17).

3. '내주하시는 성령'의 복음

새 언약이 성취될 때에는, 하나님의 영이 더 이상 돌로 지은 성전에 거하지 않을 것이다. 그날에는 '내 영을 너희 속에 둘 것'이라고 하신 약속 그대로, 하나님의 영 곧 성령께서 친히 그 아들 예수 그리스도를 믿는 새 백성의 심령에 내주(內住)하신다(겔 36:27; 37:14). 그것은 이제부터 그들 자신이 '하나님의 성전'이며 하나님께서 거하시는 '하나님의 집'이라는 의미이다.

구약 시대에 돌로 지은 예루살렘 성전이 무너지고 바벨론과 앗수르에 포로로 끌려갔던 옛 언약 백성들에게 '과연, 성전이 무엇인가?'에 대한 질문은 절박했다. 에스겔 선지자는 다윗 왕국의 실패에 대한 역사적 반성 속에서 종말에 관한 하나님의 계시의 말씀을 받았고, 새 언약이 성취될 때 하나님께서 친히 임재하시는 성전은 더 이상 '돌로 지은 성전'이 아니라, 그 한가운데서 성령이 강물처럼 흘러나오는 '살아 있는 성전'이 될 것을 예언했다(겔 47:1).

그리고 그날이 왔다! 예수님은, 속죄의 효력을 상실하고 하나님과의 참된 교제를 잃어버린 채 부패해 갔던 당대의 예루살렘 성전을 가리키시며 "이 전을 헐라. 내가 사흘 동안에 일으키리라"라고 선포하셨고, 그것은 자신의 부활 육체를 가리켜 하신 말씀이었다(요 2:19-22). 예수님은 하나님의 영이 사람들 안에 친히 거하실 그날이 왔음을 보셨고, 자신을 믿는 자는 그 배에서 '생수(生水)의 강' 곧 성령이 흘러넘치게 될 것을 아셨다(요 7:38).

"오순절 날이 이미 이르매 그들이 다 같이 한곳에 모였더니, 홀연히 하늘로부터 급하고 강한 바람 같은 소리가 있어 그들이 앉은 온 집에 가득하며, 마치 불의 혀처럼 갈라지는 것들이 그들에게 보여 각 사람 위에 하나씩 임하여 있더니"(행 2:1-3)

"사람에게는 버린 바가 되었으나 하나님께는 택하심을 입은 보배로운 산 돌이신 예수께 나아가 너희도 산 돌같이 신령한 집으로 세워지고…"(벧전 2:4-5)

"너희는 너희가 하나님의 성전인 것과 하나님의 성령이 너희 안에 계시는 것을 알지 못하느냐."(고전 3:16)

"오직 사랑 안에서 참된 것을 하여 범사에 그에게까지 자랄지라. 그는 머리니 곧 그리스도라. 그에게서 온 몸이 각 마디를 통하여 도움을 받음으로 연결되고 결합되어 각 지체의 분량대로 역사하여 그 몸을 자라게 하며 사랑 안에서 스스로 세우느니라."(엡 4:15-16)

예수께서 죽고 부활하신 후 첫 번째 오순절에, 성령께서 하늘로부터 공식적으로 성도들 각자에게 임하셨고(행 2:1-4), 사도들은 예수님의 말씀을 기억하고 '새 언약의 성전 곧 살아 있는 하나님의 성전'의 탄생과 비밀을 깨닫게 되었으며 이를 선포하고 가르쳤다.

부활하신 예수님은, 자신을 믿는 자들을 잡아 가두려고 다메섹으로 가던 사울에게 나타나셔서 "어찌하여 나를 박해하느냐"(행 9:4; 26:14)라고 물으셨다. 후에 '사도 바울'이 된 사울은, 자신이 핍박했던 그리스도인들이 부활 승천하신 주 예수 그리스도와 '한 몸'이라는 계시를 이해하게 되었다.

바울에게 있어서, 예루살렘에 있는 돌로 지은 건물은 더 이상 하나님의 임재가 거하는 성전이 될 수 없었다. 부활 승천하사 하늘 보좌에 앉아 계신 예수 그리스도를 '머리'로 삼아, 성령을 통하여 그와 연합하여 '한 몸'이 된 이 땅의 교회가 바로 '하나님의 살아 있는 성전'임을 깨닫게 된 것이다.

이제는 하늘에 계신 하나님께 드리는 참된 예배가, 더 이상 이 땅의 특정한 장소나 건물에 속박되지 않는 새 언약의 시대가 열렸다. 누구든지 예수 그리스도 안에서, 자기 안에 심긴 진리의 말씀과 내주하시는 성령으로 말미암아 '영과 진리로 예배하는' 새 언약의 시대가 온 것이다(요 4:24).

유대인이든 이방인이든, 이제는 오직 그 아들을 믿는 자에게 주시는 성령 안에서 '한 새 사람'으로 지음받은 '한 몸'이요, 하나님께서 영원토록 충만히 거하시는 '살아 있는 성전, 하나님의 집'으로 지어져 간다(엡 2:11-22; 벧전 2:4).

> "율법이 육신으로 말미암아 연약하여 할 수 없는 그것을 하나님은 하시나니, 곧 죄로 말미암아 자기 아들을 죄 있는 육신의 모양으로 보내어 육신에 죄를 정하사 육신을 따르지 않고 그 영을 따라 행하는 우리에게 율법의 요구가 이루어지게 하려 하심이니라."(롬 8:3-4)

예수 그리스도를 믿는 자 안에 거하시는 '생명의 성령 하나님'께서는, 우리가 연약함으로 순종하지 못했던 율법의 요구를 이루게 하시는 능력으로 역사하신다(롬 8:1-4). 우리를 '말씀을 순종하는 새 백성'으로 양육하시는 분은 성령 하나님이시다. 우리가 율법의 요구를 다 행한다 해도 그것으로 인해 성령을 받을 수는 없다. 하지만 예수 그리스도를 믿음으로 선물로 받은 성령을 따라 행하는 자는, 율법의 모든 요구를 성취한다.

그 결과는, 그리스도께서 하셨듯이 전심으로 하나님을 사랑하고 그와 같이 이웃을 사랑하는 삶이다(갈 3:2; 5:14, 16). 그 온전한 사랑의 삶을 살아 내신 예수의 영이, 우리 안에서 우리로 하여금 그 사랑의 길을 걷게 하시고, 힘을 주시고, 끝까지 인도하사 온전케 하시기 때문이다. 새 언약이 성취된 결과로서, 하나님께서 우리 안에 거하시고 우리가 하나님 안에 거하는 '코이노니아'('사귐, 공유, 동역, 연대, 나눔'의 의미)의 관계는 "나는 너희의 하나님이 되고, 너희는 내 백성이 되리라"라고 하신 언약 관계의 최종적인 실현이다(요일 1:3; 5:13; 계 21:3).

삼위 하나님과의 코이노니아 안에서, 성도는 그 아들의 영원한 생명과 아버지 하나님의 사랑을 경험하고 누리며 알게 된다. 그 안에서 영원한 나라 곧 새 하늘과 새 땅에 참여하는 신성한 성품에서 성장하며(벧후 1:4), 세상에서는 이방인들 가운데서 선한 행실로 하나님께 영광을 돌리는 나그네와 제사장으로 살아갈 능력을 얻는다(벧전 2:11-12).

새 언약 시대에는 '성도가 성전'이며, '성도가 교회'이다. 신약성경은 단 한 번도 건물을 가리켜 '교회'라고 부르지 않는다. 삼위 하나님께서 친히 이 '종말의 성전'을 건축하고 계신다. 성도는 살아 있는 성전으로서 자신 안에 지극히 거룩하신 하나님과만 친교를 나누는 지성소를 갖고 있다. 그 지성소를 더럽히지 않고 거룩하게 지켜 내야 한다.

성도는 누구나 성전으로서 자신 안에 영원한 속죄제물이신 예수 그리스도를 모시고 있으며, 그로 말미암아 언제든 거룩함과 의로움을 회복한다. 또한 구약의 성전에 성전 뜰이 있었듯이, 살아 있는 성전인 성도는 세상 속에 흩어져 하나님을 알지 못하는 사람들과 교제하며, 저들로 하여금 더럽고 썩어지고 허무한 세상과는 다른 '의와 생명과 사랑'의 영원한 하나님 나라를 맛보게 하고, 선한 양심과 행실로 저들을 하나님께로 인도하는 제사장의 길을 가는 것이다.

4. '거듭난 심령의 새롭게 된 양심'의 복음

씨앗을 땅에 심으면 '싹'이 난다. 새 언약에서 약속한 '새 마음'도 이와 같다. 죄와 불의 그리고 아집(我執)과 죽음으로 말미암아 돌처럼 단단해진 마음이 아니라, 죄 용서라는 은혜의 단비에 젖은 심령을 성령께서 거듭나게 하시고 깨끗이 씻어 주셔서, 그 안에 심겨 있는 '살았고 영원한 말씀'의 생명으로부터 '새 살같이 돋아난 팔복(八福)의 마음'이다(마 5:1-10).

오늘날의 교회는, 새 언약의 성취로 말미암은 기쁜 소식 곧 '복음' 가운데 하나가 바로 이 '새 마음, 새 양심'이라는 사실을 잘 알지 못한다. 예수 믿고 몸의 병이 나은 것보다 더 큰 은혜요 기적은 바로, 죄와 죽음으로 병들고 파괴되어 있던 우리의 마음, 우리의 양심이, 죄 사함과 성령의 역사 그리고 말씀의 생명을 통해 온전히 새롭게 살아난다는 사실이다.

이것은 얼마나 반갑고 기쁜 소식인가! 마음은 한 사람의 인격이 자리 잡은 처소이다. 인격은 생각하고 느끼고 결정한다. 마음은 사람이 무엇을 생각하고 느끼며 어떤 선택을 하는지를 결정하는 인격의 중심이다. 그 마음이 죄로 더럽혀져 있고 죽음 아래 있으면, 그 마음은 죄를 선택하고 허무에서 나올 수 없다. 하지만 복음은, 그것을 받아들인 심령을 죄와 죽음과 허무에서 해방시킴으로써, 온전히 새롭게 된 양심을 선물한다.

> "하물며 영원하신 성령으로 말미암아 흠 없는 자기를 하나님께 드린 그리스도의 피가 어찌 너희 양심을 죽은 행실에서 깨끗하게 하고 살아 계신 하나님을 섬기게 하지 못하겠느냐"(히 9:14)
>
> "선한 양심을 가지라. 이는 그리스도 안에 있는 너희의 선행을 욕하는 자들로 그 비방하는 일에 부끄러움을 당하게 하려 함이라. … 그리스도께서도 단번에 죄를 위하여 죽으사 의인으로서 불의한 자를 대신하셨으니, 이는 우리를 하나님 앞으로 인도하려 하심이라.…"(벧전 3:16-18)
>
> "믿음과 착한 양심을 가지라. 어떤 이들은 이 양심을 버렸고 그 믿음에 관하여는 파선하였느니라."(딤전 1:19)

'양심'(良心)이란 한자어는 '선한 마음'을 뜻하지만, 헬라어인 '쉰에이데시스'(συνείδησις)는 원래 '함께 아는 마음'을 뜻한다. 그래서 양심은 민족과 나라, 인종과 언어를 넘어서서 모든 사람들이 '함께 아는 마음'을 가리킨다. 개인에 따라 다소간 차이가 있고, 더러는 '양심이 없다'고 생각될 만큼 파괴되어 기능을 발휘하지 못하는 경우도 있지만, 양심은 세상 사람 누구나 당연하게 느끼는 윤리적 판단으로 나타난다. 누구나 위기에 처한 사람을 보면 구하려고 하고, 아무 잘못 없는 사람이 불의한 억압을 당하면 분노하게 마련인 것이다.

모든 사람들 속에 있는 이런 양심은 어디서 온 것일까? 사람을 자신의 형상에 따라 지으신 창조주 하나님에게서 온 것이다. 이런 점에서 양심은 모든 사람들이 '하나님과 함께 아는 마음'이기도 하다. 그러니까 양심이란 본래 '수직적으로는' 하나님과 함께 아는 마음이고, '수평적으로는' 사람들과 함께 아는 마음이라 할 수 있다. 그러나 사람이 하나님의 말씀을 외면하고 범죄하여 하나님과의 관계가 단절된 이후로, 양심을 통해서는 '하나님과 함께 아는' 기능을 가질 수 없게 되었고, '사람들과 함께 아는' 보편적인 양심도 세상에 편만한 더러움과 썩어짐과 허무함의 강력에 의해 오염되고 부패하여 악해지기도 한 것이다.

그럼에도 불구하고 아직도 '양심'은, 하나님을 모르는 세상 사람들 속에서 개인의 윤리와 사회의 정의 그리고 세상의 평화를 위해서 강력한 힘을 발휘하는 하나님의 형상 곧 '신성(神性)의 흔적'으로 남아 있다. 양심으로는 하나님을 온전히 알 수 없지만, 그래도 창조주 하나님의 선물로 주어진 양심은 여전히 세상 사람들 속에서 이 피조 세계의 모든 영역을 붙들고 지키는 '의'(義)의 원리와 힘으로 작동하는 것이다.

이런 면에서, '양심'은 '말씀'과 유사한 본질과 역할을 갖고 있다. 말씀은 세상의 창조 원리이고, 이 세상을 붙들고 지키며, 또한 심판하는 가장 근본적인 원리이기 때문이다. 중요한 것은, '양심'만으로는 '생명의 말씀'을 얻을 수 없지만, 생명의 말씀으로 거듭난 심령은 반드시 그의 '양심이 새롭게 회복'된다는 사실이다. 양심으로는 은혜에 이를 수 없지만, 은혜는 양심을 회복한다. 그래서 예수 그리스도를 믿는 사람인데 '양심이 없는 사람'이 될 수도, 그렇게 행동할 수도 없다. 그것은 불가능하고, 그럴 수도 없는 일이다.

베드로는 여기서 한 걸음 더 나아가, '거듭난 심령의 새롭게 된 양심'으로 산다는 것은 곧 '의로운 자로서 불의한 자를 대신하여 고난 받으며 그들을 하나님 앞으로 인도'하는 십자가의 길을 따르는 것으로 정의한다(벧전 3:16-18). 세상 사람의 양심은 '정의로운 것과 불의한 것' 사이를 판단하지만, 중생한 성도의 새롭게 된 마음은 '정의와 불의, 선과 악'을 분별하는 것을 포함한 그 이상의 '은혜의 윤리'를 깨닫고 사는 양심으로 회복되기 때문이다.

다시 말해서 양심은 본래 '하나님과 함께 아는 마음'인데, 거듭난 성도는 그리스도의 십자가를 통해 죄 없는 자기 아들을 죄인인 우리에게 내어 주신 하나님의 '은혜'를 깨닫게 되고, 그 은혜를 통해 그의 회복된 양심이 더 높고 새로운 차원으로 변화되는 것이다. 즉 '은혜로 새롭게 된 성도의 양심'은 그로 하여금 단지 악을 행하지 않거나 마땅히 선과 의를 따라 행하는 것 이상으로, 악을 도리어 선으로 갚고, 의로운 자로서 불의한 자를 대신하여 고난을 당하며 이방인들을 하나님께로 인도하는 더 높은 차원의 양심을 따라 살도록 인도한다.

그러므로 영원한 속죄의 은혜를 베푸는 그리스도의 십자가를 붙드는 그리스도인이 '양심이 없는' 사람일 수가 없다. 만일 그리스도인인데, 세상 사람들의 양심으로 보기에도 불의한 일을 한다거나, 마땅히 양심적으로 해야 하는 일조차 하지 않는다면, 그가 아무리 '구원의 확신'을 가진 자라 하더라도 '구원의 확증'은 희박한 자가 되는 것이다.

하나님께서는 세상 사람들을 그들의 '양심'의 차원에서 다루신다. 그들 속에 두신 양심을 통해 불의와 악을 억제하시며, 그들을 양심의 행위에 따라 심판하신다. 세상 속에서 살아가는 새 언약 백성인 교회는 그래서 세상 사람들과 '양심'의 차원에서 '소통'해야 한다. 그럴 때에 세상 사람들은 그리스도인들 속에 있는 '양심을 뛰어넘는 새로운 양심'의 세계, 곧 의롭고 선하지만 은혜롭기까지 한 하나님 나라를 엿보고 그 살아 있는 소망의 이유를 묻게 될 것이다(벧전 3:15).

이해와 나눔을 위한 질문

1. 당신은 '복음'이라는 말을 들을 때, 무엇이 떠오르는가? 당신에게 있어서 가장 중요한 복음의 내용이라고 생각해 오던 것은 무엇이며, 왜 그렇게 느끼는지 이야기해 보라.

2. 신약의 8중 복음 가운데, '영원한 속죄'와 '마음에 심긴 말씀'에 관한 내용을 자신의 말로 정리하고, 가장 중요한 포인트라고 생각하는 부분을 그 이유와 함께 설명해 보라.

3. 신약의 8중 복음 가운데, '내주하시는 성령'과 '새롭게 된 양심'에 관한 내용을 자신의 말로 정리하고, 가장 중요한 포인트라고 생각하는 부분을 그 이유와 함께 설명해 보라.

제11과

신약의 8중 복음 (2)

복음이란 무엇인가? 그것은 무엇보다 '하나님께서 행하신 큰 일'에 관한 기쁜 소식이다. 주체가 하나님이시다. 복음이란 우선적으로, '내가 노력해서 그 노력에 상응하는 대가를 얻는 것'에 관한 이야기가 아니다. 그렇다면 그렇게 기쁘지는 않을 것이다. 복음이란 우선적으로 '하나님께서' 우리의 구원과 세상의 회복을 위하여 '무엇을 하셨으며, 무엇을 하고 계시고, 무엇을 하실 것인가'에 관한 선포이다.

신약성경이 선포하는 기쁜 소식의 본질은 '은혜'이다. 은혜는 선물이다. 하나님께서 우리에게 값없이 주신 선물이다. 선물은 그것을 준 사람과 받은 사람 사이의 관계를 더욱 돈독하게 한다. 언약 안에서 하나님은 자기 백성에게 은혜를 베푸시고, 그 은혜를 통해 사랑과 헌신의 관계를 더욱 깊게 만드신다. 무엇보다 언약 안에서 베푸시는 은혜의 복음과 그 열매는 한없이 풍성하다.

하나님께서 새 언약의 성취를 통해 주시는 은혜, 선물의 모든 것은 '예수 그리스도' 안에 들어 있다. 하나님께서 우리의 구원과 세상의 회복을 위하여

'자기 아들을 세상에 보내신' 것, 이것이 복음이다. 그러므로 복음이 무엇인지 알려면, 예수 그리스도를 알아야 한다. 그는 누구신가? 그는 무엇을 하셨는가? 그는 무엇을 하고자 하시는가? 예수 그리스도가 신약이 선포하는 복음의 중심이고, 본질이고, 목적이다.

새 언약이 성취되는 시대에는, 예수 그리스도를 믿음으로 말미암아 '영원한 속죄'를 얻는다. 예수 그리스도 자신이 '육신이 되신 말씀'이며, 자신과 연합한 성도의 '마음에 심긴 말씀'으로 그들 안에 임재하신다. 부활하고 승천하신 예수 그리스도는 그의 영 곧 '예수의 영'으로서 자신을 믿는 새 언약 백성 안에 내주하신다. 그들은 '예수의 마음' 곧 거듭난 심령의 새롭게 된 양심을 받은 자들로서 악을 행치 아니하며 선을 행할 뿐 아니라, 의인으로 악인을 대신하여 고난 받으며 그들을 하나님께로 인도하신 예수님의 십자가의 길을 가는 자들이다.

복음이란, 예수 믿고 체험한 몇 가지의 은사들에 국한되지 않는다. 예수 믿고 받은 복들이 아니라, 예수 그리스도 자신이 '복(福)이고 복음의 실체'이다. 복음을, 우리가 부분적으로 체험한 은사들에 국한시키지 말아야 한다. 복음은 체험되어야 하지만, 그 체험이 복음을 제한하게 해서는 안 된다. 복음의 본질과 전모(全貌)는 교회의 부분적인 체험이 아니라 신약성경의 '말씀' 속에서 찾아야 한다. 신약성경이 선포하는 복음의 내용은, 예수 그리스도를 통하여 성취되는 새 언약의 체계적이고 총체적인 전망을 따라 펼쳐져 있다. 이제 새 언약의 8중 복음 중, 나머지 4가지 내용들을 살펴보자.

5. '말씀을 순종하는 새 백성'의 복음

옛 언약에서 하나님의 계명, 율법, 말씀은 '돌판'에 기록되어 있었다. 새 언약 시대에는, 하나님의 말씀이 성령의 역사를 통해 믿는 자들의 심령에 심겨 있다. 성도의 거듭난 심령에 심긴 말씀은, 그의 속에서 그 말씀의 생명을 나타낸다. 그것이 그 말씀을 받은 '믿음의 역사(役使)' 곧 '행하는' 믿음의 실체이다. 믿음은 자신 속에 심긴 생명의 말씀을, 역시 그의 안에 내주하시는 성령의 역사를 통해 나타낸다. 마치 땅에 심긴 씨앗이 싹을 낸 후에는, 그 줄기와 잎을 내고 마침내는 꽃을 피우며 열매를 맺듯이, 새 언약 백성은 그들 안에서 역사하는 말씀과 성령을 통해 마침내 '말씀을 순종하는 새 백성'으로 태어난다.

'말씀을 순종하는 새 백성'은 하나님의 오랜 꿈이다. 하나님은 세상을 창조하시고 또한 사람을 지으셔서, 자신이 창조한 세상을 자신의 말씀을 따라 다스리도록 하셨다. 하지만 첫째 사람 아담은 '하나님의 말씀'을 버리고 '마귀의 거짓말'을 들었고, 그 결과로 자신과 함께 피조 세계 전체를 죄와 사망의 굴레 아래 굴복시켰다. 하나님께서 말씀으로 창조한 세상을, 그 말씀을 불순종한 사람이 망가뜨린 것이다.

하나님께서는 이 세상의 회복을 위해 자신의 말씀을 믿고 순종하는 '사람'을 찾으셨다. 그래서 아브라함에게 '언약'으로 찾아오셨고, 이스라엘 백성에게 '율법'을 주셨다. 하지만 아브라함도 그의 후손인 이스라엘 백성도 하나님의 말씀을 온전히 순종하는 일에 실패했다. 누가 하나님의 말씀에 순종하여 그의 나라를 유업으로 받아 다스릴 수 있을까?

> "이에 예수께서 말씀하시되, 사탄아 물러가라. 기록되었으되 주 너의 하나님께 경배하고 다만 그를 섬기라 하였느니라. … 이때부터 예수께서 비로소 전파하여 이르시되 천국이 가까이 왔느니라 하시더라."(마 4:10, 17)
>
> "말씀이 육신이 되어 우리 가운데 거하시매 … 예수께서 이르시되 나의 양식은 나를 보내신 이의 뜻을 행하며 그의 일을 온전히 이루는 이것이니라. … 예수께서 신포도주를 받으신 후에 이르시되, 다 이루었다 하시고 머리를 숙이니 영혼이 떠나가시니라."(요 1:14; 4:34; 19:30)

'기록되었으되.' 예수님께서 광야에서 시험받으셨을 때, 사탄의 거짓말을 물리치며 하신 말씀이다. 아담은 에덴동산에서 시험받았을 때, 하나님께서 하신 말씀을 버리고 마귀의 거짓말을 들었다. 이스라엘 백성은 광야에서도 가나안 땅에서도, 하나님과 말씀과 율법을 버렸다. 하지만 하나님의 아들이신 예수 그리스도께서는 마귀에게 시험받았을 때 하나님의 말씀에 온전히 순종하시고, 승리하셨다. 그분이 '새로운 아담'이시며, '새로운 다윗 왕'으로서 하나님 나라를 받아 통치하실 영원한 왕권을 받으신 분이다. 이제 온 세상은 그분의 것이며, 그분이 모든 나라들과 민족들과 열방들을 통치하실 권세를 받으신 분이며, 그분을 믿는 모든 자들에게 그 영원한 나라를 유업으로 주실 분이시다.

예수 그리스도는 '육신이 되신 말씀'이다. 그분은 구약에서 선지자들을 통해 주신 하나님의 모든 '말씀 계시'를 실현하는 분이시다. 하나님의 모든 약속은 예수 그리스도 안에서 '예'가 된다. 예수 그리스도는 하나님의 말씀 자신이시다. 하나님의 입에서 나오는 말씀이 반드시 그 뜻을 이루고 성취하듯이, 말씀이신 그분도 세상에 오셔서 오직 아버지 하나님의 뜻을 성취하는 것을 자신의 먹을 양식처럼 여기셨다. 그분은 하나님 아버지의 뜻을 행하러 세상에 오셨고, 그 뜻을 다 이루신 후에, 다시 아버지께로 돌아가셨다. 그분이 하나님의 말씀, 모든 율법의 요구를 순종하신 결과로 새 언약 백성이 탄생했다. 이것이 기쁜 소식이다.

> "육신을 따르지 않고 그 영을 따라 행하는 우리에게 율법의 요구가 이루어지게 하려 하심이니라."(롬 8:4)
>
> "네가 보거니와 믿음이 그의 행함과 함께 일하고 행함으로 믿음이 온전하게 되었느니라. … 이로 보건대 사람이 행함으로 의롭다 하심을 받고 믿음으로만은 아니니라."(약 2:22, 24)

"이같이 너희 빛이 사람 앞에 비치게 하여 그들로 너희 착한 행실을 보고 하늘에 계신 너희 아버지께 영광을 돌리게 하라. 내가 율법이나 선지자를 폐하러 온 줄로 생각하지 말라. 폐하러 온 것이 아니요, 완전하게 하려 함이라."(마 5:16-17)

사람에게는 이 세상이 문젯거리지만, 하나님께는 그렇지 않다. 전능하신 하나님에게 이 세상이 무슨 문제가 되랴. 빛이 없으면 창조하시면 되고, 홍해가 가로막는다면 둘로 가르시면 된다. 하나님에게는 세상이 문제가 되지 않는다. 사람이 문젯거리이다. 자신이 창조하신 세상을 맡아, 자신의 선하고 의롭고 자비로운 뜻대로 다스릴 대리 통치자가 없는 것이 문제이다. 하나님은 사람을 찾으신다. 그래서 사람이 '하나님 나라와 그의 의(義)'를 구하면 하나님께서 그에게 자신이 창조하신 세상을 다스리게 하신다(마 6:33).

하나님께서 원하시는 사람, 하나님께서 찾으셔서 이 세상을 다스리도록 맡기실 사람은, 하나님을 신뢰하고 하나님의 말씀을 기쁘게 순종할 사람이다. 이 일에 아담이 실패했고, 이스라엘이 실패했지만, 하나님의 아들 메시아 예수는 온전히 성공한다. 그분은 광야에서 마귀에게 시험을 당하면서도 하나님의 말씀에 순종하셨고, 골고다 언덕 위에서 십자가에 달리면서까지 그 말씀에 온전히 순종하셨다. 율법이 요구하는 대로 하나님을 사랑하고 이웃을 사랑하는 것이 무엇인지 예수님은 온전히 보여 주셨다.

'말씀에 순종할 수 없는 인간의 무능(無能)'은, 하나님께도 좌절이지만 그 자신에게도 비참한 일이다. 그것이 옳고 선한 일인 줄 알면서도 그것을 행할 수 없는 인간의 무능력함은 인간이 경험하는 깊은 절망 가운데 하나이다. 바울은 그 절망을 "이 사망의 몸에서 누가 나를 건져 내랴"라는 탄식으로 토로했다(롬 7:24). 하지만 하나님께서는 인간 앞에 절대로 옳고 선한 율법만을 제시하신 것이 아니라, 그리고 새 언약을 성취하신 예수 그리스도를 통해 율법의 저주에서 우리를 건져 내셨을 뿐만 아니라(갈 3:13), 그 율법의 요구를 성취할 수 있는 능력까지 부어 주셨다.

이제 예수님은, 자신을 믿고 성령으로 거듭난 하나님의 자녀들 안에서 그들이 하나님의 말씀을 순종하는 새 언약 백성이 되게 하신다. 그들 안에 내주하시는 자신의 영, 예수의 영, 곧 성령을 통해, 그들의 거듭난 심령 안에 심어진 말씀을 순종하도록 인도하신다. 그들의 심령에 심긴 말씀의 본체는 새 언약의 복음과 새 계명, 곧 "내가 너희를 사랑한 것같이 너희도 서로 사랑하라"라는 말씀이다(요 13:34; 요일 2:7). 하나님 사랑과 이웃 사랑을 온전히 성취하신 예수 그리스도의 영이 그들 안에서 그 사랑의 새 계명을 온전히 순종하게 하시는 것이다.

믿음이란 내 안에는 없었던, 하나님께서만 주실 수 있는 은혜 곧 '그 아들'을 받아들이는 영적 수납 기관이다. 믿음을 통하여 예수 그리스도를 믿고 영접하는 사람은, 자신 안에 그 아들과 함께 그 아들의 완전한 의와 거룩과 구원과 지혜와 능력을 함께 선물로 받는다(고전 1:30). 그리고 일평생 하나님의 말씀과 성령의 역사를 통해, 예수 그리스도의 의와 거룩과 구원과 지혜와 능력을 온전히 자신의 것으로 소유하여 나타내고 열매 맺게 된다. 여기서 말씀을 순종하는 새 백성이 탄생하고 성장한다.

예수 그리스도를 믿어 그분을 영접한 새 언약 백성은, 자신들 안에 '율법을 온전히 순종하고 성취하신 예수 그리스도'를 모시고 있다. 새 언약 백성이 세상 앞에서 '빛과 소금'이 되는 이유는, 빛이시고 의이시며 거룩과 진리와 은혜와 지혜가 되신 예수 그리스도께서, 그분의 말씀과 성령을 통해 그들 안에 친히 거하시며 자신의 모든 은총의 선물을 나타내고 계시기 때문이다. 하나님의 자녀가 된 교회는, 자신 안에 거하시는 예수 그리스도의 빛과 거룩을 열방 앞에 나타내는 통로이다. 이제 열방들이 그 빛과 거룩을 보고 하나님께 영광을 돌리며 돌아오는 때가 이르렀다.

6. '열방의 회복'의 복음

성경의 이야기를 '교회와 하나님, 하나님과 우리' 사이의 이야기만으로 읽으면 안 된다. 그것은 큰 오해이기 때문이다. 구약이든 신약이든 성경은 '우리와 하나님' 사이의 '양자 관계'가 아니라, 우선적으로 '하나님과 우리와 열방'이라는 '삼자 관계' 속에서 진행된다.

구약을 보면, 하나님께서 자기 백성 곧 이스라엘을 다루실 때에 그것을 열방이 보는 앞에서 하신다. 자기 백성을 구원하시든 징계하시든, 높이시든 낮추시든, 열방이 보는 앞에서 그렇게 하신다. 교훈하시고 깨닫게 하셔서, 열방이 온 땅의 왕이요 주이신 전능하시고 자비하신 하나님께로 돌아오게 하려 하심이다.

마찬가지로 하나님께서 이방 나라들을 높이시거나 낮추실 때, 그들을 불러 심판의 도구로 사용하실 때나 또는 교만해진 그들을 심판하실 때에도, 자신의 언약 백성이 지켜보는 앞에서 그렇게 하신다. 하나님께서 자기 백성을 택하신 것은 다만 그들을 불쌍히 여기셨기 때문이며, 그들 자신의 축복이 목적이 아니라, 그들을 통해 열방을 자신에게로 돌이키고자 하시기 때문이다. 하나님께서 자기 백성 곧 교회를 부르신 목적이 바로 여기에 있다.

"또 너희에게 이르노니 동서로부터 많은 사람이 이르러 아브라함과 이삭과 야곱과 함께 천국에 앉으려니와, 그 나라의 본 자손들은 바깥 어두운 데 쫓겨나 거기서 울며 이를 갈게 되리라."(마 8:11-12)

"아버지가 이르되 얘 너는 항상 나와 함께 있으니 내 것이 다 네 것이로되, 이 네 동생은 죽었다가 살아났으며 내가 잃었다가 얻었기로 우리가 즐거워하고 기뻐하는 것이 마땅하다 하니라."(눅 15:31-32)

"예수께서 나아와 말씀하여 이르시되 하늘과 땅의 모든 권세를 내게 주셨으니, 그러므로 너희는 가서 모든 민족을 제자로 삼아 아버지와 아들과 성령의 이름으로 세례를 베풀고 내가 너희에게 분부한 모든 것을 가르쳐 지키게 하라. 볼지어다. 내가 세상 끝 날까지 너희와 항상 함께 있으리라 하시니라."(마 28:18-20)

이것이 아브라함을 불러, 그의 약속된 후손을 통해 열방이 복을 얻으리라고 약속하신 이유이다. 이것이 또한 다윗의 왕국을 영원토록 견고하게 세워, 온 열방이 하나님의 임재를 사모하며 하나님께로 나아오게 하신 이유이다. 또한 옛 언약 백성들이 성전을 잃고 바벨론과 앗수르 같은 열국들 속에 흩어지게 하신 것도, 마치 밀가루 반죽에 누룩을 넣어 빵을 만들 듯이, 결국 열국들이 하나님께로 돌아오게 하시려는 하나님의 섭리였다. 오늘날 땅에 '흩어 뿌려진 씨앗들'처럼, 온 세상 곳곳에 흩어져 살아가는 새 언약 백성 된 그리스도인들을 통해서 하나님은 그들 주변에 있는 이방인들을 자기에게로 돌이키려 하신다.

하나님 아버지의 마음 한복판에는, 자기 아들을 아끼지 않고 내어 주기까지 사랑하신 자기 백성이 있다. 하나님은 늘 자기 백성을 가슴에 깊이 품고 계신다. 하지만 그 하나님의 마음에, 자신의 교회보다 더 그의 심장 가까이에 놓인 것이 있다. 그것은 자신을 떠난 열방이다. 흔히 돌아온 '탕자(prodigal son)의 비유' 또는 자비하신 '탕부(prodigal father)의 비유'로 알려진 누가복음 15장의 이야기는 사실상, '두 아들의 비유'라고 해야 더 어울린다.

이 이야기는, 아버지에게서 유산을 미리 받아 챙긴 둘째 아들이 먼 타국에 가서 그것을 전부 탕진한 후에 빈손으로 돌아온 장면이나, 그 아버지가 날마다 동네 어귀에 서서 기다리다가 집에 돌아오는 그 탕자를 보고 뛰어가 끌어안고는, 데려와 잔치를 베풀어 주고 반지를 끼우고 다시 아들로 받아 준 은혜로운 장면으로 끝나지 않는다.

이 감동적인 이야기의 끝에는, 늘 집에서 아버지를 섬기며 종일 일하고 아버지의 집을 돌보며 지냈던 '첫째 아들'이, 아무것도 하지 않고 도리어 아버지 재산만 탕진한 '둘째 아들'을 '도저히 받아줄 수가 없다'고 불평하는 문제가 놓여 있다. 아버지는 첫째 아들, 즉, 자신이 아버지께 순종했다고 말하지만 그의 동생을 받아 주려는 아버지의 긍휼한 마음을 거절하고 순종하지 못하는 '신실하지만 긍휼을 잊은' 그 첫째 아들을 설득하려 한다. 결국, 형은 아버지께 돌아온 동생을 가족으로 받아 주고 아버지와 함께 '즐거워하고 기뻐'했는가?

'두 아들'에 관한 누가의 이야기는 열린 결말로 끝난다. 초기 교회에서 옛 언약 백성인 유대인들이, 새 언약을 통해 예수를 믿고 하나님의 자녀가 된 이방인 그리스도인들을 받아들이는 일은 그렇게 쉽게 진행되지 않았다. 하나님께서는 새 언약을 통해, 이제는 할례든지 음식법이든지 십계명이든지, 율법 아래에서 하는 율법의 행위를 통해 의롭다 함을 얻고 하나님 백성이 되는 것이 아니라, '누구든지' 하나님이 세상에 보내신 그 아들, 메시아 예수를 믿어 죄 사함 받고 성령을 선물로 받아 회개하며 하나님께로 돌이킴으로써 하나님의 자녀로 거듭난다는 기쁜 소식을 선포한다.

하지만 당시의 많은 유대인들이, 여전히 옛 언약 안에, 율법 아래 갇혀서 나오지 못하고, 하나님 아버지께서 자기 아들을 통해서 모든 나라들과 민족들이 복을 얻게 하시는, '아브라함의 아들' 예수 그리스도의 은혜의 복음을 도저히 받아들이지 못했다. 그런데 이런 현상은 단지 예수님 당시나 초기 교회의 유대인들의 문제만은 아니다. 교회도 '우리만이 택한 백성이요, 구원받은 자들이요, 천당 가는 자들'이라는 생각에 갇혀서, 세상 사람들에 대해 오만해지고 무례해지고 무관심해지기 일쑤이기 때문이다.

교회 역시, 가만히 두면 점점 더 동질의 구성원들, 비슷한 경제 수준, 비슷한 문화와 인종으로 뭉치는 세속 사회의 여느 집단처럼 굳어져 가기 쉽다. 하지만 교회는 본질상 '다(多)민족적, 다(多)인종적'이며, 서로의 다른 문화, 경제,

사회적 배경의 차이들이 예수 그리스도 안에서 문제되지 않는 새로운 공동체이다. 교회는 세상 사람들을 대할 때, 아버지가 집 나간 아들이나 딸을 대함과 같이 정죄와 비난이 아니라 긍휼과 사랑이 가득한 '은혜와 진리의 환대'로 열려 있어야 한다.

그것이 자비하신 아버지를 닮아 가는 자녀들의 성숙한 모습이다. 하나님의 아들 예수 그리스도께서는, 세상을 향한 아버지의 사랑을 따라 죄인들을 위하여 자신의 생명을 내어 주셨다. 그리고 약속을 따라 부활하신 후에, 제자들을 데리고 열방으로 나아가셨다. 모든 나라들과 민족들과 인종들과 방언들 중에서, 하나님의 잃어버린 아들들과 딸들을 찾아 나서셨다. 교회는 그분과 함께 하나님의 자녀들을 찾아 나서는 사람들이다.

> "이 일 후에 내가 보니, 각 나라와 족속과 백성과 방언에서 아무도 능히 셀 수 없는 큰 무리가 나와 흰옷을 입고 손에 종려 가지를 들고 보좌 앞과 어린양 앞에 서서, 큰 소리로 외쳐 이르되 구원하심이 보좌에 앉으신 우리 하나님과 어린양에게 있도다 하니."(계 7:9-10)

교회는 그들에게 복음의 기쁜 소식을 전할 뿐 아니라, 하나님 아버지의 마음으로, 그 아들 예수님의 성품과 삶으로, 성령님의 온유함과 지혜로, 오늘도 내일도 그리고 그분이 다시 오셔서 자기 백성을 하늘의 하나님 보좌 앞으로 인도하시기까지, 그 영광스러운 새 하늘과 새 땅으로 들여보내시는 그날까지, 땅끝까지, 하나님의 잃어버린 가족들을 찾아 나서야 한다.

그날에는 새 하늘과 새 땅을 유업으로 받은 하나님의 새 백성이 온전히 완성될 것이다. 그때까지는, 당신의 구원도 나의 구원도 온전히 이루어지지 않는다. 그래서 이 땅의 성도는 하나님 아버지와 함께 잃어버린 하나님의 자녀들을 찾아 각 나라와 백성과 언어가 다른 민족들 가운데로 나아가야 한다.

하나님의 교회는 어느 한 나라나 민족이나 백성만으로 구성되어 있지 않다. 주 예수 그리스도의 교회가 사회적으로나 정치적으로나 경제적으로나 특정 사회 계층의 사람들로만 구성되는 것은, 종말의 새 언약 백성의 완성된 모습과는 반대로 가는 것이다.

새 언약 백성인 주의 교회에는 모든 민족과 열방 중에서 거룩하게 된 성도들이 오직 어린양 예수의 이름으로 삼위 하나님을 찬송하며 모여들어야 한다. 주께서 다시 오시는 마지막 날에, 창조주요 심판주요 구원자이신 하나님과 주 예수 그리스도께서 모든 열방을 회복하시고 그 영원한 나라를 온전히 이루실 것이다.

7. '하나님의 이름과 영광'의 복음

인간은 스스로를 창조한 존재가 아니다. 자신의 생명을 부모로부터 받았고, 또한 날마다 자신의 생명을 유지하기 위해서 자연이 제공하는 양식과 환경의 도움을 받아야 사는 존재이다. 그렇게 자신이 아닌 타인과 자연에 '의존'해서 살 수밖에 없는 피조물인 것이다. 그래서 인간이 부모에게 감사하고 이웃에게 감사하고 자연에 대해 고마워하며, 이 모든 것을 창조하고 은혜로 주시는 하나님께 감사하는 일처럼 마땅한 것이 없다. 하나님을 알지 못하는 사람들도, 자신들이 받은 것에 대하여 '알지 못하는 그 누군가'에게 감사하며 살아간다.

그런데 어떤 사람이 오직 자기 자신이 최고인 줄로 알고, 부모나 이웃이나 사회나 자연에게 감사하는 마음도 없이 교만하여 자기만 높이고 자기만 칭송받고 자기만 높여지기를 요구하고 산다면, 그는 가장 불행한 인간이 될 것이다. 설령 그렇게 높임을 받는다 해도, 그것은 마치 맨몸으로 초고층 빌딩 꼭대기에 달린 피뢰침을 붙잡고 서 있는 것이나 다름없는 불안함을 초래하기 때문이다.

사람의 행복은 자기 자신을 최고로 높이는 데에 있지 않다. 오히려 인간은 만물을 창조하시고 다스리시는 하나님의 이름을 높이고 그의 영광을 구할 때 가장 행복한 삶을 살 수 있다. 스스로 하나님이 될 수 없는 인간이 자기 자신을 높이고 자신을 우상(偶像)으로 삼을 때, 그는 오히려 세상 만물에 종노릇하게 된다. 반대로, 사람이 자신을 창조하신 하나님을 높이며 그분을 예배하고 그분의 발 앞에 순복할 때, 그는 비로소 자신의 발아래 복종하는 만물을 다스리는 하나님의 형상으로서의 영광을 되찾게 된다(시 2:1-9).

하나님께서 자신의 이름이 높여지고 자신의 영광이 온 땅에 충만하기를 원하시는 것은, 그렇게 될 때에 모든 사람들과 온 피조 세계가 가장 공의롭고 자비하며 생명과 화평이 충만한 상태를 누리게 되기 때문이다. 한 사람의 독재자가 하나님 행세를 하는 국가들을 보라. 한 인간이 우상으로 떠받들어지는 사회나 조직을 보라. 불완전한 인간이 완전한 신(神) 노릇을 하는 공동체에는, 언제나 억압과 거짓과 탈취와 인격을 말살하는 일들이 일어난다. 사람의 행복은, 모든 은혜와 사랑, 공의와 자비의 하나님을 높이며 그분의 이름이 영광을 얻으시기를 구하고, 영원토록 그분을 사랑하고 그 뜻을 사모하며 행하는 데에 있다.

"그러므로 너희는 이렇게 기도하라. 하늘에 계신 우리 아버지여 이름이 거룩히 여김을 받으시오며, 나라가 임하시오며, 뜻이 하늘에서 이루어진 것같이 땅에서도 이루어지이다."(마 6:9-10)

"내가 또 들으니, 하늘 위에와 땅 위에와 땅 아래와 바다 위에와 또 그 가운데 모든 피조물이 이르되, 보좌에 앉으신 이와 어린양에게 찬송과 존귀와 영광과 권능을 세세토록 돌릴지어다 하니."(계 5:13)

"이는 물이 바다를 덮음같이 여호와의 영광을 인정하는 것이 세상에 가득함이니라."(합 2:14)

예수님께서 제자들에게 가르치신 주기도문(Lord's prayer)의 첫 번째 기도는 '하나님의 이름이 거룩히 여김'받기를 구하는 간구이다. 하나님의 이름이 '누구에 의해' 거룩히 여김을 받아야 하는가? 하나님의 이름은 열방들 속에서, 하나님을 떠난 나라와 민족들 안에서 거룩히 여김을 받으시고 높임과 영광을 얻으셔야 한다. 사실상, '하나님의 이름과 영광'을 위한 기도는 '새 언약'이 성취되기를 위하여 드리는 기도이다. 예수님께서는 바로 주기도문을 가르치시면서, 제자들에게 새 언약 성취를 위한 기도와 삶을 부탁하신 것이다.

하나님의 이름이 열방에 의해 높여지려면, 하나님 나라 곧 그의 통치가 임해야 하고, 하나님의 통치 곧 하늘의 통치는, 하나님의 뜻을 순종하는 백성에 의해 이 땅에 이루어진다. 예수님께서는 하나님의 이름이 거룩히 여김을 받으시게 하기 위하여, 하나님의 뜻에 자신을 드리심으로써 하나님의 통치가 이 땅에서도 이루어지게 하셨다. 예수님께서는 자신이 친히 실천하지 않는 것을 제자들에게 가르치신 적이 없다. '일용할 양식을 구하라'고 가르치시고, 자기 자신이 매일 그 하루의 일용할 양식으로 사셨다. '원수를 용서하라'고 가르치시고, 자신을 십자가에 매달고 조롱하는 이들의 죄가 사해지기를 위해 간구하셨다.

'하나님의 이름'의 영광을 구하는 기도는, 예수님 자신이 날마다 자신의 마음에 품으셨던 간구였고, 자신의 순종하는 삶을 통하여 이루어 내셨던 기도이다. 예수님께서는 자신을 십자가 위에서 단번에 흠 없는 속죄제물로 드리심으로써 '영원한 속죄'를 이루어 내셨다. 부활하시고 승천하신 후에는, 새 언약 백성의 심령에 성령을 보내셔서 그들 안에 심긴 '말씀'을 통해 그들을 '말씀을 순종하는 새 백성'으로 만드신다. 그리고 세상에 흩어진 '열방을 위한 제사장'인 그리스도인들을 통해 모든 민족과 나라들과 열방들이 하나님께 돌아오게 하신다.

주께서 다시 오시는 그날, 부르심 받아 구원 얻은 백성들과 피조 세계 전체가 마침내 그분의 한없는 은총과 모든 신성(神性)으로 충만한 생명을 누리며 의(義)와 사랑과 화평 가운데 영원토록 거하게 될 것이다. 그날, '물이 바다를 덮음같이 여호와 하나님의 영광이 온 땅에 충만'하게 되는 그날이 오기까지(합 2:14), 이 땅에서 하나님의 이름을 짊어진 그리스도인들은, 그분을 알지 못하는 세상 사람들에 의해 하나님의 이름이 거룩히 여김을 받도록 온 마음과 뜻과 정성을 다해 힘써야만 한다.

> "너희가 이방인 중에서 행실을 선하게 가져 너희를 악행한다고 비방하는 자들로 하여금 너희 선한 일을 보고 오시는 날에 하나님께 영광을 돌리게 하려 함이라."(벧전 2:12)

예수 믿는 사람들은 '하나님 앞에서' 신실하게 살아야 할 뿐 아니라, '이방인 중에서'도 하나님의 이름이 더럽혀지지 않도록, 그 이름이 땅에 떨어져 그분을 모르는 세상 사람들에 의해 짓밟히지 않도록 주의해야 한다. 흔히 '예수 믿으면 죄 사함 받고 천국 간다'고 확신하는 그리스도인인데도, 세상에서는 세상 사람의 양심에도 미치지 못하는 악한 일로 비난을 받기도 한다. 교회는 이 땅에서 하나님의 이름을 짊어지고 산다. 교회가 악행으로 자신을 더럽히면, 자신이 짊어지고 있는 하나님의 이름이 더럽혀지고, 더럽혀진 하나님의 이름은 땅에 떨어져 사람들에게 짓밟히게 된다. 그러면 교회 역시 사람들에게 버려지고 짓밟히게 될 것이다.

그것이 옛 언약 백성이 가나안 땅에 들어가 열국 백성들이 보는 앞에서 하나님의 율법, 말씀을 내동댕이친 결과이다. 그들에 의해 하나님의 이름은 더럽혀졌고, 열국 백성들은 하나님의 이름을 조롱하며 짓밟았으며, 그들은 그 약속의 땅을 잃고 포로가 되어 쫓겨났던 것이다. 새 언약 백성인 신약의 교회도 자신이 짊어지고 있는 하나님의 이름이 세상 사람들에 의해 거룩히 여김을 받도록, 세상 속에서 '선한 양심으로 선한 일'에 힘써야 한다. 세상 사람들은 교회가 믿는 교리나 영적인 일은 알지 못하지만, 양심을 따라 행하는 일, 선한 일, 정의로운 일, 자비로운 일은 쉽게 알아듣고 소통할 수 있기 때문이다.

구원을 받는다는 것은 '나 한 사람'이 죄 사함 받고 의롭다 하심을 입어 천국에 들어가는 것 그 이상이다. 그에게는 하나님의 이름이 주어져 있다. 그는 하나님의 이름으로 지키심을 받는 '하나님의 소유'이며 '하나님의 자녀'로서 새 하늘과 새 땅을 약속받은 '새 백성'이다. 동시에 그는 이 땅에서 '하나님의 이름'을 짊어짐으로써, 하나님의 성품과 뜻을 대표하는 하나님의 백성이다.

교회가 자신이 짊어진 하나님의 거룩한 이름을 더럽히면, 세상 사람들이 어떻게 하나님의 이름을 불러 구원을 얻겠는가? 어떻게 열방이 하나님의 이름을 부르며 하나님께로 돌아오겠는가? 참된 그리스도인의 첫 번째 기도 제목은, 주께서 가르치신 그대로 '하늘에 계신 우리 아버지여, 이름이 거룩히 여김을 받으옵소서'가 되어야 한다.

8. '새 하늘과 새 땅'의 복음

앞서 '열방의 회복'이라는 주제를 다루면서, 성경의 이야기가 단지 '하나님과 그의 백성' 사이의 '양자 관계'가 아니라 열방이 개입된 '삼자(三者) 관계'임을 강조했다. 하지만 정확히 들여다보면, 성경의 이야기는 삼자 관계일 뿐 아니라, '하나님과 모든 피조물의 관계' 그리고 창조 질서를 파괴하는 '열방과 자연의 관계', 또한 그 반대로 '의'(義) 곧 '바른 관계'의 회복을 특징으로 하는 '언약 백성과 피조물의 관계'까지 포함하는 '다자(多者) 간의 관계'에 관한 것임을 깨닫게 된다.

하나님은 인간과 함께 하늘과 땅, 자연을 창조하셨다. 인간의 육체는 흙을 빚어 만드셨다. 자연과 인간은 서로 뗄 수 없는 관계에 있다. 인간의 육체는 자연의 일부이고, 자연을 통해서 생존한다. 인간의 육체가 영혼의 집이라면, 자연은 인간의 집이다. 집과 같은 자연을 파괴하고 나면, 인간은 자신을 의탁하여 기거할 곳이 없게 된다. 그것은 마치 달팽이가 자기 집을 깨뜨려 버리는 것처럼, 육체 없이 영혼으로만 사는 것과 같을 것이기 때문이다.

하지만 그 본질에 있어서 자연은 '인간의 집' 그 이상으로 인간과 더욱 깊이 연결되어 있다. 첫 사람 아담이 범죄했을 때, 사람만 죄의 삯인 죽음을 맛보아야 했던 것이 아니다. 사람이 저지른 범죄의 결과로 사망, 곧 썩어짐이 세상 안으로 들어왔다(롬 5:12). 사람은 이런 점에서 자연과 한 몸이고, 그 몸의 머리와 같다. 첫 사람 아담의 범죄로 온 피조 세계에 죽음이 퍼졌고, 그 썩어짐에 종노릇하게 된 것이다.

하나님은 '말씀'으로 하늘과 땅과 그 안에 있는 모든 것을 창조하셨고, 자신의 '형상'을 따라 창조한 인간으로 하여금 그의 '말씀'을 따라 그 세상을 다스리게 하셨다. 인간과 자연을 연결하는 창조와 보존 그리고 심판과 갱신의 원리는 '하나님의 말씀'이다. 인간이 범죄하여 죄와 사망을 세상에 끌어들인 것은, 인간이 그 '말씀'을 버리고 마귀의 '거짓말'을 취했기 때문이다. 인간이 취한 그 마귀의 '거짓말'은 인간 속에서 그리고 인간을 통해서 온 피조 세계를 거짓으로 뒤틀고 죄로 파괴하며 죄의 결과인 사망의 썩어짐에 굴복하게 만들었다.

> "피조물이 고대하는 바는 하나님의 아들들이 나타나는 것이니, 피조물이 허무한 데 굴복하는 것은 자기 뜻이 아니요 오직 굴복하게 하시는 이로 말미암음이라. 그 바라는 것은 피조물도 썩어짐의 종노릇한 데서 해방되어 하나님의 자녀들의 영광의 자유에 이르는 것이니라. 피조물이 다 이제까지 함께 탄식하며 함께 고통을 겪고 있는 것을 우리가 아느니라."(롬 8:19-22)

하지만 그 죄와 죽음은, 온 피조 세계를 여전히 붙들고 있는 그 창조의 '말씀'을 완전히 파괴하지 못했고, 그럴 수도 없다. 다만 죄와 죽음을 통해 깊은 상처와 병을 얻은 자연은 지금까지 신음하고 탄식하며, 회복과 새로 태어남을 고대하고 있다. 자연은 하나님의 창조물이고, 그분의 구원과 심판과 섭리를 실행하는 종이기도 하다. 인간들이 땅 위에서 저지르는 모든 죄악과 불의가 극에 달하면, 그 땅은 자신을 지배하는 그 악인들을 '토해 낸다'(레 20:22). 말씀으로 창조된 피조 세계는 그 말씀의 '의'(義)의 길을 따라 보존되고 다스려져야 하기 때문이다.

하나님께서 사람을 창조하셨을 때, 세상을 먼저 창조하시고 그다음에 사람을 만드셨다. 이것이 창조의 순서이다. 세상이 준비된 후에, 사람을 지으셨다. 하지만 피조 세계와 사람 중에 먼저 타락한 것은 사람이었다. 사람의 타락이 피조 세계에 죄와 죽음을 몰고 온 것이다. 그렇다면, 세상의 회복, 새 하늘과 새 땅은 어떻게 오게 되는가? 창조 때에는, 세상이 지어지고 그다음에 사람이 창조되었지만, '새 창조'는 그 반대의 순서로 진행된다. '재창조는 창조의 역순(逆順)'인 것이다. 즉, 사람이 먼저 새롭게 창조되고, 그다음에 새 하늘과 새 땅을 창조하신다. 왜 그런가? 세상의 고통과 비참이 인간의 타락에서부터 시작되었기 때문이다.

'새 사람, 새 아담'이 와야, '새 하늘과 새 땅'이 주어진다. 만일 인간이 여전히 거짓과 죄와 불의와 죽음 속에 갇혀 있는 존재로 남아 있다면, 비록 새 하늘과 새 땅이 주어진다고 해도 그 새로운 세상은 순식간에 다시 죄와 불의와 죽음으로 더럽혀지고 파괴되고 말 것이다. 첫 번째 창조에서도 그랬던 것처럼, 인간과 자연은 구분되지만 분리되지 않는 방식으로 연결되어 있다. 새 하늘과 새 땅을 유업으로 받아 다스릴 사람들은, 거짓과 죄와 불의와 죽음의 지배에서 벗어난, 새로운 인류, '새 아담'들이어야 한다.

그래서 하나님께서는 새 하늘과 새 땅이 오기 전에, '새 아담, 둘째 아담'이신 자신의 독생하신 아들 예수 그리스도를 하늘로부터 보내셨고(고전 15:47), 그를 믿고 '위로부터 난 생명, 영원한 생명'을 얻는 새 백성 곧 새 언약 백성을 모으시고 준비하신다. 그들이 '하나님의 자녀'들이며, 하늘과 새 땅을 유업으로 받아 돌보고 섬기며 다스릴 자들이다. 오늘도 인간으로 말미암은 죄와 불의와 썩어짐의 고통 속에서 신음하는 '만물'(萬物)이, '하나님의 자녀들이 나타나는 것'을 간절히 고대하는 이유가 여기에 있다.

> "또 내가 새 하늘과 새 땅을 보니, 처음 하늘과 처음 땅이 없어졌고 바다도 다시 있지 않더라 … 그들은 하나님의 백성이 되고 하나님은 친히 그들과 함께 계셔서 … 보라 내가 만물을 새롭게 하노라…"(계 21:1, 3, 5)
>
> "성안에서 내가 성전을 보지 못하였으니 이는 주 하나님 곧 전능하신 이와 및 어린양이 그 성전이심이라. 그 성은 해나 달의 비침이 쓸데없으니 이는 하나님의 영광이 비치고 어린양이 그 등불이 되심이라. 만국이 그 빛 가운데로 다니고 땅의 왕들이 자기 영광을 가지고 그리로 들어가리라. 낮에 성문들을 도무지 닫지 아니하리니 거기에는 밤이 없음이라. 사람들이 만국의 영광과 존귀를 가지고 그리로 들어가겠고, 무엇이든지 속된 것이나 가증한 일 또는 거짓말하는 자는 결코 그리로 들어가지 못하되 오직 어린양의 생명책에 기록된 자들만 들어가리라."(계 21:22-27)

생명의 말씀이신 그 아들을 믿고 받음으로, 자신 안에 영원한 생명을 갖게 된 하나님의 자녀들 곧 새 언약 백성들이 장차 그리스도와 함께 그 '영광' 중에 나타나게 될 때, 지금의 피조 세계도 거짓과 죄와 불의와 죽음의 잔혹하고 허무한 지배에서 벗어나 '영광의 자유'에 이르게 될 것이다. 이것이 참으로 기쁜 소식이 아니면 무엇인가? 지구 환경이 날로 악화되고 온갖 전염병과 지진과 재난이 온 세상을 휩쓰는 오늘날 '새 하늘과 새 땅'의 복음은 교회가 더욱 강력하게 선포하고 붙들어야 할 살아 있는 소망이다.

새 하늘과 새 땅은 어떤 곳일까? 우선 새 창조의 세상도 여전히 '하늘과 땅'일 것이라는 점에서, 첫 번째로 창조된 지금의 세상과 연속적인 차원이 있을 것이다. 하나님께서는 자신이 창조하신 피조 세계가 죄와 죽음에 의해 상처받고 썩어 간다고 해서, 그것을 완전히 소멸하여 창조하시기 이전의 상태 곧 '무'(無)의 상태로 되돌리지 않으신다. 도리어 죄와 죽음과 악의 문제를 해결하시고 창조를 완성하실 것이다. 태초에 '빛이 있으라' 하시고 해와 달을 창조하셨던 하나님께서 선지자들을 통해서 자기 백성에게 '말씀의 빛'을 보내셨고, 그 말씀을 따라 그 아들이신 메시아 예수께서 '세상의 빛'으로 오셨다. 마지막 날에 완성될 새 하늘과 새 땅에서는, 태초에 '빛이 있으라' 하셨던 그 하나님 자신이 '빛'으로 비추실 것이다.

하나님께서 천지를 창조하시고 사람을 에덴동산에 두셨는데, 거기에는 네 개의 줄기로 갈라지는 강물이 흐르고 있었다. '물'(水)은 사람이 마시지 않으면 견딜 수 없는, 사람의 생명을 유지시키는 하나님의 선물이다. 모세는 광야에서 마실 물이 없어서 불평하는 옛 언약 백성에게 하나님의 말씀을 순종하여 '반석에서 나오는 물'을 마시게 했다. 바위에서 나오는 물은 어떤 물인가? 에스겔 선지자는 종말의 성전에서 강물이 흘러나오는 것을 보았다.

하나님께서 창조하신 '물'이란 무엇인가? 구약의 예언의 말씀을 따라 오신 메시아 예수께서 사마리아에서 한 여인을 만났을 때 "내가 주는 물을 먹으면 영원히 목마르지 않으리라"라고 하셨다. 사도 요한은 바로 그 '영원히 목마르지 않게 하는 생수'란, 새 하늘과 새 땅에 있는 하나님과 어린양 예수의 보좌 앞에서부터 이 땅으로 쏟아져 내려오는 생명의 '성령'의 강수(江水)임을 알려 준다. 성령 하나님 자신이 인간이 마시고 영원히 목마르지 않는 '물'인 것이다.

그뿐 아니다. 에덴동산에는 생명나무가 있었지만, 아담은 그 생명나무의 열매를 먹고 영생하지 못했고, 범죄한 후에는 그 생명나무에 근접할 수도 없었다(창 3:24). 하지만 새 하늘과 새 땅에는 성령의 강수가 흐르는 강가에 생명나무가 늘어서 있고, 그 열매는 언제든 만국을 살리는 생명을 제공한다. 이처럼 새 하늘과 새 땅은 창조를 폐기한 후에 전혀 새롭게 지어지는 세계가 아니라, 오히려 창조의 궁극적인 완성이다. 또한 새 하늘과 새 땅에는 이 세상 나라들의 역사와 사회, 문화와 예술 가운데 창조주 하나님의 성품과 뜻과 지혜와 아름다우심을 드러내는 '영광과 존귀'도 정화되어 들어가게 될 것이다(계 21:24-27).

> "그러나 주의 날이 도둑같이 오리니 그날에는 하늘이 큰 소리로 떠나가고 물질이 뜨거운 불에 풀어지고 땅과 그중에 있는 모든 일이 드러나리로다. 이 모든 것이 이렇게 풀어지리니 너희가 어떠한 사람이 되어야 마땅하냐. 거룩한 행실과 경건함으로 하나님의 날이 임하기를 바라보고 간절히 사모하라. 그날에 하늘이 불에 타서 풀어지고 물질이 뜨거운 불에 녹아지려니와, 우리는 그의 약속대로 의가 있는 곳인 새 하늘과 새 땅을 바라보도다."(벧후 3:10-13)

하나님께서는, 피조 세계 안에 죄와 죽음과 악이 들어와서 그 세상이 더러워지고 썩어지게 되었다는 이유로, 자신이 창조하신 세상을 폐기하지 않으신다. 도리어 온전히 치유하시고 새롭게 하셔서, 처음 상태보다 더 나은 상태에 이르도록 완성하신다. 하지만 새 창조의 세상에서는 더 이상 죽음이나 악한 자 마귀는 찾아볼 수 없을 것이다. 그것들은 최후의 심판을 통해 꺼지지 않는 '불 못'(lake of fire)에 던져지게 될 것이다(계 20:14).

최후의 심판과 구원을 통한 이 총체적인 우주적 '갱신'은, 예수 그리스도의 십자가와 부활 사건을 통해 이미 시작되었고, 지금도 진행되고 있으며, 곧 온전히 성취될 것이다. 지금의 세상을 불태우는 그 '불'이 어떤 불인지는 알지 못한다. 그것은 '성령의 불'일 수 있다. 예수 그리스도의 속죄를 받아들이는 사람에게 성령은 생명을 주시는 영이시다.

하지만, 예수 그리스도의 속죄를 거부하고 여전히 죄 가운데 남아 있는 사람에게 성령은 소멸하는 불이 될 것이다. 성령의 불 속에서, 하나님의 아들의 증거를 거부하는 이 세상은 최종적으로 온전히 정화(淨化)될 것이다. 성령 하나님께서 통치하시는 새 하늘과 새 땅에 합당하지 않은 것들은 불태워져 없어질 것이며, 그 심판의 불 속에서 더욱 정결하게 되어 나오는 사람들과 피조 세계는 새 하늘과 새 땅에 합당한 영광을 옷 입게 될 것이다.

그러므로 지혜 중에 가장 큰 지혜는, 그날 모든 것을 심판하시고 불태우실 성령의 빛 안에서, 지금 여기서 날마다(!) 예수 그리스도의 속죄를 의지하고 더 깊은 참회의 길, 의(義)에 주리고 목마른 길, 긍휼과 화평과 사랑의 길을 걷는 일이다. 그것은 새 언약 백성에게 얼마든지 가능하고 또한 마땅한 길이다. 신약성경이 선포하는 놀랍고 또 놀라운 복음은, 하나님의 아들 예수 그리스도를 믿는 사람들은 '빛'과 '사랑'이신 하나님 안에 '지금, 여기에서, 이미' 거하고 있다는 사실이다(요일 1:5; 4:8). 더구나 그들은 그 아들을 믿음으로 자기 안에 이미 '영원한 생명'을 갖고 있으며 누리고 있다(요 3:16; 요일 5:13).

'위로부터 난 생명'으로 거듭난 새 언약 백성은 그 심령이 지금, 여기서, 날마다, 성령께서 생수의 강물처럼 쏟아부으시는 하늘의 모든 은총들로 새로워진다(고후 4:16). 새 언약 백성은 '이미' 이 땅에서 그 새 창조의 영원한 생명을 누리고 있는 것이다. 아직 총체적인 갱신을 기다리고 있는, 죄와 죽음으로 오염되고 신음하는 이 부패한 '코스모스'(세상) 속에서도, 날마다 그 아들과 성령을 통해 '빛과 사랑이신 하나님과 영원한 생명의 코이노니아(친교)' 안에 거하며 살고 있는 것이다. 이보다 놀라운 복음이 어디에 있는가!

이해와 나눔을 위한 질문

1. 신약의 8중 복음 가운데, 당신이 가장 잘 이해하고 경험한 항목은 어떤 것이며, 왜 그렇다고 생각하는가? 또한 그중에 당신에게 가장 낯선 항목은 어떤 것이며, 왜 그러한가?

2. 신약의 8중 복음 가운데, '말씀을 순종하는 새 백성'과 '열방의 회복'에 관한 내용을 자신의 말로 정리하고, 가장 중요한 포인트라고 생각하는 부분을 그 이유와 함께 설명해 보라.

3. 신약의 8중 복음 가운데, '하나님의 이름과 영광'과 '새 하늘과 새 땅'에 관한 내용을 자신의 말로 정리하고, 가장 중요한 포인트라고 생각하는 부분을 그 이유와 함께 설명해 보라.

제5장

새 언약의 성취와 하나님 나라

이제까지 우리는 '신약의 8중 복음'을 살펴보았다. 신약성경을 관통하는 새 언약의 이 8가지 주제들은 낱낱이 흩어져 있는 내용들이 아니라, 궁극적으로 '하나님 나라'(kingdom of God)라는 하나의 개념으로 모아진다.[1] 물론, 신약성경이 선포하는 복음이 '하나님 나라'로만 표현될 수 있는 것은 아니다. 복음서에 집중적으로 나오는 '하나님 나라'라는 용어는 신약의 다른 곳에서는 드물게 발견된다.

신약성경은 예수 그리스도께서 성취한 새 언약의 결과를 다양한 용어들로 표현하는데, 사도 바울이 '믿음으로 의롭다 하심'이나 '그리스도와의 연합'의 복음을 강조하듯이, 사도 요한은 새 언약의 성취의 결과로서 '영원한 생명'이나 '삼위 하나님과의 교제'를 강조하며, 사도 베드로는 '새 하늘과 새 땅'에 대한 소망의 복음을 펼친다. 그만큼 '예수 그리스도의 복음'은, 다양한 도전에 맞닥뜨리는 교회의 필요에 따라 각 상황에 적실하게 표현될 수 있을 만큼 다면적이고 말할 수 없이 풍성한 것이다.

그럼에도 불구하고 '하나님 나라'는 예수님 자신이 선택한 복음의 주제이기도 하며, 신약이 전하고자 하는 복음의 내용을 포괄적으로 담아낼 수 있는 용어라고 할 수 있다. 이번 과에서는, 하나님 나라의 구성과 시기(時期)에 관해 설명한 후에, 하나님 나라의 실질적 통치의 내용들을 정리해 봄으로써, 새 언약의 성취를 통해 하나님께서 어떻게 온 세상을 회복하시며 자신의 창조 세계를 완성하고자 하시는지를 살펴보고자 한다.

---

1 "때가 찼고 하나님의 나라가 가까이 왔으니 회개하고 복음을 믿으라"(막 1:15); "이때부터 예수께서 비로소 전파하여 이르시되 회개하라 천국이 가까이 왔느니라 하시더라"(마 4:17). 마태복음은 '하나님 나라'를 '하늘나라'로도 표현하는데, 종말에 임하는 하나님의 통치는 하늘로부터 오시는 '성령의 통치'로서 '타락한 이 땅'과 대조되는 하늘의 질서로 다스려지는 나라임을 강조한다.

제12과

하나님 나라의 구성과 시기

'하나님 나라'(바실레이아 투 떼우, βασιλεία τοῦ θεοῦ)라는 말은, '하나님의 통치' 또는 '하나님의 통치가 실현되는 영역' 둘 다를 의미한다. 하나님께서는 우주만물을 창조하셨고 지금도 다스리시며 섭리하신다. 이런 점에서, 우주만물이 모두 하나님 나라라고 말할 수 있다. 하지만 통상 '하나님 나라'라고 할 때는, 하나님의 통치가 인간들에 의해 거부됨이 없이 받아들여지고 실현되는 상태나 영역을 가리킨다.

모든 피조 세계가 원래부터 하나님께 속한 하나님 나라이지만, 아담의 타락으로 말미암아 하나님을 떠난 세상은 하나님을 하나님으로 인정하지도 않고, 그분의 말씀을 법(法)으로 순종하고 따르지도 않으며, 오히려 하나님의 통치를 거부하고 저항한다. 이런 면에서, 하나님을 모르고 하나님께 감사하지도 않으며 하나님의 뜻을 순종하지도 않는 이 세상은 아직 '하나님 나라'일 수가 없다.

반대로, 하나님께서 사람들에게 알려지시고, 경배와 찬송을 받으시고, 그들의 순종과 사랑을 받으실 때 그런 상태나 영역에는 '하나님 나라'가 임했다고 말할 수 있다. '하나님의' 나라는, '하나님께서' 자신을 떠난 세상 속에 '여러 모양과 여러 방식들'로 자신과 자신의 뜻을 나타내 보이시며, 궁극적으로는 자기 아들과 자신의 영 곧 성령을 보내셔서 하나님 자신의 통치를 회복하심으로써(히 1:1-2), 결국 온 세상을 자신의 것으로 회복하고 완성하시는, 하나님의 구원과 심판 그리고 새 창조의 모든 활동으로 나타난다.

1. 하나님 나라의 구성 요소와 언약의 성취

하나님 나라는 '나라'(kingdom)로서 최소한 네 가지의 구성 요소를 갖는다. 첫째는 '왕'(king)이요, 둘째는 '백성'(people)이며, 셋째는 '법과 통치(rule)'이고, 넷째는 '영토'(territory)이다. 세상의 어느 나라도 이 네 가지 요소 중에 하나를 결핍하면 온전한 국가라고 할 수 없을 것이다. 하나님께서 자신의 나라를 세우고자 하실 때에도, 이렇게 네 가지의 영역을 회복하고자 하셨다고 말할 수 있다.

이제 우리는 하나님께서 말씀과 행동으로 자신을 계시하시면서, 옛 언약 백성들에게 주신 여러 언약들을 통해 그리고 나중에는 새 언약을 통해, 어떻게 자신의 나라를 '유기적이고 점진적인' 방식으로 회복시키고자 했는지를 비로소 확연히 이해하게 된다. 옛 언약에 해당하는 아브라함 언약, 모세 언약, 다윗 언약, 노아 언약은 각기 모두 하나님 나라의 구성 요소들을 채워 나가기 위한 언약들이었음이 드러나는 것이다. 또한 새 언약은, 이 모든 것을 종합하면서 장차 하나님 나라의 성취를 바라보며 주어진 언약이었음을 알게 된다.

옛 언약과 그 강조점	하나님 나라	새 언약의 내용
아브라함 언약 / 열방의 회복	**백성**	말씀을 순종하는 새 백성 열방의 회복
모세 언약 / 율법과 제사장 나라	**법과 통치**	영원한 속죄 마음에 심긴 말씀 새 마음
다윗 언약 / 왕과 왕권	**왕**	성령의 내주 하나님의 이름과 영광
노아 언약 / 피조 세계의 회복	**영토**	새 하늘과 새 땅

먼저, 위의 도표에서 구약 시대의 옛 언약들은, 결국 하나님 나라를 세워 가기 위해 단계적이고 점진적으로 펼쳐진 것이었다는 사실을 깨닫게 된다. 하나님께서 아브라함을 불러 그의 약속된 후손을 통해 바다의 모래와 같고 하늘의 별과 같은 자손들을 약속하신 것, 곧 자신을 떠난 열방들을 회복하실 것에 대한 약속은, 궁극적으로 그 약속된 아브라함의 아들인 예수 그리스도를 통해 '하나님의 새 백성'을 창조하시기 위함이었다(창 12:1-3; 마 1:1; 갈 3:16).

또한 모세 언약은 '율법'을 통해 언약 백성을 '제사장 나라'로 세워 가려는 데에 그 강조점이 있다. 하나님의 백성이 열방 속에서 그들의 공동체적인 삶을 통해 하나님과 그분의 나라를 증거하려면, 온 세상을 통치하시는 하나님의 법 곧 하나님의 말씀을 배우고 순종해야 했기 때문이다(출 19:4-6; 20:1-26). 이렇듯, 모세 언약은 종말에 완성될 하나님 나라의 '법과 통치'가 어떠해야 하는지를 다루며 그 뼈대를 세워 가는 준비 과정이었다.

다윗 언약은 어떠한가? 다윗 언약의 핵심은 '왕'에 관한 약속이다. 하나님께서는 '다윗의 후손'으로 태어날 한 인물이 '하나님의 아들'로서 영원한 '왕권'(王權)을 받아 영원한 나라를 세우게 될 것이라고 약속하셨다(삼하 7:12-14). 하나님 나라에는 하나님 자신의 왕권으로 통치하는 '왕'이 있어야 하는데, 하나님께서는 '다윗의 아들'이신 예수 그리스도가 세례를 받고 물 위로 올라올 때 하늘을 여시고 거기로부터 그에게 성령을 보내심으로써 그가 '하늘과 땅의 모든 권세'를 받은 '하나님의 아들'이심을 선포하셨다(마 3:16-17; 28:18-20).

어떤 나라이든 한 국가가 세워지려면, '통치자와 백성 그리고 법' 외에 영토가 있어야 한다. 노아 언약은 홍수 심판 이후에 하나님께서 그의 창조 세계를 어떻게 인간들의 죄악과 그 결과인 죽음과 파멸로부터 보존하며 완성하실 것인지에 관한 '영원한 약속'이다(창 9:1-17). 이제 '다윗의 뿌리'에서 난 다윗의 아들이며 하나님의 아들이신 '어린양 예수'가 세상과 만민을 심판할 권세를 얻으셨고(요 5:22; 계 5:5), 그 심판과 더불어 최종적인 구원과 새 창조를 실행하심으로써 '새 하늘과 새 땅'을 완성하신다.

첫 창조 때에 아담이 타락하고 세상 모든 열방들이 하나님을 떠나 바벨탑을 세우고 그들이 흩어진 모든 땅에서 죄와 악을 쌓아 갔을 때에, 하나님께서는 홍수로 세상을 심판하시고 노아를 통해 더 이상 인간의 죄악과 그 결과인 심판으로 파멸되지 않는 '새 하늘과 새 땅'에 관한 영원한 약속을 주셨다. 하지만 '새로운 영토'는 '새로운 백성' 없이는 결코 온전히 보전되고 다스려질 수가 없다. 새 창조는 창조의 역순(逆順), 곧 사람을 먼저 재창조하시고 난 후에 새 하늘과 새 땅을 '완성하는' 순서로 진행된다. 문제의 원인이, 우선적으로 '하나님의 말씀을 버린 사람'에게 있었기 때문이다.

노아 언약이 주어진 후에 곧바로, 그 새 하늘과 새 땅을 채울 새 백성을 만드는 아브라함의 언약이 주어지는 이유가 여기에 있다. 이렇게, 장차 완성될 하나님 나라의 영토 곧 새 하늘과 새 땅을 예비하신 후에, 하나님께서는 아브라함을 부르셔서 열방들 가운데서 그 새 하늘과 새 땅을 유업으로 받을 '종말의 새 백성'을 모으기 시작하셨다. 그리고 그들에게 '율법'을 주셔서 하나님 나라의 통치를 경험하게 하시고, 그들이 그 말씀과 생명의 통치, 의와 화평의 통치를 열방 가운데서 나타냄으로써 열방을 하나님께로 돌아오게 하는 제사장 나라가 되게 하신 것이다.

그리고 하나님께서는 자신의 뜻을 받들어 그 영원한 나라를 이 땅에 온전히 이루어 낼 자신의 대리인 곧 '여호와의 종'을 찾으셨다. 그가 '다윗의 아들'이며 '하나님의 아들'로서, 성령으로 기름 부음을 받은 '영원한 왕' 예수 그리스도이시다. 그분은 세상에서 하나님의 이름이 거룩히 여김을 받고, 하나님의 나라가 임하며, 하나님의 뜻이 이루어지게 하기 위하여, 자신을 영원한 속죄제물로 드리셨을 뿐 아니라, 그 나라의 법 곧 '하나님을 사랑하고 이웃을 사랑하라'는 율법의 궁극적인 요구를 온전히 순종하고 승리하셔서 '말씀에 순종하는 새 백성'을 창조하신 '새 이스라엘'이 되셨다.

구약에서, 옛 언약 백성의 불순종으로 파기되어야 했을 옛 언약들은 '새 언약'을 통해 더 온전하고 풍성한 약속으로 갱신되었다. 옛 언약을 더욱 새로운 차원으로 거듭나게 한 새 언약의 8가지 주요 내용들은, 옛 언약과 마찬가지로, 예수 그리스도로 말미암아 이 땅에 결정적으로 도래하게 된 종말의 '하나님 나라'의 구성 요소들을 충실히 실현한다.

새 언약의 내용들 가운데, '성령의 내주'와 '하나님의 이름과 영광'의 성취는 종말의 하나님 나라의 백성을 통치하시는 주 예수 그리스도의 실질적인 통치가 어떻게 구현되는지를 보여 준다. 부활하시고 하늘에 오르시어 온 세상의 '주'(Lord)가 되신 예수 그리스도는, 아버지 하나님께서 그로 말미암아 하늘로부터 보내신 '성령'을 통해, 이 땅에 있는 그의 새 언약 백성을 통치하시고 인도하신다.

성령은 오직 예수 그리스도의 이름을 증거하시며, 모든 나라들과 민족들과 백성들은 성부, 성자, 성령의 이름으로 세례를 받고 하나님 나라에 들어오며, 하나님은 자신의 '영광의 영'으로 그들 가운데 친히 임하시며 그들을 그 영원한 나라, 새 하늘과 새 땅으로 인도하신다(벧전 4:14).

이처럼 새 언약의 성취는 곧 하나님 나라의 도래와 완성을 의미한다. 새 언약에서 '말씀을 순종하는 새 백성'과 '열방의 회복'은, 종말에 나타날 '하나님 나라 백성'의 실현을 가져온다. 새 언약 백성은 어떤 자들인가? 주 예수 그리스도를 믿음으로써 영원한 속죄의 선물과 함께 그의 영 곧 성령을 받고 성령으로 인도하심을 받는 자들이다.

그 성령의 통치는 어떠한 통치인가? 믿는 자 안에 거하시는 성령께서는 그들의 마음에 '기록된' 또는 '심어진' 말씀, 곧 그들을 구원할 능력이 있는 '살았고 영원한 말씀'의 생명을 누리게 하시고, 그 하늘의 생명이 그들 속에서 '새 마음, 거듭난 심령의 새롭게 된 양심'을 통해 이 땅에서도 꽃피우고 열매 맺도록, 그들을 양육하시며 다스리시며 인도하신다.

이로써 옛 언약들과 함께 새 언약의 내용들도 모두, 하나님 나라를 완성하는 단계적이고 부분적인 과정들을 모아 놓은 것임을 알 수 있다. 그 절정은 '새 하늘과 새 땅'의 완성이다. 여기에 기쁘고 또 기쁜 소식이 있다. 예수 그리스도의 오심으로 새 언약이 성취되었고 더욱 온전히 성취되기 시작했다면, 새 언약의 절정인 새 하늘과 새 땅도 '이미'(!) 이 세상 안에 임했고, 임하고 있다는 사실이다.

새 하늘과 새 땅은 '미래에만' 그리고 '하늘 위에만' 있는 것이 아니다. 새 하늘과 새 땅은 '그 아들'을 통해 '이미 이 세상 안으로 침투'해 들어왔고, 지금도 누룩처럼 번지고 있으며, 장차 온전히 나타나게 될 것이다. 신약성경이 선포하는 복음의 절정이 여기에 있다.

2. 하나님 나라는 언제 오는가? – '이미'와 '아직'

'하나님 나라'는 전통적으로 '천당'(天堂)으로 생각되기도 했다. 흔히 예수 믿고 '죽으면 천당 간다'고 할 때 그 천당은 지옥(地獄)과 함께 사후 세계에 있는 어떤 '장소'의 개념이다.[1] 신약성경이 선포하는 하나님 나라를 이렇게 '천당'으로 국한시킬 때의 문제점은, 그것이 이 땅의 현실 세계와는 분리된 별천지처럼 여겨지게 된다는 것이다. 만일 하나님 나라를 천당으로만 이해한다면, 예수님께서 하나님 나라가 '가까이 왔다'라든지, 하나님 나라가 '이미 임했다'라든지, 하나님 나라가 '너희 가운데 있느니라'라고 표현하신 말씀은 쉽게 이해되지 않는다(막 1:15; 마 12:28; 눅 17:21).

우리가 이미 확인했듯이, '하나님 나라'는 궁극적으로 '영토'를 포함한다. 하지만 하나님 나라는 또한 그 나라의 주권적인 '통치'를 통해서도 나타날 수 있다. '통치'와 '영토'는 이렇듯 서로 구분되지만, 결코 분리될 수 없다. 어떤 '나라'가 그 나라의 통치는 있지만, 아직 영토가 없는 경우도 있다. 우리나라가 그러했다. 1945년에 일본의 제국주의 전쟁이 패배로 종식되고 공식적으로 대한제국의 땅에 대한 식민 지배가 끝나기 전에도, 1919년에 이미 대한민국 임시정부가 수립되어 민주공화제에 의한 독립국가로서 대한민국의 법과 통치를 구현했던 역사가 좋은 사례이다.

하나님 나라도 궁극적으로는 그 영토를 회복할 것이다. 원래부터 하나님께서 창조하신 이 세상을, 온전히 새로운 세상으로 회복하는 그날이 올 것이다. 그때에는, 이 세상이 더 이상 죄의 더러움이나 죽음으로 인한 썩어짐 그리고 하나님 없는 허무의 지배 아래 있지 않게 될 것이다. 그날에는 마귀와 죽음도 영원히 파멸될 것이며, 모든 사람이 부활하여 최후의 심판을 받은 후에, 하나님의 아들 예수 그리스도를 믿는 자들은 새 하늘과 새 땅에서 살기에 합당한 부활 육체를 받게 될 것이다. 그때, 하나님 나라는 그 거룩하고 영원한 통치가 실현되는 새 하늘과 새 땅의 온전한 모습을 드러낼 것이다.

---

1 성도가 죽으면, '낙원'(paradise)에 가서 주님의 품 안에 거하며 거기서 모든 사람의 부활과 최후의 심판을 기다린다. 불신자는 죽으면 죽은 자의 땅인 '음부'(Hades)에 가서 거기서 역시 모든 사람의 부활과 최후의 심판을 기다린다(눅 16:22-23; 23:43).

하지만 그날이 오기 전에도, 장차 새 하늘과 새 땅에서 온전히 이루어질 은혜와 진리, 생명과 성령, 의와 화평의 통치가 '이미' 이 세상 속에 전격적으로 실현되기 시작했다. 이것이 하나님께서 자기 아들 예수 그리스도를 세상에 보내셔서 새 언약을 성취하신 놀라운 결과이고 모든 열방에게 선포해야 할 가장 기쁜 소식이다.

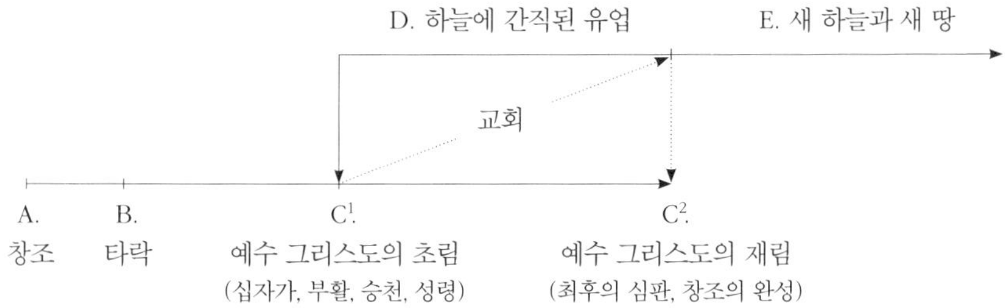

신약의 이중적 종말론

이 그림은 신약의 종말론을 한눈에 보기 쉽도록 요약한 것이다. 신약이 선포하는 복음은 근본적으로 '종말론적'이다. 왜냐하면 하나님의 아들 예수 그리스도가 이 세상에 오셔서 새 언약을 성취하신 결과로 선포한 복음이란, 이제 모든 사람들과 이 세상에 대한 최후의 심판과 구원이 이미 시작되었고, 그 결과인 새 하늘과 새 땅이 이미 왔으며, 오고 있고, 장차 완전히 실현될 사실에 관한 것이기 때문이다.

(1) 신약의 이중적 종말론

이것을 '신약의 이중적 종말론'이라고 부를 수 있다. 왜 '이중적'(二重的)이라는 것인가? 그 이유는 위의 그림이 보여 주듯이, 세상과 역사의 종말이 예수 그리스도께서 첫 번째로 오신 초림(初臨, C^1) 사건에서 시작되어, 그분이 두 번째로 오시는 재림(再臨, C^2) 사건에서 최종적으로 마무리되기 때문이다. 그러니까 신약의 '이중적 종말'이란, 세상과 역사의 '종말'이 예수님의 초림과 재림에 걸쳐 이루어진다는 뜻이다. 그분의 초림을 '종말의 시작'(the beginning of the End)이라고 부른다면, 그분의 재림은 '종말의 끝'(the end of the End)이라고 말할 수 있다.

그렇다면 왜 종말이 이렇게 이중적으로 실현되는가? 원래 유대교나 그 뿌리가 되는 구약성경에서는 역사와 세상의 진행을 대체로 직선적으로 보았는데, 창조와 타락 이후에 일어날 하나님의 최종적인 구원과 심판 그리고 새 창조가 '한꺼번에 일어날 하나의 사건'(C^1와 C^2)으로 여겨졌다. 그런데 실제로 예수 그리스도라는 '종말의 결정적인 계시의 사건'으로 말미암아 새 언약이 성취되기 시작한 신약 시대에 들어와서 보니, 그토록 기다렸던 최후의 '심판과 구원 그리고 새 창조'의 사건은 '결정적으로' 실현되었지만 '부분적으로'는 아직 온전히 실현되지 않은 측면이 있다는 사실이 드러나게 되었다.

이것은 원래 하나님의 계시의 성격이 '유기적이며 점진적'인 성격을 갖고 있다는 사실에 기인하기도 한다. '유기적'으로 연결되어 있지만 '점진적'으로 드러나기 때문에, 멀리서 보면 하나로 겹쳐 보이는 것들이 실제로 가까이 가서 보면 서로 멀리 떨어져 있는 것을 발견하는 경우와 비슷하다. 높고 큰 산을 등반할 때, 멀리서 보면 가까이 붙어 있는 것처럼 보이는 산봉우리들이, 정작 앞에 있는 산봉우리에 올라가서 보면 그 뒤에 있는 산봉우리는 아득하게 멀리 있는 것을 발견하는 경우와 마찬가지다.

이것이 구약에 기록된 메시아에 관련된 예언들이나 새 언약이 성취될 종말에 관한 예언이, 마치 그 예언들이 기록된 '그 당시의 역사적 사건'에 대한 예언과 겹쳐 보이는 이유이기도 하다. 신약이 기록하는 '최후의 종말'에 관한 예언들의 경우에도 마찬가지다. 예를 들어 마태복음이 기록하는 '세상과 역사의 종말'에 관한 최후의 파국적인 사건들은, 당시 주후 70년경 '예루살렘

성이 파괴'되는 종말론적인 사건들과 뒤섞이고 중첩되어 묘사된다.[2] 유대적 전통에서 예루살렘은 세상의 중심이었고, 예루살렘 성에 대한 심판과 그 파멸은 곧 세상과 역사에 대한 심판과 파멸의 시작이었으며, 세상의 심판이 하나님의 집에서부터 시작되었기 때문이다.

또 한 가지, 신약의 종말론이 '이중적'이라는 사실이 말해 주는 중요한 내용이 있다. 그것은 유대교 전통에서 세상과 역사 끝에서 일어날 것이라고 믿었던 모든 사람들의 부활과 최후의 심판 그리고 새 창조가, 하나님의 아들 '예수 그리스도의 십자가와 부활 그리고 그분의 승천과 성령을 보내신 사건을 통해' 이미(!) 이루어지기 시작했다는 사실이다. 바로 이 점이, 세례 요한이 쉽게 이해할 수 없었던 예수님의 종말론적인 사역이었다.

세례 요한은, 자신은 물로 세례를 주지만 자기 뒤에 오시는 이 곧 예수님은 '성령과 불'로 세례를 주실 분임을 알았다. 여기서 '불'이란 마치 농부가 알곡은 곳간에 모아들이고 쭉정이는 불에 태우는 것과 같은 '최후의 심판'을 의미하는데(마 3:11-12), 세례 요한은 예수님께서 자신을 믿는 이들에게 성령을 주실 뿐 아니라 '불'로 최후의 심판을 실행하실 것이라고 생각했다. 그렇기 때문에, 예수님께서 병든 자를 치유하시고 굶주린 자를 먹이시며 죄인들의 죄를 사해 주시는 사역을 보고, 과연 그분이 정말 자신이 기대했던 대로 '꺼지지 않는 불의 심판'을 통해 세상과 역사를 끝내고 '성령'이 다스리시는 새 창조의 세상을 여실 분인지 의아해했던 것이다(마 11:1-14).

(2) '이미' 임한 하나님 나라

그렇다면 예수 그리스도는, 세상과 역사의 끝에서나 있을 최후의 심판과 최후의 구원 그리고 새 창조의 역사를 '어떻게 이미(!)' 이 땅 위에 가져오셨

2 마 24:1-31. 채영삼, 『긍휼의 목자 예수』, 409-413.

다는 것인가? 어떻게 그분과 그분의 사역을 통해, 세상과 역사의 끝에서나 새롭게 열릴 하나님 나라가 '지금, 이 땅에' 오게 되었다는 것인가? 이것은 예수님 당시 세례 요한이 궁금해했던 질문이기도 하고, 예수님을 따라다녔던 제자들조차 그들이 오순절 이후에 성령을 받기 전까지는 이해하기 어려웠던 내용이기도 하다.

이것, 즉 예수님으로 말미암아 생긴 '이중적 종말'을 이해하려면, 우선 성경적으로 '종말'이 어떻게 정의되는지를 알아야 한다. 우선 유념해야 할 것은, 성경에서 '종말'이란 '어느 해, 어느 달, 어느 시간'처럼 정해진 일시(日時)에 따라 결정되는 것이 아니라는 사실이다. 이런 식으로 종말을 계산하는 것을 '시한부(時限附) 종말론'이라고 하는데, 신약성경은 종말을 이런 식으로 가르치지 않는다. 그날과 그때는 아버지 하나님 외에는 아무도 모른다(마 24:36). 그러므로 '0000년 00월 00일 0시에 예수님이 다시 오신다'는 식으로 날짜를 특정하여 말하는 것은 종말에 관해 이단들이 사용하는 거짓 가르침의 전형적인 특징이다.

성경이 말하는 세상과 역사의 '종말'은, 세상과 역사의 끝에서 일어날 '사건'을 행하시는 종말론적인 '인물'에 의해 결정된다. 이것을 잊지 말아야 한다. 그러므로 만일 성경이, 세상과 역사 끝에서 일어날 것이라고 예언해 왔던 종말론적 사건들인 '최후의 심판과 구원 그리고 새 창조'가 2천여 년 전에 '하나님의 아들이요 메시아인 예수님'에 의해 실제로 일어났다면, 세상과 역사의 끝, 그 종말은 '이미' 도래했다는 사실을 확신할 수 있게 되는 것이다.

사실 우리의 삶 속에서도 '결정적인 시간'은 주로 '인물과 사건'에 의해 생겨난다는 것을 경험을 통해 알게 된다. 한 사람의 인생은 그가 얼마나 살았든지에 상관없이, 그가 정말 만나야 할 사람을 만나서, 일어나야 할 일이 일어났을 때, 결정적으로 바뀌게 된다. 자신이나 자신에게 가장 중요한 사람에게 어떤 결정적인 일이 일어났을 때, 그의 인생은 그 사건의 전과 후로 나뉘게 되는 것이다.

이 세상과 역사의 경우도, 예수 그리스도께서 세상에 오셨던 그 사건 즉 '성탄절'이라고 부르는 그 '성육신'(the Incarnation)의 사건 전후로 나뉘는데 그것은 전혀 이상한 일이 아니다. 예수님이 세상에 오셨을 때, 이미 세상의 끝, 역사의 끝이 '전격적으로, 결정적으로' 세상 속으로 들어오게 되었기 때문이다. 그분과 그분의 사역을 통해, 종말이 이미 온 것이다.

그러므로 예수님이 세상에 육체로 오셔서, 세상의 죄를 위하여 십자가에서 죽으심으로써 죽음의 권세를 파멸하시고 죄와 죽음에서 우리를 해방하신 그 사건, 그리고 죽음을 이기시고 부활하셔서 그분을 믿는 자들에게 영원한 생명을 주시고, 하늘에 오르시어 하나님의 보좌에 앉으셔서 사망과 원수 마귀의 권세를 완전히 파멸하시기까지 만유의 '주'로서 통치하시게 된 이 놀라운 사건을 통해, 세상과 역사의 '종말' 그리고 새 창조의 '시작'은 '이미' 결정적인 방식으로 '지금, 여기, 이 세상 속에서' 실현되었으며, 실현되고 있다는 것이다. 이것이 기쁜 소식 곧 신약성경이 선포하는 복음이다!

> "하나님이 그 아들을 세상에 보내신 것은 세상을 심판하려 하심이 아니요 그로 말미암아 세상이 구원을 받게 하려 하심이라. 그를 믿는 자는 심판을 받지 아니하는 것이요, 믿지 아니하는 자는 하나님의 독생자의 이름을 믿지 아니하므로 벌써 심판을 받은 것이니라."(요 3:17-18)
>
> "마르다가 이르되 마지막 날 부활 때에는 다시 살아날 줄을 내가 아나이다. 예수께서 이르시되 나는 부활이요 생명이니 나를 믿는 자는 죽어도 살겠고 무릇 살아서 나를 믿는 자는 영원히 죽지 아니하리니 이것을 네가 믿느냐."(요 11:24-26)

그러니까 유대교에서 세상과 역사의 끝에 일어날 것으로 예언되었던 그 최후의 심판은, 예수 그리스도께서 세상 죄를 담당하시고 십자가에서 처형당해 죽으셨을 때 '이미' 이루어지기 시작되었다는 것이다. 말하자면, 예수님의 십자가 사건은 그 자체로서 '최후의 심판'이 일어난 종말의 사건이었던 것이다. 그래서 그 십자가에 달리신 예수가 대신 자신의 죄를 담당하시고 죽으셨다는 사실을 믿고 받아들이는 자에게는 최후의 심판이 '이미' 지나간 것이나 마찬가지이며, 그리스도 예수 안에 있는 그에게는 '결코 정죄함이 없다'(롬 8:1)는 복음 곧 '의롭다 하심'의 판결이 선포되는 것이다.

반대로, 지금 여기 이 땅에서 예수 그리스도의 영원한 속죄의 복음을 듣고도 이 엄청난 은혜를 거절하면, 그런 자가 다시 죄 사함을 받을 수 있는 기회는 더 이상 남아 있을 수가 없다. 왜냐하면 하나님께서 죄인들을 위하여 자기 아들을 아낌없이 내어 주신 이 사건은, 세상이 감당해야 하는 최후의 심판을 그 아들이 친히 담당하신 종말의 사건이기 때문이다. 그래서 누구든지 '지금, 여기서' 이 영원한 속죄를 위한 하나님의 이 '최후의 은혜의 초청'을 거부하고 나면, '더 이상 남아 있는 기회는 없다'는 뜻이 된다. 하나님의 독생자 예수 그리스도를 믿지 않는 자들은 '이미' 최후의 심판을 받은 것이나 다름없기 때문이다.

그만큼 예수 그리스도와 그분의 사역은 '종말론적'으로 결정적인 사건이다. 누구든지, 예수 그리스도에 대한 그 자신의 응답으로 말미암아 자신의 영원한 운명이 결정된다. 당신에게 있어서, 예수 그리스도가 누구시며, 그분을 믿고 받아들일 것인가 아니면 거부할 것인가의 질문보다 더 중요한 질문도 없고, 그 문제보다 더 중요한 인생의 문제도 없다. 그분에 대한 당신의 믿음이 당신의 영원을 결정하기 때문이다.

그분은, 지금 여기에 당신 앞에 놓여 있는 '종말의 현존'(presence of the End)이다. 마르다는 모든 사람들이 마지막 때에 부활할 것을 알고 있었지만, 그때 그녀 앞에 서 있던 그분이 곧 부활이요 부활 생명을 주시는 분이라는 사실을 들었고, 그것을 믿어야 할지 말아야 할지를 결정해야 했다. 당신이 원하든 원하지 않든, 믿든 믿지 않든, 당신은 죽은 후에 최후의 심판대 앞에 설 것이고, 거기서 당신은 당신의 죄를 위하여 죽으신 '그 어린양'이 그 심판의 보좌에 앉으신 재판장임을 보게 될 것이다. 그 이후에 당신이 어떤 식으로 '영원'을 마주하게 될지는, 전적으로 지금 여기서 당신이 예수 그리스도의 죄 사함과 생명의 복음에 대하여 어떻게 응답하는지에 달려 있다.

구약 시대와 유대교는, 역사와 세상의 끝에 모든 사람들의 부활이 있고 그 후에 최후의 심판이 있으며, 그 후에 다시는 죄와 죽음이 없는 영원한 생명의 삶이 충만한 '새 창조'의 세계가 열릴 것임을 알고 있었다. 하지만 그들은 그들의 눈앞에서 죽은 자를 살리시는 메시아를 보았고, 그 메시아 예수 자신이 죽은 지 사흘 만에 부활하셨다는 소식을 들었다. 그 부활의 소식은, 하나님의 '성령'께서 그 아들의 이름으로 죄 사함을 받은 자들 안에서 '부활 생명의 영'으로 임재하시는 증거들로 재확인되었다. 그래서 이 모든 것을 직접 보고 들었던 당시의 옛 언약 백성들은 '종말이 이미 왔다'는 이 놀랍고 기쁜 소식을 받아들였던가?

초기 교회에도, 이 종말의 복음 곧 주 예수께서 보내신 성령 하나님께서 죄로 죽은 심령을 다시 살리시고 새롭게 창조하신다는 새 창조의 복음을 믿는 자들도 있었고, 완악하게 거부하는 자들도 있었다. 예수 그리스도의 종말의 복음은, 그것을 듣는 자들을 둘로 나눈다. 정확히 말하면, 모든 사람들은 예수 그리스도의 복음, 종말의 복음, 죄 사함과 부활의 복음, 새 창조와 새 하늘과 새 땅의 복음을 듣고, 자신이 진정으로 어디에 속해 있는 사람인지 그 본질을 드러내게 된다. 사람이 복음을 듣고 선택하는 것 같지만, 실상 '빛과 생명' 된 복음의 말씀이 그것을 듣고 믿거나 믿지 않는 사람의 본질 곧 그가 빛에 속한 사람인지 어둠에 속한 사람인지를 검증해 내는 것이다. 당신은 어디에 속한 사람인가?

(3) '아직' 오지 않은 하나님 나라

다시 세례 요한이 품었을 법한 궁금증으로 돌아가 보자. 왜 메시아가 와서 하나님 나라를 가져왔다는데, 악인들이 심판을 받지 않는가? 왜 의인들은 여전히 핍박을 받고 보상을 받지 못하는가? 왜 세상은 여전히 사악하고 탐욕스러운 자들에 의해 지배를 받으며, 가난하고 의로운 사람들은 빼앗기고 짓밟히고 죽임을 당하는가? 세례 요한은 예수님의 사역을 바라보면서 이런 질문들을 했을 법하다. 그리고 그 자신도 헤롯에게 죽임을 당하고 말았다. 예수님은 하나님 나라가 가까이 왔다고 하셨고, 그 나라가 이미 임했다고도 하셨다. 그리고 병도 고치시고 심지어 죽은 자도 살리셨다. 하지만 예수님이 오셔서 죽고 부활하고 승천하신 후에도, 여전히 세상에는 죄와 악이 가득하고 사람들은 병들고 죽는다.

세상은 아직도 불법을 저지르고 탐욕스러운 악인들이 더 많은 재산과 땅을 차지하고, 정직하고 성실하게 사는 사람들은 일한 만큼의 대가를 얻지 못할 뿐 아니라 오히려 가진 것도 빼앗기는 약육강식의 정글 같은 곳이지 않은가? 어디에 하나님의 공의와 자비의 나라, 생명과 평화의 나라가 있는가? 도처에서 기근과 지진, 전염병과 전쟁의 소식만 들려오지 않는가? 하나님 나라가 오기는 온 것인가? 왔다면 어디에 있는가? 정말 왔는가?

이렇게 보면 하나님 나라는 '아직' 도래하시 않은 측면이 더 많아 보인다. 예수님께서 죄와 죽음의 권세를 이기시고 부활하셨지만, 세상뿐 아니라 교회 역시 여전히 죄에 시달리며 육신의 죽음을 피하지 못한다. 부활하신 예수님께서 승천하셔서 하나님 보좌에 앉아 다스리는 '주'(主)가 되셨지만, 세상의 열방들은 여전히 하나님 나라와 그 뜻에 순복하지 않고 악한 일을 도모하며, 가난하고 약한 자들을 짓밟는 사탄적인 통치를 계속하는 것처럼 보인다. 또한 주가 되신 예수님께서 이 세상에 보내신 성령 하나님의 역사와 통치는 믿는 자들의 심령과 삶을 거듭나게 할 뿐, 아직 그들의 죽을 육체까지 부활시키지는 않으신다.

"그러나 이제 그리스도께서 죽은 자 가운데서 다시 살아나사 잠자는 자들의 첫 열매가 되셨도다. … 그 후에는 마지막이니 그가 모든 통치와 모든 권세와 능력을 멸하시고 나라를 아버지 하나님께 바칠 때라. 그가 모든 원수를 그 발 아래에 둘 때까지 반드시 왕 노릇 하시리니 맨 나중에 멸망 받을 원수는 사망이니라."(고전 15:20, 24-26)

"첫 사람은 땅에서 났으니 흙에 속한 자이거니와 둘째 사람은 하늘에서 나셨느니라. 무릇 흙에 속한 자들은 저 흙에 속한 자와 같고 무릇 하늘에 속한 자들은 저 하늘에 속한 이와 같으니, 우리가 흙에 속한 자의 형상을 입은 것같이 또한 하늘에 속한 이의 형상을 입으리라. 형제들아 내가 이것을 말하노니 혈과 육은 하나님 나라를 이어 받을 수 없고 또한 썩는 것은 썩지 아니하는 것을 유업으로 받지 못하느니라."(고전 15:47-50)

하지만 죄와 죽음의 통치는 이미 끝났고, 끝나 가고 있으며, 완전히 끝나는 때가 올 것이다. 이것은 마치 암 환자가 큰 수술을 통해 암 덩어리를 성공적으로 제거했지만, 그 후에도 완전한 회복을 위해 계속 치료를 받고 회복하는 기간을 가져야 하는 것과 유사하다고 할 수 있다. 또는, 계절이 이미 가을로 접어들어서 과수원에 심어 놓은 과일나무에 '첫 열매'가 맺히는 경우와도 같다. 첫 열매가 맺히기 시작했다고 해서 그것이 열매의 전부라는 뜻이 아니다. 오히려 장차, 가을 햇살에 빛나는 열매들이 믿을 수 없을 만큼 풍성하게 맺히는 그날이 확실히 다가오고 있다는 증거의 의미가 큰 것이다.

하나님 나라도 이와 같다. 하나님의 아들, 세상이 창조되기 이전부터 계셨던 그 '생명의 말씀'이 육체로 세상에 들어오셨다. 창조되지 않은 영원한 생명이신 그 아들이, 창조된 세상 안에, 그것도 죄로 더럽혀지고 죽음으로 썩어져 가는 세상 속으로 '드디어' 들어오신 것이다. 그러므로 지금 우리가 보는 이 세상은, 예수님께서 세상에 나시고 죽으시고 부활하시고 승천하신 사건 이전의 세상과 같을 수가 없다. 그것은 마치 한 여자가 새 생명을 가진 아이를 잉태한 것과 유사하다. 그녀의 배 속에는 그녀의 생명과는 다른 생명이 잉태되어 자라고 있다. 그녀는 곧 그 아이를 낳기 위해 해산하는 수고를 다하게 될 것이다(참조. 계 12:4).

이 세상도 그렇다. 죄와 죽음과 허무가 지배하는 이 세상은, 이제 자신 안에 하나님의 아들의 의(義)와 부활 생명 그리고 영원하신 성령을 품게 되었다. 흙에서 난 첫째 사람 아담 속에, 하늘로부터 오신 둘째 사람인 하나님의 아들이 들어오셨다. 썩을 육체 안에, 썩지 않을 형상이 잉태되어 성장하고 있는 것과 같다. 이와 같이, 모든 그리스도인 안에는 하나님의 아들이신 그리스도와 연합한 그 자신의 썩지 않을 새 생명이 잉태되어 있고 자라고 있다. 그들은 그리스도께서 다시 세상에 나타나실 때, 그리스도의 형상을 따라 온전하게 된 자신의 영광스러운 형상을 보게 될 것이다(갈 4:19; 골 3:4; 요일 3:2).

그러므로 마지막 날, 주께서 다시 오시는 날, 그 종말의 끝이 오는 그날에는, 산모(産母)가 그 아이를 낳을 때처럼, 이 썩어질 세상으로부터 썩지 않을 세상이 나타나게 될 것이다. 하나님의 아들 예수 그리스도의 피로 씻음을 받지 못하고, 부활의 영이신 성령으로 거룩하게 되지 못한 '혈과 육'에 속한 모든 것들은 떨어져 나가고, 그 나머지는 거룩한 불로 정화(淨化)되어, 썩지 않는 나라, 죄와 죽음을 이긴 영원한 생명의 나라, 의와 화평이 거하는 나라로 들어가게 될 것이다.

그때까지 하나님 나라는, 마치 전쟁에 승리하고 자기 백성을 해방시켰지만 아직 영토를 완전히 수복(收復)하지 못한 나라와 같을 것이다. 승리의 깃발을 높이 들고 전진하면서도 아직 곳곳에 숨어 저항하는 적군들을 잡아 굴복시키고, 불법한 전쟁을 일으킨 전범(戰犯)들을 법정에 세워 준엄한 형벌을 내림으로써 그 나라의 통치를 견고하게 확립하며, 잃었던 모든 영토를 완전히 수복하기까지, 아직 마무리해야 할 전쟁이 남아 있는 것이다. 하나님 나라 역시, 끝내 '사망'과 '악한 자 마귀'를 영원한 불 속에 던져 넣어 '세상 나라가 온전히 주와 그리스도의 나라가 되기'까지, 아직 남아 있는 죄와 죽음과 허무의 세력에 맞서, 세상을 이기신 그리스도의 승리를 온전히 소유하기 위해 싸우며 전진하는 것이다.

그러므로 하나님 나라의 성취에 있어서는, 그 나라의 왕이 먼저 도래하고, 그 나라의 백성이 해방되고 모아지며, 그 나라의 통치가 이미 실현되지만, 그 나라의 물리적 영토는 나중에야 온전히 회복된다. 첫 번째 창조 때에는, 하나님께서 세상을 먼저 창조하시고 그다음에 사람을 창조하셨다. 하지만 두 번째 창조, 새 창조 때에는, 둘째 사람인 자신의 아들을 세상에 보내셔서 하늘로부터 난 하나님의 자녀들 곧 새 백성을 먼저 창조하시고, 그 후에 새 하늘과 새 땅을 완성하시는 것이다.

말하자면 '새 창조는 창조의 역순(逆順)'으로 진행되는 셈인데, 그것은 범죄함으로써 죄와 사망을 이 첫째 창조의 세계로 끌어들인 문제의 원인이 '사람'에게 있기 때문이다. 그래서 지금 이 땅에서 새 하늘과 새 땅의 완성을 위해 가장 시급한 일은, 하나님의 새 백성이 온전히 형성되는 것, 즉 교회가 교회 되는 것이다. 이보다 더 중요하고 결정적인 일은 없다.

새 하늘과 새 땅이 온전히 이루어지는 일은, 단지 하나님의 '전능하신 능력'만으로 되는 것이 아니다. 한없이 자비하고 지혜로우며 공의롭고 긍휼이 가득하신 삼위 하나님을 전심으로 사랑하고, 그분의 뜻을 즐거이 순종함으로써 그분을 영화롭게 하고자 하는 새 백성이, 그들에게 유업으로 주어진 그 영원한 나라를 그분의 뜻대로 다스려야 할 것이기 때문이다. 하나님의 은혜와 사랑 그리고 그분의 지혜와 선하신 뜻에 '신실하게 응답하는 새 아담, 새 사람들, 새 백성'이 준비되어야 한다.

이해와 나눔을 위한 질문

1. 옛 언약들인 노아 언약, 아브라함 언약, 모세 언약, 다윗 언약, 그리고 새 언약의 내용들이 '어떻게' 신약이 선포하는 '하나님 나라'의 구성 요소들을 준비해 왔는지, 자신이 이해한 대로 설명해 보라.

2. '이미' 임한 하나님 나라에 관한 내용을 자신의 말로 정리해서 설명해 보라. 여기서 자신이 가장 중요하게 깨닫게 된 내용이 있다면 그 이유와 함께 나누어 보라.

3. '아직' 온전히 임하지 않은 하나님 나라에 관한 내용을 자신의 말로 정리해서 설명해 보라. 여기서 자신이 가장 중요하게 깨닫게 된 내용이 있다면 그 이유와 함께 나누어 보라.

제13과

하나님 나라의 통치의 내용 (1)

하나님 나라의 '통치'는 이미 임했고 그 나라의 물적 토대인 '영토'는 아직 온전히 완성되지 않았다. 하나님 나라를 설명할 때 모든 것을 '장소'의 개념으로만 생각하거나, 반대로 모든 것을 '통치'로만 설명하는 것은 균형을 잃은 것이다. 하나님 나라를 어디 멀리 있는 천당 같은 장소로만 여긴다면, 지금 여기에서 이루어지고 있는 그 나라의 통치를 외면하게 될 것이다. 거꾸로, 하나님 나라를 현재적인 통치로만 축소시키면, 그것은 하나님 나라가 장소를 완성하는 차원을 누락시키는 결과를 가져온다.

하나님 나라는 애초에 '창조'로부터 시작했다. 하나님께서 모든 피조물을 창조하심으로써 그것들을 소유하시고 통치하신 것이다. 사람이 범죄하고 하나님의 통치를 거부하는 죄와 그 결과인 사망이 온 피조 세계를 뒤덮었지만, 하나님께서는 그 아들을 보내셔서 '구원'의 길을 여셨고, 그 구원을 통해 자신의 통치를 받아들이는 그 나라의 백성을 다시 창조하셨다. 구원은 그 자체가 목적이 아니다. 그것은 창조의 목적을 완성하는 '새 창조'의 과정이다.

그리스도인의 구원은 '그의 영혼만'이 그리스도의 품에 이르는 것이 아니다. 그가 죄와 죽음을 벗어난 불멸(不滅)하는 부활 육체를 받을 때에, 비로소 그 구원은 온전함에 이르고 그를 창조하신 하나님의 목적이 성취된다. 이렇듯, 한 개인의 구원은 피조 세계 전체가 죄와 죽음과 하나님의 부재(不在)라는 허무의 지배에서 벗어나는 '우주적 갱신'과 맞물려 있다. 말하자면, 하나님 나라의 영토로서 온 세계가 새 하늘과 새 땅으로 갱신되는 그날에 이르러야, 한 개인의 구원도 비로소 그 온전함에 이르게 되는 것이다.

'나라가 임하옵시며, 뜻이 하늘에서 이루어진 것같이 땅에서도 이루어지이다'라는 주기도문은 그래서 하나님 나라의 완성을 바라보며, 오늘 여기서 그 나라의 통치가 지속적으로 이루어지기를 간구하는 기도이다. '이미' 승리한 교회로서 하나님 나라의 통치를 마음껏 누리며, '아직' 완성되지 않은 그 나라를 확신하고 소망하는 가운데, 그 '이미와 아직 사이'를 걸어가는 새 언약 백성 곧 주 예수 그리스도의 몸 된 교회는, 마치 자기 나라의 완전한 독립을 위해 낯선 땅에서 독립 투쟁을 벌이는 사람들처럼, '지금, 여기' 이 땅에서는 항상 '순례하는 교회'요 '전투하는 교회'이다.

1. '지금, 여기'에 임한 하나님 나라

여행자는 자신이 떠나왔고 돌아갈, 자신이 소속된 본국(本國)이 있다. 이 땅에 거하며 살아가는 그리스도인도 이와 같다. 그들은 본질상 이 세상에 속해 있지 않다. 그들은 하나님의 아들을 믿음으로 영원한 생명을 갖게 된 자들이다. 그들은 그 아들로 말미암아 죄의 권세에서 벗어났고, 죽음의 지배에서도 벗어난 자들이다. 그들은 새 언약의 영원한 속죄의 은혜를 누리며, 그들의 심령 안에 심긴 말씀의 생명을 따라, 성령의 능력 안에서 살아가는 하나님 나라 사람들이다.

그들은 땅에 흩어 뿌려진 씨앗처럼 자신들이 처한 환경 속에서 말씀의 생명을 꽃피우고 열매 맺는 '의'(義)의 백성이요, 하나님을 알지 못하는 이방인들 가운데서 하나님의 이름이 거룩히 여김을 받게 하고 이방인들을 하나님께로 인도하는 '제사장 공동체'이다. 그들은 이 땅을 여행자로 지나가면서, 끊임없이 하나님 나라의 능력을 경험하고 그 나라의 통치 아래서 살아가는 자들이다. 그 나라의 임재는 그들 안에서 빛나는 빛이요, 이 세상을 이기게 하는 하늘의 능력이다.

> "우리 주 예수 그리스도의 아버지 하나님을 찬송하리로다. 그의 많으신 긍휼대로 예수 그리스도를 죽은 자 가운데서 부활하게 하심으로 말미암아 우리를 거듭나게 하사 산 소망이 있게 하시며, 썩지 않고 더럽지 않고 쇠하지 아니하는 유업을 잇게 하시나니 곧 너희를 위하여 하늘에 간직하신 것이라. 너희는 말세에 나타내기로 예비하신 구원을 얻기 위하여 믿음으로 말미암아 하나님의 능력으로 보호하심을 받았느니라."(벧전 1:3-5)

하나님 나라는 무엇인가? 사도 베드로는 그 나라를 '썩지 않고 더럽지 않고 쇠하지 아니하는 유업'이라고 표현한다. '유업'(inheritance)이란, 아버지가 자녀에게 물려주는 '기업, 땅'이다. 단지 자녀이기 때문이 아니라, 사너나운 자녀에게 물려주어 아버지 대신 다스리고 돌보며 섬기라고 주는 아버지의 소유된 땅이다.

그런데 하나님의 자녀들이 물려받을 그 유업, 그 땅, 그 나라가 이미 '하늘에 간직되어' 있다. 즉 하늘에 예비되어 있다. 세상과 역사의 끝에 나타나 완성될 하나님 나라가, 이미 그리고 '지금도' 하늘에 모두 준비되어 있다는 것이다. 사도 요한은 마지막 날에 그 나라가 마치 '새 예루살렘 성'처럼 하늘로부터 이 땅에 '내려온다'고 표현한다(계 21:1-2).

하늘에 있는 그 하나님 나라가 이 땅에 내려올 때, 지금 우리가 눈으로 보고 경험하는 이 세상은 '소멸하고 또 정화(淨化)하는 불'에 타서 모두 풀어지고 말 것이다. 하나님 나라는 '더럽지 않고, 썩지 않고, 쇠하지 않는' 영원한 나라이기 때문이다. 세상의 모든 '더럽고 썩어지고 허무한 것들'은 그날 그 심판의 불에 모두 타서 없어지고, 그 심판의 불을 견디는 것들은 깨끗하게 되어 하나님 나라에 들어오게 될 것이다. 혈과 육은 하나님 나라를 이어 받을 수 없고, 또한 썩는 것은 썩지 않는 것을 유업으로 받지 못하기 때문이다(고전 15:50).

이를 통해 이 세상에 관하여 분명히 알아야 하는 사실이 있다. 하나님 나라가 하늘에 간직된 '더럽지 않고, 썩지 않고, 쇠하지 않는' 영원한 나라라는 것은, 지금 우리가 살아가는 이 세상의 영적인 본질이 무엇인지를 정확히 알려 준다. 이 세상은 하나님의 피조 세계로서 여전히 아름답고 부분적으로 선하고 아직 하나님의 영광을 드러내는 면모들이 남아 있지만 이미 말기 단계를 지난 심각한 병에 시달리는 환자처럼, 이 세상은 '더러움과 썩어짐과 허무함'의 중병(重病)에서 나오지 못한다는 사실이다.

하나님 나라가 '더럽지 않은' 나라라면, 이 세상은 스스로 '더러움'에서 나올 수 없는 곳이다. 물리적 세계를 더럽히는 '오염'(pollution)이나 사람을 도덕적으로 더럽히는 '죄' 그리고 사람의 영혼을 더럽히는 '거짓'은 모두, 거룩하신 하나님과 분리된 이 세상의 특징이다. 세상은 또한 스스로 '썩어짐'(corruption) 곧 죽음에 종노릇하는 데에서 나오지 못한다. 세상에서 썩지 않는 것은 아무것도 없다. 시간이 지나면 세상에 있는 것들은 모두 썩어진다. 그러나 시간이 지난다고 반드시 모든 것이 썩는 것은 아니다. 바울은 생명의 성령 하나님이 거하시는 심령은 시간이 지날수록 더욱 '새로워진다'고 고백했다(고후 4:16).

시간이 지나면 썩는다는 것은, 시간조차 이 세상과 함께 죽음의 지배 아래 갇혀 있기 때문이다. 죽음을 이긴 부활 생명이 통치하는 새 하늘과 새 땅 그리고 그 부활 생명이 거하는 성도의 심령은 더 이상 썩어짐에 종노릇

하지 않는다. 또한 이 세상에서 쇠하지 않는 것은 없다. 쇠한다는 것은 '허무'(vanity)하다는 것이고, 허무하다는 것은 '의미가 없다'는 뜻이다. 모든 것이 허무하고 의미가 없다는 것은, 영원하지 않기 때문이다. 세상은 허무와 무의미(無意味) 속에 갇혀 있고, 거기서 스스로 나오지 못한다. 영원하신 하나님과 분리된 곳이기 때문이다.

사도 베드로가 전하는 놀라운 소식은, 이 세상의 '더럽고 썩어지고 허무한' 본질과는 다른 '더럽지 않고 썩지 않고 쇠하지 않는' 유업, 땅, 곧 하나님 나라는 단지 지금 '하늘에 간직되어' 있지만은 않다는 사실이다! 위의 베드로전서 1장 4절의 본문에서, 하늘에 간직된 영원한 나라의 '세 가지' 특징은 그 앞에 3절에 묘사된 예수 그리스도의 '세 가지' 사역과 정확히 일치한다. 아래의 도표를 살펴보자.

하늘에 간직된 유업	더럽지 않고 (죄)	썩지 않고 (죽음)	쇠하지 않는 (허무)
예수님의 사역	십자가	부활	성령 / 거듭남

하늘에 간직된 '더럽지 않고, 썩지 않고, 쇠하지 않는' 유업 곧 새 하늘과 새 땅은 단지 '지금도' 하늘에만 갇혀 있는 것이 아니다. '더럽다'는 것은 '죄' 때문인데, 예수 그리스도의 십자가, 더 정확히는 육체로 오셔서 세상 죄를 담당하고 죽으신 하나님의 아들이 흘리신 피와 찢기신 몸은 세상의 모든 '더러움을 씻는 샘'이 되셨다(슥 13:1; 히 9:14). 더러움에서 스스로 나올 수 없는 세상 한복판에, 죄로부터의 해방을 누리게 하는 하나님의 '영원한 속죄'의 통치가 그 아들의 십자가를 통해 이 땅에, 실제로, 이미 '침투'해 들어온 것이다.

지금도 하늘에 간직되어 있는 '썩지 않는' 유업 곧 새 하늘과 새 땅은, 단지 하늘에만 머물러 있는 것이 아니다. 태초부터 있는 '생명의 말씀'이신 하나님의 아들이 세상에 '육체로' 오셨고, 세상 죄를 위하여 십자가에서 죽으셨을 뿐 아니라, 자신의 죽음으로 죽음의 권세를 파멸하시고 다시 살아나셨다. 그분의 '부활하신 육체'와 '빈 무덤'뿐 아니라 그분을 믿고 영접한 자들 속에 거하는 '영원한 생명'은, 이 세상을 썩어짐에 가둔 죽음의 감옥을 파괴하고 무너뜨리는 하나님 나라의 '생명의 통치'의 살아 있는 증거들이다.

또한 하늘에 이미 예비되어 있는 '쇠하지 않는' 새 하늘과 새 땅은, 단지 하늘에만 갇혀 있는 것이 아니다. 육체로 세상에 오신 하나님의 아들은 십자가에서 죽으시고 부활하셨을 뿐 아니라 하늘에 오르시어 하나님 보좌 우편에 앉으셨으며 주(Lord)가 되셨고, 하나님은 그로 말미암아 자신의 영 곧 성령을 세상에 보내셨다.

그렇게 이 땅에 오신 성령께서는, 그 아들을 믿는 자들의 심령을 거듭나게 하시고 그들 가운데 친히 내주(內住)하신다. 그 아들로 말미암아 영원하신 하나님의 영이 친히 자신 안에 거하는 새 백성은 결단코, 이 세상과 함께 하나님 없는 허무의 무저갱 속으로 사라지지 않는다. 영원하신 성령께서 저들과 함께하심으로 모든 것을 합력하여 선을 이루시며, 그들이 하나님의 사랑 안에서 하는 모든 일들이 영원토록 의미를 갖게 하신다.

그러므로 하늘에 간직된 '더럽지 않고, 썩지 않고, 쇠하지 않는' 새 하늘과 새 땅은, 예수 그리스도의 십자가와 부활 그리고 성령의 오심을 통해, 이미 이 세상 안으로 들어왔다! 이것이 예수님께서 "하나님 나라가 가까이 왔으니, 회개하고 복음을 믿으라!"라고 선포하신 이유이다. 하나님 나라 곧 새 하늘과 새 땅이, '이미' 예수 그리스도께서 세상에 육체로 오심과 그분의 사역을 통해, 그리고 그분을 믿고 성령께서 그 안에 거하시는 종말의 새 백성을 통해 이 세상 안으로 전격적으로 들어왔다는 것, 이것이 복음이다.

교회는 그래서 새 하늘과 새 땅의 '현존(presence)의 증거'이다. 그들 안에 '더럽지 않고, 썩지 않고, 쇠하지 않는' 그 영원한 나라의 통치가 살아 역사하고 있기 때문이다. 이제, 세상은 더 이상 죄와 죽음과 허무의 지배 아래 갇혀 있지 않다. 그들의 일부가 이미 '새로운 피조물'로서 그 어둠의 권세에서 해방되기 시작했다(고후 5:17). 그 해방된 새 언약 백성 안에는 악한 자 마귀보다 크신 이, 세상보다 크신 이, 세상을 이기신 분이 거하신다(요일 4:4). 세상을 죄와 죽음과 허무의 사슬로 묶어 놓은 악한 자 마귀의 권세가 무너진 것이다!

이제 광야 같은 이 세상 한복판에서도 죄를 깨끗하게 하는 거룩과 의(義)의 샘물이 솟아나며, 죽음이 가득한 이 피폐한 땅에서 부활 생명의 꽃들이 피어나고, 영원한 생명과 사랑의 열매들이 맺히기 시작했다. 이 모든 '의와 생명과 영원한 사랑의 역사'는, 그 영원한 나라, 하늘나라를 이 땅에 가져오신 하나님의 아들 예수 그리스도를 믿는 그의 백성 안에서 '지금도' 강력히 역사하며 활동한다.

하늘에 간직되어 있고 장차 세상과 역사의 끝에 나타날 새 하늘과 새 땅이, 예수 그리스도와 그의 성령을 통해 '지금, 여기, 이 땅'에 있는 그의 백성들 속에, 그분의 교회 속에 '이미' 임재해 있다. 그래서 예수 그리스도의 교회는, 새 하늘과 새 땅의 '시작'이며, 그 영원한 나라의 '통치'가 실제로 실현되는 영역이다. 예수 그리스도를 믿는 자들의 심령과 그들의 삶이, 새 하늘과 새 땅의 통치가 충만하게 나타나는 통로인 것이다.

이 땅에 있는 새 언약 백성은 언제든지, 얼마든지 죄의 더러움에서 나와 하나님의 거룩과 의에 참여할 수 있다. 그들은 자신과 세상 속에 넘쳐나는 죄와 불의에 맞서 싸우며, 항상 의에 주리고 목마른 백성으로 살아간다. 그들은 세상의 모든 사람들처럼 '죽기를 무서워하여 일생에 매여 종노릇'하는 데에서 해방된 새 하늘과 새 땅의 사람들이다. 그들은 죽음을 이긴 부활 생명을 누리며, 이 땅에서 '남은 날들'을 그의 나라와 의를 위하여 사는 사람들이다.

하나님이 없는 세상 사람들은 고통과 고난을 피할 수는 있을지 몰라도, 결단코 허무와 무의미에서 나오지는 못한다. 하지만 그리스도인은 고난 속에서 고통을 겪어도 허무하지는 않다. 이 모든 것을 통해 합력하여 선(善)을 이루시는 하나님의 계획과 섭리 안에서 살아가기 때문이다(롬 8:28-39). 영원하신 성령께서 그들에게 하나님의 사랑을 부으시고, 그들로 하여금 그 사랑 안에 거하게 하시고, 그 사랑으로 그들을 치유하시며, 그들이 그 사랑으로 사랑하는 영원한 삶을 살게 하시기 때문이다.

2. 하나님 나라의 통치의 내용

하나님 나라가 '언제' 오는가 하는 것만큼이나 중요한 것은, 그 영원한 나라의 통치의 '내용'이 무엇인가이다. 하나님 나라의 실질적인 통치 안에서 사는 사람은, 그 나라가 언제 완성될지에 대해 과도하게 집착하지 않는다. 그 영원한 나라를 이미 '지금, 여기서도' 충만하게 누리며 살고 있기 때문이다. 물론, 그 나라의 통치 아래 살수록 더욱더 그 나라의 완성에 대한 소망이 강렬해지는 것도 사실이다. 하지만 지금 여기서 누리는 그 복된 나라의 통치도 말할 수 없이 풍성하다.

(1) 은혜의 통치

하나님 나라가 세상 나라와 가장 우선적으로 그리고 뚜렷하게 다른 특징이 있다면, 그것은 '은혜의 통치'에서 찾을 수 있다. '은혜'란 무엇인가? 창조주 하나님께서 '무'(無)에서 만물을 창조하신 경우처럼, 은혜란 '거저 주어지는 선물'이다. 하나님의 세계는 본래 '무한한 은혜의 세계'이다. 인간은 자신의 생명과 존재와 함께 이 세상을 모두 '은혜'로 받는다. 우리가 받은 것 중에 하나님께로부터 받지 않은 것이 없다.

하지만 이 세상에서 태어나고 이 세상에 속한 사람은, 이 '은혜의 세계'를 온전히 알지 못한다. 그의 존재뿐 아니라 인식에 있어서, 하나님을 떠난 이 세상과 함께 은혜의 세계에서 아주 멀어져 있기 때문이다. 무한하시고 영원하신 하나님을 떠난 이 세상의 가장 뚜렷한 특징은 그래서 '비(非)은혜'이다.

첫 사람 아담은 에덴동산이라는 낙원에서 '은혜'를 누리며 살았지만, 범죄한 후에는 가시덤불과 엉겅퀴를 내는 땅에서 땀을 흘려 자신이 '일한 대가'를 먹고 살게 되었다. 그 이전에 하나님의 은혜 안에서 살 때 노동은 풍성한 은혜의 선물을 누리는 방편이 되었지만, '스스로의 힘으로 하나님 되기를 원했던' 인간의 타락 후에 노동이란 자신이 '땀을 흘려 일한 만큼만 얻는' 법칙, '자기 행위에 대한 보응'이라는 법칙의 지배 아래 들어가게 된 것이다.

이 세상은 이런 의미에서, 철저히 '은혜'를 배제하는 '닫힌 세계'이다. 노력하지 않고 얻는 것은 없다. 일찍 일어나는 새가 벌레를 잡는다. 아니 땐 굴뚝에 연기가 날 리가 없고, 뿌린 대로 거두는 법이다. 공짜가 어디에 있는가. 다 값을 치러야 한다. 일을 하지 않았는데 월급을 주는 회사가 없고, 시험을 보지도 않은 학생이 합격 점수를 받을 리가 없다. 그래서 '공정'(公正)이, 이 비은혜의 세상에서 그나마 큰 저항 없이 모두가 받아들일 수 있는 '생존 게임의 규칙'이 되기도 한다.

물리적인 세계도 예외 없이 '인과법칙'(causality)에 의해 설명된다. 과학은, 원인이 없는 결과는 없으며 모든 결과에는 원인이 있다는 전제 위에 세워진다. 도덕의 세계 역시 '인연과보'(因緣果報)의 법칙에 갇혀 있다. 권선징악(勸善懲惡)이고 사필귀정(事必歸正)이다. 어떠한 행실이든 '그 사람이 행한' 일에 따르는 결과가 '그 사람에게' 돌아가게 마련이다. 그러니 '자기가 주인'이 되어 선한 행실을 지어야 한다. 종교의 세계도, 각자가 선행이나 악행의 '카르마'(Karma) 즉 '업보'(業報)에 따라 죽고 난 이후의 생애가 결정된다는 무한한 '윤회'(輪廻)의 사슬에 매여 있다.

세상은 이처럼 하나님의 '은혜의 세계'에서 멀어져 있다. 사도 바울이 '율법'이라고 부른 것은, 단지 할례나 음식법 또는 모세 오경의 도덕법과 같은 낱낱의 '규례나 법도'만을 염두에 둔 것이 아니다. 그것은 하늘의 천사들을 통해 주어진 것으로서, '정사들과 권세들'(authorities and powers)처럼 눈에 보이지는 않지만 세상의 질서에 관련된 '초등학문' 또는 '기초원리'(스토이케이아, στοιχεῖα)의 일종이다(갈 4:3, 9; 골 2:8, 20).[1] 하나님을 떠난 온 세상이, 모든 것이 자기 자신에게서 출발하고 자기 자신이 원인이 되며 자기 자신이 그 결과에 갇혀 버리는 '비은혜의 스토이케이아'에 의해 지배받게 된 것이다.

복음이란 사람이 비로소 '하나님 나라의 강력'인 '은혜의 통치' 아래 들어간다는 뜻이다. 인과응보(因果應報)의 '카르마'의 세계가 아니라, 하나님 자신이 내 인생의 원인이 되시고, 그분이 내 안에서 그 구원과 새 창조의 과정을 이루어 가시며, 결국 그분의 선하시고 복된 뜻에 따라 내 인생의 결론이 맺어지는 세계로 들어간다는 뜻이다. 불교는 '자기가 주인' 되어 자기가 짓는 '업'(業)을 자기가 책임져야 함을 가르친다. 기독교는 '업'이 아니라 '믿음'의 세계, 은혜의 세계를 가르친다. 그 안에서, 자기의 일조차 은혜의 열매가 되는 그런 세계이다.

그 '은혜의 세계'는 하나님께서 이 세상에 보내신 그의 아들 '예수 그리스도를 믿음'으로써 받는 '영원한 속죄'로부터 시작한다. 내가 원인이 된 죄와 그 죄의 결과인 사망을, 하나님의 아들이 대신 감당하여 죽으시고 또한 다시 살아나신 '기쁜 소식'을 믿는 것으로 우리를 '의롭다 칭하신' 은혜와 또한 선물로 주신 '그 아들의 영원한 생명'을 누리는 것이다. 예수님을 믿는 자는 모두 이렇게 하나님의 '은혜의 세계'로 들어간다.

"거저 받았으니, 거저 주어라."(마 10:8)

예수님의 이 말씀보다, 은혜의 세계와 그 은혜로 사는 길을, 더 간결하고

---

1 채영삼, 『지키심을 입은 교회: 요한이서, 요한삼서, 유다서의 이해』(이레서원, 2022), 335.

정확하게 요약한 표현을 찾기 어렵다. 1세기 당시 메시아로서 예수님의 사역의 가장 두드러진 특징은, 그분께서 '죄 사함'을 선포하시며 가난한 자들과 억눌린 자들에게 '은혜의 해'(jubilee)를 선포하셨다는 사실에 있다. 인간은 천만번을 다시 태어나 선한 '업'(業)을 지어도, 자기 힘으로 죄나 죽음에서 나올 수 없다. 죄의 사슬은 무겁고 죽음의 감옥은 잔혹하다. 예수 그리스도를 믿음으로 말미암아 얻는 죄 사함과 영원한 생명은, 하나님의 아들이 우리의 구원의 원인이 되셔서 그 결과로 주신 '은혜의 선물'이다.

이 '은혜로 얻는 구원'의 세계에 들어가면, 애초에 '창조의 세계' 역시 하나님의 은혜의 선물이라는 사실을 깨닫고 누리게 된다. 예수님은 원수까지 사랑하는 십자가 '구원의 은혜'를, 그 해를 악인과 선인에게 비추시고 비를 의로운 자와 불의한 자에게 내리시는 '창조주 하나님의 차별 없는 은혜'에 비유하셨다(마 5:43-45). 구원도, 창조도, 새 창조도, 모두 전적으로 하나님이 원인이 되셔서 만들어 주시는 '은혜의 선물'이다.

사도 바울이 전한 대로 '일한 것이 없이 하나님께 의로 여기심을 받는 사람의 복'은, 그 아들을 믿음으로 하나님의 은혜의 세계에 들어간 사람이 누리는 기쁨을 표현한다(롬 4:6). 모든 것이 하나님의 은혜이다. 사람이 무슨 선을 행하는 것도, 그분의 은혜 가운데서, 그분이 힘 주심으로 할 수 있는 일일 뿐이다. 새 언약이 약속한 대로, 믿는 자의 '심령에 심긴 말씀'의 생명을 그 심령에 거하시는 성령께서 꽃피우고 열매 맺게 하시는 것일 뿐이다.

그럼에도 그 말씀의 생명의 꽃과 열매는, 그 말씀이 심긴 '우리의 심령과 삶'에 피고 맺힌다. 포도나무에 꽃이 피고 포도 열매가 달리지만, 그것은 그 나무에 붙어 있는 '가지'의 표면을 뚫고 피어나는 꽃이며 그 가지가 매달고 있는 열매이다(요 15:1-5). 하나님의 은혜는 우리 편에서 조건이나 원인을 만들어 얻어 낸 결과가 아니지만, 우리의 수고와 고난과 인내를 통해 열매 맺는다. 그리고 그 은혜의 선물을 받은 사람은 그 은혜를 주시고 그 은혜의 세계에 들어가게 해 주신 하나님께 감사하고 그분을 더욱 사랑할 수밖에 없으며, 그분의 뜻을 이루고자 기꺼이 자신을 드리게 된다.

하나님과 우리의 관계는 '인격적'이고 '언약적' 또는 '상호적'이다. 이런 면에서 '조건 없는 은혜'라는 말을 오해해서는 안 된다. 그것은 은혜를 주는 사람이 그 은혜를 받는 사람에게 아무런 기대가 없다는 뜻이 아니기 때문이다. 내가 어떤 사람을 사랑하는데, 그를 사랑하면서도 아무런 기대도 하지 않는다는 것은 오히려 상대방을 모독하는 태도이다. 인격 간의 사랑은 상호적이기 때문이다. 은혜는 '선물'을 주는 사람과 그 호의를 받는 사람 사이의 인격적인 관계 또는 언약적인 관계를 더욱 신실하고 돈독하게 만든다.

'은혜'의 반대말은 '행함'이 아니라, '비은혜'이다. 은혜를 배제하는 자기의 행함이 원인과 공로가 되는 세계이다. 하나님의 은혜의 세계를 '내가 투자한 만큼 얻는다'라는 식으로 접근할 수는 없다. 육체의 생명이 거저 주어진 것처럼, 영적 생명도 '오직 믿음'으로 '오직 은혜'로 주어진다. 하지만 '행함'은 그 은혜 안에 뿌리내릴 때 비로소 그 원래의 의미를 회복하고 자기 자리를 찾게 된다. 하나님의 '은혜'가 이 세상에 들어올 때 '비은혜'의 법칙에 따라 세워진 모든 바벨탑을 무너뜨리지만, 그렇게 무너진 그라운드 제로에서 하나님은 다시 각 사람에게 '행한 대로 갚으시는 공의(公義)'의 원리를 세우신다.

'오직 그리스도를 믿음'과 '오직 하나님의 은혜'에 기초한 복음은, 애초에 하나님의 은혜를 전제하지 않고 오직 인간의 공로와 인과율에 따라 세워진 모든 '차별의 피라미드'를 철저히 파괴한다. 자신의 죄를 인정하는 세리와 창기가, 스스로 의롭다고 믿는 바리새인과 율법사들보다 먼저 천국에 들어간다. 세상에서 처음 된 자가 나중이 되고, 세상에서 꼴찌이고 버려진 자가 하나님 나라에서 첫째가 되고 가장 큰 자가 된다.

포도원에서 일하는데 오후 5시에 들어와서 1시간 일한 사람이 오전 9시에 와서 하루 종일 일한 사람과 동일한 일당을 받는다(마 20:1-16). 어떻게 이런 일이 일어나는가? 복음은 세상에서 약한 자들을 세워 강한 자들을 부끄럽게 만들기 때문이다(고전 1:26-31). 하나님은 세상에서 가난한 자들을 택하셔서 그들에게 하나님 나라를 유업으로 주시며 믿음에 부요한 자들로 만드신다(약 2:5). 하나님 나라의 은혜의 통치는, 인간이 '비은혜의 세상' 안에서 스스로 왕 노릇 하기 위해 세워 놓은 차별적인 질서를 근본적으로 뒤엎어 버린다. 하나님만이 이 모든 것을 은혜로 주셨고, 주실 수 있는 주권자(主權者)이다.

'거저 받았다'는 사실을 인정하지 못하면, '거저 줄 수'가 없다. 이 세상은 이 모든 것이 하나님의 '은혜'라는 사실을 잊었다. '나의 노력으로 얻은 것'이라고 자랑하고 남을 차별하지만, 사실은 그것도 불공정한 은혜의 결과이다. 겉으로는 '공정'과 '정의'를 외치며 모두에게 그 '공정한 게임의 법칙'에 따라 살라고 가르치지만, 사실은 이 모든 것이 하나님의 '선물'이며 또한 '모두'를 위한 선물이라는 사실을 애써 잊고, 자기 자신을 우상으로 삼는 '자신의 왕국'을 세우기 일쑤이다. 하나님의 은혜와 그 은혜가 주어진 모든 이들에 대한 긍휼을 잊은 '가짜 공정(公正)'은, 그것을 행하면 행할수록 더욱더 비인격적이고 정교한 차별을 양산한다.

하지만 일단 하나님의 은혜가 이 세상의 '비은혜의 피라미드'를 파괴하고 나면, 그 은혜와 긍휼의 터전 위에서 회복되는 모든 바른 관계를 통해 '심은 대로 거두는' 공의의 원리는 비로소 제자리를 찾고 다시 제대로 작동하기 시작한다(갈 6:7-9). 그때의 공법(公法)과 정의는 하나님의 은혜와 이웃을 향한 긍휼이라는 견고한 토대 위에서, 모든 피조물이 각자의 영광과 덕과 아름다움을 발현하는 새 하늘과 새 땅을 회복하는 일에 봉사하게 된다.

(2) 진리의 통치

이 세상에 있는 국가들 중에 자국의 안보와 번영을 위한 최고의 무기로서 '진리'(truth)를 내세우는 나라는 없다. 대부분의 국가는 자신을 지켜 내고 국가 간의 분쟁에서 승리하는 열쇠는 국력 즉 경제력이나 군사력이라고 믿는다. 이런 면에서, 하나님 나라는 특이하다. 하나님 나라가 자신을 지켜 내고 세상 나라와 부딪히며 싸울 때, 승리의 비결로 보유하고 있는 가장 강력한 무기는 '진리'의 능력이다.

하나님 나라는 그 나라가 갖고 있는 '무력'(武力)이나 그 나라 백성 다수가 원하는 '인기'(人氣)있는 정책에 따라 다스려지지 않는다. 하나님 나라는 하나님의 '말씀' 곧 진리에 의해 통치된다. 왜 그런가? 하나님 나라가 맞서 싸우는 세상 나라는 특정한 국가가 아니라, 이 세상 배후에 똬리를 틀고 '잠시, 제한적으로'나마 이 세상을 자신의 지배 아래 가두어 둔 악한 자 마귀의 세력이기 때문이다. 그 악한 자가 '세상 임금'이다(요 12:31).

하나님 나라의 통치에 있어서 왜 그토록 '진리'가 중요한지 알려면, 거꾸로 이 세상을 지배하는 악한 자 마귀의 통치 방식을 알아야 한다. 마귀가 세상을 지배하는 방식에는 네 가지 큰 특징이 있는데, 그것은 '거짓말, 죄, 증오, 살인과 파괴'이다(요 8:44; 요일 3:8-12). 이 네 가지 마귀의 특징 중에서도 가장 우선되고 결정적인 특징은 '거짓말'이다. 마귀는 거짓말을 통해서 이 세상을 죄와 증오와 살인과 파멸의 지옥으로 몰고 간다.

이것이 하나님 나라가 '진리'의 말씀으로 세워지고 전진하며 승리하는 이유이다. 사도 요한은 '육체로 세상에 오신' 하나님의 아들 예수 그리스도를 소개할 때, 그분을 우선적으로 '태초부터 있는 생명의 말씀' 또는 '태초에 계신 말씀'이라고 선포한다(요일 1:1; 요 1:1). 하나님의 아들이 육체로 세상에 진짜 오셨는데, 그분의 가장 우선되는 본질이 '말씀 곧 진리'라는 것이다. 어둠이 빛 앞에서 쫓겨날 수밖에 없듯이, 세상을 잠시 장악하고 있는 '거짓의 아비' 마귀는 '생명의 말씀'이시며 '진리'이신 그 아들 예수 그리스도 앞에서 쫓겨날 수밖에 없다.

"예수께서 이르시되 내가 곧 길이요 진리요 생명이니 나로 말미암지 않고는 아버지께로 올 자가 없느니라"(요 14:6)

"그러나 진리의 성령이 오시면 그가 너희를 모든 진리 가운데로 인도하시리니…"(요 16:13)

"또 아는 것은 하나님의 아들이 이르러 우리에게 지각을 주사 우리로 참된 자를 알게 하신 것과 또한 우리가 참된 자 곧 그의 아들 예수 그리스도 안에 있는 것이니 그는 참 하나님이시요 영생이시라"(요일 5:20)

이 세상에서 '진리'보다 강력한 것은 존재하지 않는다. 진리는 핵폭탄보다 강력한, 사탄의 견고한 진(陣)을 무너뜨리는 하나님 나라의 강력이다. '진리'(眞理, ἀλήθεια)란 무엇인가? 오늘날 '진리, 옳은 것'은 각자의 취향에 따라 달라지는 것이 되었다. '내 입맛에 맞는 것이 진리'라고 말한다. 여기에도 일말의 진실은 있다. 단지 추상적이며 객관적이기만 하고 '나에게는 아무런 의미가 없는' 진리는 아직 참된 진리가 아니기 때문이다.

진리에는, '실재'(reality)를 통합하고 살려 내고 깨닫게 하며 그것을 깨닫는 사람의 것으로 소유하게 하는 힘이 있다. 진리를 알게 되면, '아하, 그렇구나!' 하면서, 무지(無知)의 어둠 속에서 파편화되어 무의미하게 흩어져 있던 것들이, 서로 일치되고 연결되어 생명을 회복하며 능력으로 변화된다. 이는 마치, 성부(聖父) 하나님께서 창조하시고 성자(聖子) 하나님께서 구속하신 것을, 성령(聖靈) 하나님께서 '우리로 하여금 깨달아 알고 누리게' 하시는 것과 같다.

하지만 그 이전에 '진리'란 우선적으로, 하나님의 말씀과 또한 그 말씀으로 창조되어 결국 그 말씀대로 완성될 이 창조 세계처럼, 그 어떤 도전에도 불구하고 '항존(恒存)하는, 즉 끝까지 신실하게 존재'함으로써 자신의 실재(reality)를 증명하는 능력이다. 구약성경에서 '진리'라는 말은, 우리가 흔히 설교 말씀을 듣고 '아멘'(amen) 할 때처럼 '진실로 그러하다, 신실하다'라는 의미를 담고 있다. 이런 면에서 '진리'란, 하나님의 '언약'(言約)처럼 끝까지 신실하게 자신의 존재를 성취하며 확증한다는 특징이 있다. 말씀으로 창조된 피조 세계를 움직이는 물리학적 법칙들이 진리의 성격을 소유하는 것도, 그것이 계속해서 변치 않는 원리로 작동하기 때문이다.

'진리'란 또한, 이 세상에 있는 모든 불완전하고 더러워지고 부패해진 '모형(模型)들'이 아니라, 하늘에 간직되어 있는 완전하고 깨끗하고 영원한 '원형'(original)이라는 의미를 담고 있다. 그래서 '진리'는 빛과 같이 모든 어둠을 밝히며, 가장 완전한 모습을 보여 주고, 전혀 흠이 없고 거룩한 영광을 드러내는 무엇이다. '거짓'은 그렇지 않다. 우리가 어떤 물건을 샀는데 그것이 '정품'(正品) 즉 '진짜'가 아니라 '가짜'요 '짝퉁'이라는 것을 발견하는 경우가 있는 것처럼, '진리'에는 바로 '원형', 성경적으로 하면 하나님께서 창조하신 그 원래의 영광스러운 형상 그대로라는 의미가 포함되어 있다.

성경이 '하늘'이라고 부르는 곳에는, 이렇게 죄와 죽음으로 더럽혀지거나 썩지 않는 영광스럽고 영원한 것들이 가득하다. 세상에는 '헛된 우상들'로 가득하지만, 하늘에는 '참 하나님'과 '영원한 대제사장이신 그 아들 예수 그리스도'가 계신다. 하늘에 있는 성전이 '참성전'이요, 그 하늘에 간직된 '땅, 기업'이 '더럽지 않고, 썩지 않고, 쇠하지 않는 새 창조'요 '흔들리지 않는 영원한 나라'이다.

그러므로 예수님께서 '나는 진리'라고 말씀하셨을 때, 그것은 그분이야말로 하나님의 모든 '말씀의 신실한(faithful) 성취'일 뿐 아니라, 또한 그분이야말로 '하늘로부터 오신 참(truthful) 생명'이시요, '참' 하나님이시요, '완전하고 영광스러운' 하나님의 형상이라는 사실을 의미한다. 이 모든 날들의 마지막에, 예수님 안에서 하나님의 모든 말씀은 신실하게 성취되며, 그분 안에서 하늘과 땅은 하나로 통일될 것이다.

예수 그리스도가 '진리'라는 사실을 우리가 깨닫고 확신하게 되는 것은, 성령 하나님의 역사를 통해서이다. '진리의 영'이신 성령 하나님께서는, 그 아들 예수 그리스도가 '진리'이심을 증거하신다. 성령께서는 그 아들을 믿고 영접한 자들 안에서, 그 아들로 말미암아 성취된 모든 언약의 복들과 생명과 능력을 깨닫고 누리게 하시며, 하늘의 모든 신성(神聖)한 은총들로 충만하게 채우신다.

세상은 악한 자 마귀의 '거짓'으로 충만하다. 마귀의 거짓말 중에 가장 크고 흔한 거짓말은 '하나님이 없다'는 거짓말이며, '하나님께는 독생하신 아들이 없다'는 거짓말이며, '그 하나님의 아들이 육체로 세상에 오지 않았다'는 거짓말이다. 마귀는, 성경에 기록되어 있고 성령께서 확증하시는 하나님의 말씀 자체를 부인함으로써 하나님을 '거짓말쟁이'로 만든다(요일 1:10).

일단 세상을 이렇게 '하나님에 대한 거짓의 장막'으로 뒤덮은 후, 마귀는 그 안에 거짓 영들과 거짓 선지자들을 보내 사람들을 온갖 거짓 속임수 속에 가두고 파괴한다. 사람은 하나님의 형상이 아니라 짐승일 뿐이며, 자연은 하나님의 영광스러운 피조물이 아니라 인간의 탐욕을 좇아 아무렇게나 파괴해도 좋은 물질 덩어리에 불과하다고 속인다.

거짓은 죄를 낳고, 죄는 증오를 불러일으키며, 증오는 살인과 파멸을 낳는다. 사람들을 가장 비참하게 만들고, 아름답고 선한 관계를 파괴하며, 인생과 가정과 기업과 국가조차 파국으로 몰아넣는 죽음의 사자(使者)들이 거짓의 아비 마귀의 '거짓된' 입에서 쏟아져 나온다.

그러므로 하나님 나라가 세상 나라를 이기는 길은 우선적으로 '진리'에 있다. 진리는 예수 그리스도 자신이며, 예수 그리스도 안에 있고, 예수 그리스도를 통해서 얻게 된다. '신실하고 영원한' 진리이신 그 아들은, 진리를 증거하시는 성령을 통해, 그 진리를 가진 자들을 그 '흔들리지 않는 나라'에 합당한, 신실하고 영광스러운 백성으로 변화시키신다.

그리스도인의 가장 뚜렷한 특징은, 그의 말이 진실하며 약속을 신실하게 지킨다는 것이다. 하나님을 '믿는' 성도는 그래서 '믿을 만한' 사람이 되어야 한다. 하나님은 참되고 신실한 분이시며, 그 약속을 반드시 성취하는 분이시기 때문이다. 이웃에게 거짓을 말하지 않고 정직하며, 약속한 것은 설령 상황이 어려워져도 지키는 것이 그리스도인의 중요한 가치이다.

사람은 죄인이기 때문에 거짓에 쉽게 속으며, 죄의 유혹에 쉽게 넘어가는 부패한 본성을 갖는다. 이 진리를 인정하기 때문에, 그리스도인은 아무것이나 듣는 대로 믿지 않고, 말씀과 성령의 빛 안에서 자신의 숨은 동기를 살필 줄 알며, 거짓을 퍼뜨리지 않고 오직 이웃을 대하여 참된 것을 말한다.

그리스도인은 삶의 모든 영역에서 진리를 추구한다. 세상에 남아 있는 모든 진리들은 본래 '하나님의 진리요, 그 아들과 성령의 진리'이다. 그것들은 하나님에 의해 창조되고, 그 아들로 말미암은 것이며, 성령께서 주신 것이다. 진리가 있는 곳에 생명이 있고 길이 있다. '진리'이신 주께서 또한 '생명'이요 '길'이 되시기 때문이다(요 14:6).

(3) 성령의 통치

성령님은 하나님의 영으로서, 성부와 성자와 함께 삼위(三位) 하나님 중에 한 분이시다. 하나님 나라는 또한 성령님께서 통치하시는 나라이다. 하나님께서 세상을 창조하실 때 '말씀'으로 창조하셨다. 그때 그 말씀과 함께 하나님의 영이 역사하셨고, 창조된 것들 중 말씀으로 말미암지 않은 것이 없듯이 하나님의 영으로 말미암지 않은 것도 없다. 하나님의 영이 만물에 생기(生氣)를 불어넣으셨다. 지금도 피조 세계 전체가 그 창조의 말씀으로 유지되고 운행되듯이, 하나님의 영은 온 피조 세계에 생명을 불어넣으시며 움직이게 하신다.

하지만 '성령님 자신'은 아담이 범죄한 후 인간들의 죄악이 세상에 가득 찼을 때, 사람들과 이 세상을 떠나셨다(창 6:3). 잠시, 이 피조 세계를 인간의 죄와 그 결과로 세상에 들어온 죽음의 지배에 남겨 두셨다. 구약 시대에 성령님은, 모든 피조 세계를 그 말씀과 함께 붙드시고 살게 하시며 역사하신 것처럼, 옛 언약 백성들과 그 역사 속에서도 하나님의 구원 계획을 따라 간헐적으로 간섭하시고 역사하셨다.

그리고 하나님의 영이신 성령님께서는, 하나님께서 이 세상을 회복하시고자 아브라함과 그 언약 백성을 부르셨을 때, 그들 가운데 성전을 짓게 하시고 속죄의 제사와 함께 그 성전 안에 영광으로 친히 임재하셨다. 하지만 옛 언약 백성이 율법을 버리고 그들의 불의하고 악한 행실로 성전을 더럽혔을 때, 하나님의 영은 그 성전과 그 백성을 떠나셨다(겔 10:18). 하나님의 율법 곧 그분의 '말씀'을 버린 옛 언약 백성에게서, '하나님의 영'의 임재도 사라지게 된 것이다.

그 후로 옛 언약 백성의 일부가 포로 되었던 나라에서 돌아와 두 번째 성전을 세웠을 때에도, 하나님의 영은 그들 가운데로 돌아오시지 않았다. 하나님의 영이신 성령께서는 언제 친히 이 세상에 다시 오셨는가? 그것은 '육신이 되신 말씀'으로 세상에 오신 하나님의 아들 예수 그리스도께서 '모든 의를 이루기 위하여' 죄인처럼 세례를 받으시고 물 위로 올라오셨을 때였다. 바로 그때 하늘이 열리고, 하나님의 영이 비둘기처럼 내려와 '말씀이신 하나님' 곧 하나님의 아들 위에 임하셨다.

> "예수께서 세례를 받으시고 곧 물에서 올라오실새 하늘이 열리고 하나님의 성령이 비둘기같이 내려 자기 위에 임하심을 보시더니, 하늘로부터 소리가 있어 말씀하시되 이는 내 사랑하는 아들이요 내 기뻐하는 자라 하시니라."(마 3:16-17)

예수 그리스도께서 세례를 받으셨을 때 하나님께서는 친히 하늘로부터 자신의 영 곧 성령으로 그 아들에게 기름을 부으심으로써, 바로 이 '예수'가 종말에 '영원한 왕권'을 받아 '영원한 나라'를 세우실 '약속된 다윗의 아들'이심을 공식적으로 선포하신 것이다. 이로써 다윗 언약이 성취되었고, 하나님의 아들이요 다윗의 아들이신 예수 그리스도께서 받으신 그 '영원한 왕권'은 바로 '성령의 권세'이고, 그 약속된 '영원한 나라'는 바로 하나님께서 자신의 영 곧 성령으로 통치하시는 나라라는 사실이 드러나게 되었다.

이것은 그저 허물 많은 인간이었을 뿐인 다윗 계열의 왕들이 다스렸던 구약 시대의 다윗 왕국과는 비교할 수 없는 차원의 나라이다. 이제 예수 그리스도로 말미암아 이 땅에 세워진 '종말의 영원한 다윗 왕국'은, '말씀'이신 성자 하나님과 '하나님의 영'이신 성령께서 친히 통치하시는 '하나님의 나라'로 나타난 것이다(롬 1:1-7). 옛 언약에서 다윗 왕국을 통해 이 땅에서 실험되었던 하나님 나라는, 이제 새 언약을 성취하시고 '하늘과 땅의 모든 권세'를 받으신 예수 그리스도께서 성령으로 말미암아 하늘과 땅 모두를 통치하시는 '영원한 나라'가 되었다.

> "그러나 내가 하나님의 성령을 힘입어 귀신을 쫓아내는 것이면, 하나님의 나라가 이미 너희에게 임하였느니라."(마 12:28)

복음서가 증거하는 대로, 예수 그리스도께서 이 땅에서 행하신 그 '비할 수 없는 권세(ἐξουσία, 엑수시아)'의 실체는 곧 하늘로부터 오신 성령 하나님 자신의 권능의 나타남이다. 예수님께서는 그 말씀만으로 귀신들을 쫓아내시며 병자를 고치셨고 죽은 자들을 살리셨으며, 물 위를 걸으시고 바다를 잔잔케 하심으로써 그분이 모든 악한 자들의 권세와 온 피조 세계를 통치하시는 하나님 자신의 권세 곧 '생명의 성령'의 권능을 가진 분임을 나타내셨다. 또한 예수님은 '진리의 성령'의 권능으로 하나님 나라에 관한 모든 참된 것들을 가르치시며, 하나님의 뜻이 하늘에서 이루어진 것같이 땅에서도 이루어지게 하신다.

예수님께서는 이 성령의 능력으로 하나님의 뜻에 순종하심으로써 광야 시험을 이기셨고, 세상 죄를 위하여 십자가에서 죽으셨으며, 성령의 능력으로 죽은 자들 가운데서 다시 살아나셔서, 하늘에 있는 하나님 보좌 우편에 앉으심으로써 그 영원한 나라의 왕이요 주(主)가 되셨다. 이제 종말에 성취된 그 '영원한 다윗 왕'이신 '어린양' 예수 그리스도는, 이 땅 위의 보좌가 아니라 하늘에 있는 보좌에서 온 열방과 모든 피조 세계를 통치하고 계신다(계 5:1-14). 새 언약 백성은 바로, 하늘과 땅, 모든 피조 세계 전체를 통치하시는 이 영원한 왕 예수 그리스도의 백성이며, 그 새 하늘과 새 땅을 유업으로 받은 하나님의 자녀인 것이다.

성령 하나님께서는, 성부 하나님께서 세상을 창조하실 때에도 그리고 성자 하나님께서 구원 사역을 이루실 때에도, 함께 역사하셨다. 이제 구원 사역의 목적인 새 창조를 완성하실 때에, 가장 전면에 나타나 역사하시는 하나님은 성령님이시다. 성령님께서는 이 '하나님 나라의 복음'이 모든 열방과 나라와 민족에 전해지기까지, 복음을 듣는 모든 이의 심령에 '메시아이신 예수가 이 세상에 육체로 오신 하나님의 아들'이심을 친히 증거하시며 믿게 하신다(행 1:8; 요일 5:7-8).

> "이 모든 일은 같은 한 성령이 행하사 그의 뜻대로 각 사람에게 나누어 주시는 것이니라. 몸은 하나인데 많은 지체가 있고 몸의 지체가 많으나 한 몸임과 같이 그리스도도 그러하니라."(고전 12:11-12)
>
> "내가 이르노니, 너희는 성령을 따라 행하라. 그리하면 육체의 욕심을 이루지 아니하리라."(갈 5:16)

이로써 성령님께서는 그 아들의 복음을 듣고 믿는 자들을 거듭나게 하셔서, '위로부터 난 생명, 부활 생명, 영원한 생명'을 받아 누리게 하시고, 그들 안에 영원토록 거하시며, '그리스도로 말미암아 한 몸' 된 성도들 '각자에게 그의 뜻대로' 신령하고 다양한 은사를 주셔서 함께 주의 교회를 세우게 하심으로, 한 분 하나님의 뜻을 이루어 가게 하신다.

예수 그리스도는, 그를 믿는 모든 성도가 그와 연합하여 그의 신적 본성과 완전한 형상에 참여하게 하신다. 한편 성령님께서는, 각 성도 안에 거하시며, 그들이 받은 신령한 은사를 그들 자신의 인격을 통해 발휘할 수 있도록 도우신다.

무엇보다 성령 하나님께서는, 새 언약 백성에게 그들의 죄악 된 본성으로는 순종할 수 없는 하나님의 말씀을 순종할 능력을 주셔서, 그들로 하여금 '의'(義)가 거하는 새 하늘과 새 땅을 간절히 사모하는 가운데 이 땅에서 '의'를 행하여, 모든 '관계'를 바르게 회복하는 일에 주리고 목마르게 하신다.

> "만물을 그에게 복종하게 하실 때에는 아들 자신도 그때에 만물을 자기에게 복종하게 하신 이에게 복종하게 되리니, 이는 하나님이 만유의 주로서 만유 안에 계시려 하심이라."(고전 15:28)
>
> "그런즉 누구든지 그리스도 안에 있으면 새로운 피조물이라. 이전 것은 지나갔으니 보라 새 것이 되었도다."(고후 5:17)

하나님은 죄 없고 영광스러운 자신의 독생자 예수 그리스도를 이 세상에 보내셨다. 그분은 육체로 오셨고, 죄인처럼 세례를 받으셨으며, 십자가에서 죽으셨다가, 다시 살아나셨다. 그리고 부활하신 하나님의 아들은 하늘에 오르시어, 거기로부터 성령님을 이 세상에, 그 아들을 믿는 자들에게 보내셨다. 이제 성령님께서는, 하나님의 아들이 열어 놓으신 그 '새롭고 산 길'을 통해, 그 아들을 믿는 자들과 온 피조 세계를 하늘의 모든 신령한 은총과 생명으로 충만하게 하심으로 새 창조를 이루어 가신다.

마침내 새 하늘과 새 땅이 이루어질 그날, 지금의 세상은 '불'(火) 곧 '심판하시는 성령'에 의해 해체되고 새롭게 태어날 것이다(벧후 3:10-13). 마치 다

죽게 된 암 환자를 수술하여 그 암을 떼어내 버리듯이, 세상은 극심한 고통 속에서 '거듭나게' 될 것이며 '사망'(死亡) 자체가 악한 자 마귀와 함께 '영원한 불 못'에 던져질 것이다(고전 15:26; 계 20:14). 그 마지막 날, 썩어짐에 종노릇하는 지금의 세상이 새 생명으로 온전히 '거듭나는' 일을 위하여, 지금 성령님께서는 하나님의 아들의 복음 곧 새 하늘과 새 땅의 복음을 듣고 믿으며 회개하는 심령을 '거듭나게' 하시고 '거룩하게' 하신다.

그러므로 피조 세계가 거듭나는 '중생'(regeneration)의 역사는 '먼저, 사람들 속에서' 일어난다. '새 창조는 창조의 역순(逆順)'이기 때문이다. 첫째 창조에서, 하나님께서는 세상을 만드신 후에 사람을 지으셨다. 그리고 사람이 타락하여, 죄와 사망이 세상에 들어왔다. 문제가 '사람'에게 있었다는 것이다. 그래서 새 하늘과 새 땅이 오려면, 먼저 '새 사람들'이 창조되어야 한다. 하나님께서는 '둘째 아담' 곧 '하늘로부터 오신 사람'인 예수 그리스도를 통하여 '새 사람들'을 창조하신다.

그리고 성령 하나님을 통하여 그들을 날마다 새 하늘과 새 땅에 합당한 새 백성으로 양육해 가신다. 성령님께서는 이처럼 그리스도의 은혜와 하나님의 긍휼 안에서 그들을 양육하시며, 그들이 그 영원한 나라에 합당한 신적 성품에 참여하게 하시고, 이 땅에서는 선한 일에 열심을 내는 하나님의 친백성이 되게 하신다.

모든 것의 마지막 날, 이 세상을 '심판하시는 불'로서 역사하실 성령께서는, 지금 새 생명으로 거듭난 성도의 심령 속에서, 죄와 어둠을 밝히시는 빛이시며, 그 죄와 허물을 그리스도의 피로 씻으시고 그들을 거룩하게 하시는 '성화(聖化)의 불'로 역사하신다. 예수 그리스도를 주로 고백하며, 새 하늘과 새 땅의 하나님이신 성령께서 그 안에 거하시는 그리스도인은, 그러므로 날마다 '참회'의 길을 걸어갈 수밖에 없고 또한 그래야만 한다. 동방교회의 한 성자가 말했듯이, 참회란 '낙원 앞에 선 영혼의 전율'이기 때문이다.

이해와 나눔을 위한 질문

1. '지금, 여기에' 임한 하나님 나라에 대한 내용을 자신의 말로 정리하여 설명해 보라. 이 부분에서 당신이 가장 깊이 깨닫게 된 내용이 있다면 그것은 무엇이며, 왜 그렇게 생각하는지 나누어 보라.

2. 하나님 나라의 현재적 통치 가운데 '은혜의 통치'에 관해서, 당신이 가장 인상 깊게 배운 것이 있다면 그것이 무엇이며, 왜 그렇게 생각하는지, 그리고 어떻게 하면 우리의 삶에서 은혜의 통치가 더욱 온전히 이루어질 수 있을지 이야기해 보라.

3. 하나님 나라의 현재적 통치 가운데 '진리의 통치'와 '성령의 통치'에 관해서, 당신이 가장 인상 깊게 배운 것이 있다면 그것이 무엇이며, 왜 그렇게 생각하는지, 그리고 어떻게 하면 우리의 삶에서 진리와 성령의 통치가 더욱 온전히 이루어질 수 있을지 이야기해 보라.

제14과

하나님 나라의 통치의 내용 (2)

하나님 나라가 '언제 오느냐'보다 더 중요한 것은, 그 나라가 '지금 여기에서 어떤 통치로 임하고 있느냐'이다. 아니 그보다 더 중요한 질문은, '지금 내가, 여기서 우리가, 그 하나님 나라의 현재적 통치를 충만하게 누리며 그 아래 순복하고 있느냐'이다. 지금 여기에 임하는 하나님 나라의 '은혜의 통치' 아래서 '거저 받은 대로, 거저 나누는' 삶을 살고 있느냐가 결정적이다. 나는 그 은혜의 세계 속에 오늘도 더 깊이 빠져 들어가고 있는가? 그래서 우리는 그 은혜의 강물을 막힘없이 흘려보내고 있는가? 그렇게 물어야만 한다.

또한 나는 지금 여기에 임한 하나님 나라의 '진리의 통치' 아래 살고 있는가? 우리가 원하고 간절히 구하는 것이 '진리'이며, 오직 '진리의 능력'으로 하나님의 교회를 지키며, 오직 '진리의 말씀'으로 양식을 삼는 삶을 사는지 스스로 물어야 한다. 그리고 무엇보다, 우리가 하나님 나라의 강력한 '성령의 통치' 안에 거하는지 날마다 점검해야 한다.

오직 성령께서 우리로 하여금 그 아들의 생명을 누리게 하시며 아버지의 사랑을 깨닫게 하신다. 오직 성령께서만이 우리를 그 아들을 통해 아버지의 품으로 인도하실 수 있다. 오직 성령께서 교회의 길을 아시며 역사에 새 하늘과 새 땅에 이르는 길을 내시고, 만유를 하나님의 모든 신성의 충만으로 충만케 하신다. 이제 우리는 하나님 나라의 현재적 통치 가운데, 그 아들의 '생명의 통치'와 '의와 화평의 통치' 그리고 아버지 하나님의 '사랑의 통치'를 살펴볼 것이다.

(4) 생명의 통치

이 세상은 죽음이 통치하는 영역이다. 사람들은 굳이 그런 사실을 떠올리거나 직면하고 싶어 하지 않지만, 죽음은 예외 없이 누구에게나 찾아온다. 세상에 있는 것들 중에 썩지 않고 소멸하지 않는 것은 없다. 물론 세상은 여전히 아름답고, 세상에는 선하고 좋은 것들도 많이 남아 있다. 하지만 세상은 마치 전원에서 분리된 배터리에 남아 있는 전력(電力)처럼 정해진 시간이 지나면 소멸하고, 다시 전원에 연결되지 않는 한 그 자체로서는 작동을 멈추는 것처럼 끝을 향해 소진되어 가고 있다.

죽음은 여러 방식으로 우리의 삶 속에 함께 '숨쉬고'(?) 있다. 전쟁이나 살인처럼 노골적이고 직접적으로 자기를 드러내기도 하지만, 훨씬 더 은밀하고 간접적으로 작동하기도 한다. 그 대표적인 방식을, '율법주의적(legalistic) 공로주의'와 그 반대인 '무율법적인(lawless) 방임주의'에서 동시에 확인할 수 있다. 통상 세상이 그렇게 돌아가기도 하지만, 특히 거짓된 사이비 종교나 이단들은 이 두 가지 방식을 뒤섞어 사람들을 죽음으로 끌고 간다. 거짓 교사들은 종종 '소위 144,000명만 얻는다'고 구원 받는 자의 숫자를 정해 놓고 온갖 '자의적인 규율과 속박과 헌금'을 강요하기도 하고, 그 반대로 무법한 방탕과 방종 속에서 온갖 죄를 지어도 아무런 심판이 없다는 식의 '거짓 자유'로 속여 사람들을 파멸로 끌고 가기도 한다.

이렇듯 사람과 함께 온 세상이 이처럼 죽음 아래 갇혀 있는 이유는, 생명을 창조하시고 생명의 근원이 되신 하나님에게서 완연히 분리되어 있기 때문이다. 성경은 그 분리가 '죄'로 말미암은 것임을 알려 준다. 이런 경우 '죄'란 하나님과의 인격적인 관계를 끊어 버리는 것이며, 그것은 무엇보다 복음, 곧 그분의 은혜의 선물을 완연히 거부함으로써 초래되는 결과이다. 내가 누군가에게 건넨 사귐의 초대를 상대방이 무시하고 거절하면, 내가 그 사람과 더 이상 관계를 맺을 수 없는 것과 유사하다.

이렇게 보면, 죽음은 잔혹하고 두려운 것이나 극복될 수 없는 것이 아님을 알게 된다. 죽음이 생명을 창조하시고 생명을 주시는 하나님과의 분리에서 생겨난 것이라면, 역으로 그 생명의 하나님과의 '연결 즉 교제'를 다시 회복하면 되기 때문이다. 어떻게 그런 일이 있을 수 있는가? 이미 죽음 아래 놓인 사람이 하나님과의 관계를 스스로 회복할 수는 없다. 그는 이미 죽은 것과 같은 상태이기 때문이다. 죽은 사람이 움직이거나 말을 하는 것을 보았는가? 사람이 죽음 아래 있다는 것은 존재적으로 무능(無能)하고 인식적으로 무지(無知)한 어둠 가운데 있다는 뜻이다.

> "태초에 말씀이 계시니라. 이 말씀이 하나님과 함께 계셨으니 이 말씀은 곧 하나님이시니라. 그가 태초에 하나님과 함께 계셨고 만물이 그로 말미암아 지은 바 되었으니, 지은 것이 하나도 그가 없이는 된 것이 없느니라. 그 안에 생명이 있었으니 이 생명은 사람들의 빛이라."(요 1:1-4)
>
> "태초부터 있는 생명의 말씀에 관하여는 우리가 들은 바요 눈으로 본 바요 자세히 보고 우리의 손으로 만진 바라. 이 생명이 나타내신 바 된지라. 이 영원한 생명을 우리가 보았고 증언하여 너희에게 전하노니, 이는 아버지와 함께 계시다가 우리에게 나타내신 바 된 이시니라."(요일 1:1-2)

죽음 아래 갇힌 우리가 스스로의 능력과 지식으로 그 죽음 밖에 계신 하나님을 찾아 만나서 그 관계를 회복할 수가 없다. 죽었기 때문이다. 바로 이 일을 위하여, 하나님께서는 자기 아들을 세상에 보내셨다. 그 아들은 어떤 존재인가? 그분은 '태초부터 있는 생명의 말씀'이시다. 그분은 이 세상이 죄로 말미암아 죽음의 지배 아래 갇히기 이전부터 계셨던 '생명의 말씀' 곧 '생명을 창조하시고 생명을 주시는 말씀'이시다.

또한 그분은, 이 세상이 끝나고 사망 자체가 심판을 받아 제거된 후에도 영원토록 계시는 '죽음을 이기고 넘어선 부활 생명'이시다.[1] 이것이 하나님께서 생명의 근원인 자신을 떠난 이 세상을 죽음의 권세에서 건져 내시는 방법이다. 그것은 '그 아들'을 통해서이다. 누구든지 하나님께서 이 세상에 보내신 그 아들 곧 '생명을 주시며 생명이신 말씀'인 그분을 믿고 받아들이면, '영원한 생명'을 얻는다.

이것이 하나님께서 세상을 '이처럼 사랑하신' 방식이다(요 3:16). 누구든지 상대방을 사랑하면, 자신에게 있는 가장 귀한 것, 최고의 것을 내어 주려 할 것이다. 하나님께서도 이 세상이 자신을 떠나 죄와 죽음 아래 갇히게 되었지만, 자신의 최고의 것 곧 자신의 아들을 내어 주셔서, 그 아들을 믿고 받는 모든 자에게 '영원한 생명'을 주시는 것이다.

> "하나님이 세상을 이처럼 사랑하사 독생자를 주셨으니, 이는 그를 믿는 자마다 멸망하지 않고 영생을 얻게 하려 하심이라. 하나님이 그 아들을 세상에 보내신 것은 세상을 심판하려 하심이 아니요, 그로 말미암아 세상이 구원을 받게 하려 하심이라."(요 3:16-17)
>
> "또 증거는 이것이니 하나님이 우리에게 영생을 주신 것과 이 생명이 그의

---

1 요일 1:1에서 '태초부터 있는 생명'을 '본 바요'라는 표현은 요 1:14의 '성육신하신 말씀'이신 예수님을 '보았다'와 병행되며, 요일 1:2의 '영원한 생명'을 '보았다'고 하는 표현은 요 20:25의 부활하신 주님을 '보았다'는 표현과 짝을 이룬다.

아들 안에 있는 그것이니라. 아들이 있는 자에게는 생명이 있고 하나님의 아들이 없는 자에게는 생명이 없느니라."(요일 5:11-12)

복음, 곧 예수 그리스도로 말미암은 '기쁜 소식'이란 무엇인가? 복음을 주로 유대교의 율법을 배경으로 설명하면, 복음이란 사람이 '율법의 행위를 통해 의롭다 함을 얻지 못하고 예수 그리스도를 믿음으로써 의롭다 함을 얻는다'는 기쁜 소식이 될 것이다. 하지만 복음을 주로 당대의 로마와 같은 유혹적이고 또한 위협적인 세상을 배경으로 설명한다면, 복음이란 세상이 제공하는 어떤 생명이나 또는 세상이 더럽히고 빼앗아 갈 수 있는 그 어떤 생명을 갖게 된다는 것이 아니라, '하나님의 아들을 믿음으로 영원한 생명을 얻는다'는 기쁜 소식이 될 것이다.

그 영원한 생명이란, 죽음이 빼앗아 갈 수 없는 부활 생명이며, 세상과 함께 더러워지고 썩어지고 허무해지는 생명이 아니라, 말씀과 성령 안에서 그 아들과 아버지와 함께 그리고 이웃과 온 피조물과 더불어 깨끗하고 의로우며 또한 영광스럽고 영원한 사랑의 교제를 누리는 삶이다(요일 1:1-4). 그렇다면 그 아들은 어떻게 해서 우리에게 영원한 생명을 주실 수 있는가? 그것은 그 아들이 십자가에서 죽으심으로써 우리의 죄를 위한 속죄제물이 되셨고, 죽음의 권세를 깨뜨리고 부활하심으로써 그를 믿는 자들에게 부활 생명이 되셨기 때문이다.

성경적으로 말하면, 죽음은 죄의 결과이다. 왜냐하면 죄는 생명의 창조주요 생명을 보존하시는 하나님과의 단절이기 때문이다. 하나님께서는 태초부터 생명의 말씀이 되신 자기 아들을 '세상에 육체로' 보내셨다. 하나님의 아들이 진실로 '육체로 세상에 오셨다(!)'는 사실이 왜 그렇게도 중요한가? 그것은 하나님을 떠난 이 세상이, '잠시, 제한적'이기는 하지만 '세상 임금, 공중 권세 잡은 자' 곧 '악한 자 마귀' 아래 놓여 있기 때문이다(요 12:31; 엡 2:2).

이 세상은 여전히 하나님의 긍휼과 은총으로 아직 선하고 아름다운 것들을 보존하고 있지만, 그 본질에서는 하나님을 떠나 하나님과 그의 통치를 저항하고 뒤엎고자 하는 악한 자 마귀와 그 타락한 영들이 지배하는 영역이다. 악한 자 마귀의 특징은 '거짓과 죄와 증오와 살인'인데, 마귀는 거짓되고 더러운 영들을 통해 온 세상에 그 거짓과 죄와 증오와 살인의 충동을 불어넣는다. 이 세상에서 가장 흔하고 가장 파괴적인 것이 거짓과 죄와 증오와 살인이라는 사실은, 이 세상 배후에 무엇이 똬리를 틀고 있는지를 보여 주는 방증인 것이다.

그래서 세상 임금인 악한 자 마귀는, 이 세상이나 이 세상 속에 있는 그 어떤 육체도, 결단코 하나님과 그 아들에게 빼앗기지 않으려 한다. 이 세상이 그 악한 자의 왕국이기 때문이다. 하나님께서 자기 아들을 세상에 '육체로'(!) 보내셨다는 사실의 중요성이 여기에 있다. 만일 하나님께서 자기 아들을 세상에 보내셨지만 그 아들이 정녕 '육체로' 온 것은 아니며, 그가 십자가에서 죽으시고 부활하신 것도 모두 그의 '육체'로 하신 일이 아니라면, 마귀는 세상과 육(肉)에 속한 모든 사람들을 여전히 그 죄의 사슬과 죽음의 감옥에 가두어 둘 수 있었을 것이다.

> "그가 우리 죄를 없애려고 나타나신 것을 너희가 아나니 그에게는 죄가 없느니라. … 죄를 짓는 자는 마귀에게 속하나니 마귀는 처음부터 범죄함이라. 하나님의 아들이 나타나신 것은 마귀의 일을 멸하려 하심이라."(요일 3:5, 8)

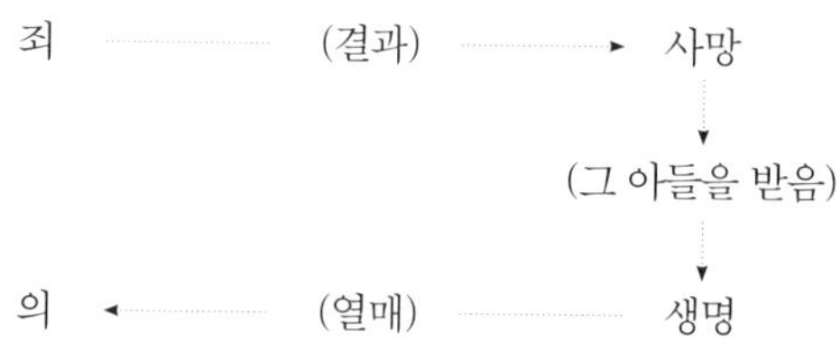

생명과 의의 복음, 마귀의 일을 멸하심

하나님께서 세상에 보내셔서 육체로 오신 하나님의 아들 예수 그리스도는, 십자가에서 죄를 없이하셨을 뿐 아니라, 마귀가 죄로 인하여 사람들을 사망으로 끌고 가는 그 공작(工作) 자체를 파괴하셨다(요일 3:8).[2] 무슨 말인가? 우선, 예수님은 '우리 죄만이 아니라 온 세상의 죄를 위한' 속죄제물이 되어 주셨다(요일 2:2). 어떤 사람이 고리대금업자에게 속아 엄청난 빚을 지고 감옥에 가게 되었는데, 친구가 나타나 그 빚을 다 갚아 주었을 뿐 아니라, 그가 다시 빚을 지고 감옥에 갈 일이 없도록 평생 써도 다 쓸 수 없는 사업 자금을 대주는 경우를 상상해 보라. 그와 유사하다.

이보다 더 놀랍고 은혜롭고 충격적인 복음은, 예수님께서 '마귀의 일' 곧 그 악한 자가 사람들을 죄로 유혹하고 죄짓게 하여 사망으로 끌고 가는 그 '죽음의 공작' 자체를 파괴하여 해체시켜 버리셨다는 것이다. 이것이 예수님의 부활이 주는 충격이다. 죽음은 예수님을 삼켰지만, 예수님은 그 죽음으로부터 다시 살아나심으로써 죽음의 권능 자체를 무력화시켜 버리셨다. 그리고 자신의 부활 생명을 자신을 믿는 모든 육체에게 주신다.

그러므로 어느 육체이든지, 어떤 죄인이든지, 죽을 수밖에 없는 그 어떤 인간이든지, 죽음에서 부활하신 그 아들 예수 그리스도를 믿고 영접하면 자기 안에 부활 생명 곧 그 영원한 생명을 얻는다. 이것이 마귀의 일을 파멸시키는 복음의 능력이다. 왜냐하면, 악한 자 마귀가, 이미 죽음을 이긴 부활 생명 그 영원한 생명을 얻은 성도를, 다시 그의 죄로 인하여 사망으로 끌고 갈 방법이 없기 때문이다. 그 아들이 있는 자에게는 이미 영원한 생명이 있기 때문이다.

이것보다 더 놀랍고 기쁜 소식은 없다. 마귀의 일도, 죽음도, 죄도, 우리 주 예수 그리스도 안에 있는 승리와 하나님의 사랑에서 우리를 결단코 끊어

---

2 채영삼, 『코이노니아와 코스모스』, 330-334.

내지 못한다. 그렇다면, 그 영원한 생명을 누리며 '계속 죄를 지어도' 되는 것일까? 만일, 누가 그 영원한 생명을 갖고 있다고 스스로 '확신'하면서도, 계속 죄를 짓고 그 죄를 정당화하며 그렇게 해도 자신의 구원은 변함이 없으리라 생각한다면, 그런 자는 애초에 그 아들 예수 그리스도를 믿은 것도, 영원한 생명을 받은 것도 아니다. 그렇다는 '확증'이 없기 때문이다.

생명을 얻은 자에게서, 그 생명의 발현(發現)이 일어나지 않을 수가 없다. 참으로 영원한 생명을 받은 자라면, 그가 죄를 범하거나 의를 행치 못할 때, 그는 말할 수 없는 수치를 느끼며 성령을 근심케 한 고통 속에서 진실로 참회하게 될 것이다. 생명은 거기서 싹이 나고 꽃이 피고 열매를 맺기까지, 쉬지 않고 움직이며 활동한다. 자기 안에 영생을 가졌다고 '확신'(確信)하는 그리스도인이라면 그의 삶에서 그 생명으로부터 의(義)의 열매를 맺는 '확증'(確證)을 갖게 될 것이다.

불의에 대한 참회와 의의 행실로 드러나는 확증이 없는 구원을, 무슨 근거로 확신할 수 있을 것인가? 하나님께서는 세상을 '이처럼 사랑하사' 독생자를 보내시고, 그를 믿는 자마다 영원한 생명을 얻게 하셨다. 그러므로 자기 안에 그 아들의 생명이 있는 자에게는, 하나님의 사랑이 차고 넘치게 된다. 그리고 그의 안에 차고 넘치는 아버지의 사랑은, 자신의 아들까지 내어 주어 우리를 '살리려' 하시는 사랑이다(요일 4:9). 그래서 참된 사랑의 특징은, 언제나 '살리는' 사랑이다. 자기 안에 영생을 소유하고 누리는 그리스도인은, 언제나 살리는 사랑으로 그 생명을 나타낸다.

죄인을 정죄하고 죽이는 것이 아니라, '꺼져 가는 심지도 끄지 않고, 상한 갈대도 꺾지 않는' 긍휼로 살려 내는 사람, 그가 그리스도인이다. 거짓으로 속여 죄를 짓게 하고, 이유 없이 증오하며, 죽이기를 즐겨 하는 세상 풍조 속에서, 영원한 생명을 가진 그리스도인들은 그 아들의 생명의 복음을 전파할 뿐 아니라, 언제든 참된 것을 말하고 행하며, 이유 없이도 사랑하고(요일

3:11-14), 모든 어그러진 관계들을 회복하는 데 전력함으로써, 자신과 이웃, 가정과 교회, 사회와 국가, 세상과 자연까지 살려 내는 생명의 사람들이어야 한다. 그들은 장차 온전히 이루어질 그 영원한 생명과 사랑의 나라, 곧 새 하늘과 새 땅의 사람들이기 때문이다.

(5) 의와 화평의 통치

자기 자신이 '완전히 의롭다'라고 생각하는 사람은 없을 것이다. 우리는 불의한 일을 저지르고 나면 떳떳하지 못한 마음이 든다. 성경에서 '의'(義)란 근본적으로 '바른 관계'를 의미하는데, 때로는 그런 바른 관계에서 나오는 '정당하다'는 의식, 떳떳하고 담대한 상태, 즉 책망받을 일이 없는 상태를 의미하기도 한다. 마치 어떤 혐의가 있어서 기소(起訴)된 사람이 법정에서 재판관으로부터 '무죄' 선고를 받았을 때 갖게 되는 떳떳함 같은 것이다.

이런 의미에서 복음은 예수 그리스도를 믿는 자에게, 그가 죄인임에도 불구하고 하나님의 법정에서 '의롭다'라고 판정받는 '칭의'의 은혜를 선물한다. 이런 경우 그 성도를 '의롭다 칭하는' 것은 온전히 하나님의 아들 예수 그리스도의 공로(功勞)에 근거하여 주어진 은혜이다. 그는 죄를 지었고 여전히 죄인이지만, 동시에 '의롭다 하심을 입은' 의인이 된다. 하나님께서 그 아들의 십자가 대속(代贖)의 은혜로 말미암아, 그가 죄인임에도 불구하고 의인으로 받으셨기 때문이다.

> "모든 사람이 죄를 범하였으매 하나님의 영광에 이르지 못하더니, 그리스도 예수 안에 있는 속량으로 말미암아 하나님의 은혜로 값없이 의롭다 하심을 얻은 자 되었느니라. 이 예수를 하나님이 그의 피로써 믿음으로 말미암는 화목제물로 세우셨으니 이는 하나님께서 길이 참으시는 중에 전에 지은 죄를 간과하심으로 자기의 의로우심을 나타내려 하심이니."(롬 3:23-25)

이렇게 복음을 '칭의'로 설명하고 나면, 그다음에 당연히 '그렇다면 그 죄인은 계속 죄를 짓고 죄인으로 살아도 좋다는 말입니까?'라는 질문이 생기게 된다. 그렇지 않다. 그렇게 생각하고 행동하는 사람이 있다면, 그는 칭의의 은혜를 받았다는 증거가 없는 사람이다. 진실로 칭의의 은혜를 받은 사람의 증거는 '감사'와 '경건'이다.

또한, 하나님께서 그리스도의 공로로 인하여 죄인을 그저 의롭다고 칭하신 목적이 무엇인지를 생각해 보아야 한다. 법정에서 재판관이 죄지은 사람을 무죄로 석방할 때, 그가 사회에 나가 계속해서 죄를 짓고 또다시 들어와 무죄 판결을 받고 또 죄짓기를 반복하는 것을 원하지는 않을 것이다. 이제는 죄를 그치고 의를 행하여 사회에 기여하는 사람이 되기를 바랄 것이다.

우리에게 칭의의 은혜를 주신 하나님의 뜻도 그와 유사하다. 칭의를 얻은 것에서 그치라는 뜻이 아니다. 물론 칭의의 은혜는, 구원이 전적으로, 처음부터 끝까지 하나님의 주권적인 은혜로만 이루어진다는 사실을 잘 드러낸다. 역으로, 칭의의 복음은 인간이 자기 스스로 하는 생각이나 품는 의지, 행하는 일들 가운데, 하나님께서 그것을 구원의 조건으로 생각할 만한 어떤 선한 것도 있을 수 없다는 사실을 잘 보여 준다.

모든 것이 은혜이다. 마치 사람이 부모로부터 생명을 선물로 받듯이, 성도가 받은 영적 생명도, 그 생명의 성장과 성숙도 모두 그 영적 생명을 주신 하나님의 선물이다. 하지만, 부모로부터 생명을 받은 아이가 자기 몸을 움직여 활동하고 손으로 밥을 떠먹고 음식을 소화시키고, 부지런히 배우고 훈련하여 성숙한 어른이 되어 가는 것처럼, 영적 생명에서도 우리 자신의 분투와 노력이 필요하게 된다.

그 분투와 노력조차 하나님의 은혜로 이루어지는 일이지만, 그 은혜 역시 우리 속에서, 우리를 통해 역사하게 된다. 이는 동전의 양면과 같은 것이며 포도나무에 붙은 가지가 열매를 맺는 과정과도 같은 것이다. 열매는 나무로부터 온 것이지만, 가지에 달려 있기 때문이다. 그러므로 칭의의 은혜는 하나님의 더 깊은 은혜와 더 깊은 뜻 가운데로 우리를 인도한다.

성경에서 '의'(義)란 본래 '바른 관계'를 의미한다. 하나님께서 세상을 '말씀'으로 창조하셨고, 그 말씀은 창조된 세상의 '바른 질서'를 창조하고 유지하신다. 그러므로 예수 그리스도의 공로로 의롭다 칭함을 입은 사람은, 비록 죄인이지만 그 '의의 선물'을 통해 하나님과의 '바른 관계' 곧 하나님과의 화목, 화평을 이루게 된다. 이런 의미에서 예수 그리스도께서는 우리의 죄를 위한 '속죄제물'이시며 또한 하나님과의 관계를 회복시키는 '화목 제물'이시다.

신약에 나타난 '의'의 다양하고 풍성한 의미

칭의	화목	의인	정의	의와 화평
선물	바른 관계	성품	행실	새 하늘과 새 땅

이렇게 보면, 신약 전체에서 '의'는 그 폭이 매우 넓고 깊이가 풍성한 개념이라는 사실을 알게 된다. 인간은 스스로의 행위로는 결코 '의로워'질 수도 없고, 하나님의 법정에서 의인으로 인정받을 수도 없다. 범죄하여 사망의 지배 아래 갇힌 인간에게 마땅한 정의는 그 죄의 결과인 죽음을 감당하는 것뿐이기 때문이다.

그래서 죄인이지만 예수 그리스도를 믿음으로써 그 죄의 삯인 죽음의 결과를 피하게 된 성도에게 '칭의, 곧 의롭다 하심'은 전적으로 하나님의 은혜의 선물이다. 여기서 한 걸음 더 나아가면 '의'란 곧 '바른 관계'이므로, 그 칭의의 선물을 받은 사람은 비록 죄인이지만 하나님과 화목한 '바른 관계'에 들어가게 된다. 이것은 신비이다. 어떻게 더러운 죄인이 거룩하신 하나님과의 '바른 관계' 속으로 들어갈 수 있다는 말인가?

"나는 의인을 부르러 온 것이 아니요 죄인을 부르러 왔노라"(마 9:13)

예수님께서 죄 사함의 복음을 전파하셨을 때, 율법을 나름대로 해석하여 열심히 지키려고 노력하며 그래서 자신은 의롭다고 생각했던 바리새인들과 율법사들은 예수님께 나아와 스스로 죄인임을 고백하지 못했다. 놀랍게도, 예수님께 나아와 죄 사함을 받고 하나님과 화목하게 된 자들은 스스로 자신의 죄에서 나올 수 없다고 고백했던 세리나 창녀들, 죄인들이었다. 자신이 하나님 외에는 다른 소망이 없는 자, 자신에게 절망한 자, 스스로 죄인임을 아는 자들에게는 오히려 소망이 있다. 그것이 하나님 나라가 전하는 '뜻밖의 기쁜 소식'이다.

하지만 스스로 '나는 죄가 없다'고 믿는 자들에게 하나님 나라는 도무지 들어가기 어려운 철옹성이 된다. '죄인을 값없이 의롭다' 하시는 하나님의 칭의는, 비록 우리가 죄인이라도 하나님의 은혜의 약속을 받아들이는 믿음과 참된 회개를 통해, 절대자이신 그분과의 바른 관계, 구원자이신 그분과의 화목한 관계 속으로 들어가게 해 주는 은혜의 선물이다. 그리고 우리는 하나님과의 그 회복된 올바른 관계 속에서, 은혜뿐 아니라 진리로 양육을 받게 된다. 하나님께서는 우리를 은혜로 붙드시고, 진리로 세워 가신다. 어린아이에게 걸음마를 가르치는 부모처럼, 하나님께서는 우리가 그분의 품에서 진리를 배우고 행하다가 쓰러지면 다시 은혜의 두 팔로 안으신다.

은혜와 진리 안에 거하고, 은혜를 바탕으로 진리를 배우고, 진리를 감싸는 은혜로 충만해지기를 '반복하며 성장'하면, 그 사람은 '은혜와 진리의 충만' 곧 그 아들의 '영광으로 충만'해진다. 세례 요한이 예수님을 만났을 때, "말씀이 육신이 되어 우리 가운데 거하시매, 우리가 그의 영광을 보니 아버지의 독생자의 영광이요 은혜와 진리가 충만하더라"(요 1:14)라고 증언한 그대로이다. 말씀이신 그 아들의 은혜와 진리로 채워지는 사람 안에는 그 아들의 영광도 나타나게 마련이다.

"내가 너희에게 이르노니 너희 의가 서기관과 바리새인보다 더 낫지 못하면, 결코 천국에 들어가지 못하리라."(마 5:20)
"우리는 그의 약속대로 의의 거(居)하는바 새 하늘과 새 땅을 바라보도다."(벧후 3:13, 개역한글)
"오직 위로부터 난 지혜는 첫째 성결하고 다음에 화평하고 관용하고 양순하며 긍휼과 선한 열매가 가득하고 편견과 거짓이 없나니, 화평하게 하는 자들은 화평으로 심어 의의 열매를 거두느니라."(약 3:17-18)

이렇게 칭의의 선물을 받은 사람은, 비록 죄와 더불어 씨름하는 연약함 속에서도 하나님의 말씀과 성령 안에서 '은혜와 진리의 성품, 의의 성품', 하나님의 아들을 닮은 자의 성품으로 성장한다. 그리고 그는 비로소 조금씩 '의' 곧 모든 관계에 있어서 하나님의 말씀이 인도하는 적합한 행위 곧 '의의 행위'를 하게 된다. 그것은 정의와 긍휼의 행위로 나타나며, 그는 삶의 모든 영역에서 '하나님 나라와 의'를 추구하며 그 '의에 목마르고 주린' 사람으로 살게 된다. 칭의의 선물이 하나님과의 화목한 관계를 만들어 내고, 그 안에서 하나님의 성품에 참여하는 성도를 만들고, 더 나아가 실제로 의의 행실을 행하는 사람이 되게 하는 것이다.

새 언약 백성이 하나님을 알지 못하는 이방인들 가운데서, '의의 행실' 곧 모든 관계에 있어 선하고 바른 행실을 하는 것은 '선교적인 차원'에서도 매우 중요하다. 세상 사람들은 교회의 영적이고 신비한 진리를 깨닫지 못한다. 다만, 그들의 양심(良心)을 통해 교회가 하는 선행이나 악행을 판단할 뿐이다. 그러므로 교회가 행하는 선하고 의로운 행실은, 교회가 세상과 소통하며 세상 사람들을 '하나님께로 인도하는' 중요한 통로가 된다. 교회가 행하는 의롭고 선한 행실은, 세상 사람의 양심의 수준을 포함하고 또 그것을 넘어서는 '거듭난 심령의 선한 양심' 곧 '지극한 선(善)인 십자가의 은혜'의 발현이기 때문이다(벧전 3:16-18).

만일 '칭의'가 새 언약의 복음이 선포하는 '의'의 출발점이라면, 새 하늘과 새 땅에 영원토록 '거(居)하는 의와 화평'은 그 '의'의 절정이고 목적지이다. 이 세상은 모든 '바른 관계'가, 곧 창조 세계의 질서인 '의'가 무너지고 깨어진 곳이다. 하나님께서 하나님으로 대접받지 못하시는 곳이다. 사람들은 창조주 하나님의 모든 풍요한 선물들을 은혜로 누리면서도, 그분이 마땅히 받으셔야 하는 감사와 찬송과 영광을 그분께 드리지 않는다. 오히려 돈이나 어떤 물건이나 피조물을 하나님보다 더 사랑하고 높이며 숭배한다.

모든 창조 질서가 뒤틀려 있다. 마땅히 모든 것 위에 계셔야 할 하나님을 자신의 발밑에 두고, 정작 발밑에 두고 복종시켜야 하는 피조물을 자신의 머리 위에 두고 그것에 복종한다. 이런 '우상숭배'는 창조의 질서를 완연히 뒤집은 것이며, 모든 바른 관계들을 전부 왜곡하고 뒤틀어 버리는 근본적인 원인이 된다. 남자와 여자, 부모와 자녀, 남편과 아내, 개인과 공동체, 나와 이웃, 인간과 자연, 이 모든 관계가 깨어지고 뒤틀리고 파괴된다.

새 하늘과 새 땅의 가장 큰 특징은, 그래서 '의' 곧 '모든 바른 관계'가 회복되어, 온전히 그 나라에 뿌리내린 데에 있다. 모든 바른 관계가 회복되면, 거기에 그 바른 관계를 통해 채워지는 생명의 충만 곧 '화평'(shalom)의 상태가 이루어진다. 하나님께서는 지금도 이미 그 충만한 생명과 사랑을 이 세상에 쏟아붓고 계신다. 이 땅에 그 생명과 사랑이 충만하지 못한 이유는, 그 모든 은혜의 선물을 받아 누릴 '의' 곧 모든 '바른 관계'가 왜곡되고 깨어지고 해체되었기 때문이다. 막힌 수도관이나 깨어진 그릇이나 파괴된 저수지에는 물을 부어 담을 수 없는 것과 같은 이치이다.

하나님은 말씀으로 세상을 창조하셨고, 세상은 그 '말씀의 길(道)' 곧 '의의 길'을 따라 운행된다. 새 하늘과 새 땅은, 말씀이신 하나님의 아들이 그 모든 것을 회복하시는 나라이다. 거기에는 의와 화평이 영원토록 뿌리내리고 충만하게 거할 것이다. 그 영원한 나라를 바라보며 기다리는 모든 그리스도인은, 오늘도 '위로부터 오는 지혜'를 따라 깨끗하고 긍휼이 가득한 의와 화평의 길을 가야 한다.

(6) 사랑의 통치

이 세상은 사랑이 깨어진 곳이다. 깨어진 유리 조각 같은 사랑에 이리 베이고 저리 찢기며 사는 것이 인생이다. 아이는 태어나자마자 가정에서 깨어진 사랑을 마주 대한다. 온전한 가정이 없듯이, 온전한 사랑을 받고 자란 아이는 없다. 장성해서 사회에 나가면, 상황은 더 심각해진다. 거기서 사람들은 마땅히 사랑해야 할 대상이 아니라, 사랑하지 말아야 하는 것들을 사랑하면서 서로에게 깊은 상처를 주고 고통을 가중시킨다.

돈을 사랑하다가 친구를 배신하고, 권력을 사랑하다가 많은 사람들을 희생시킨다. 사랑보다 사람을 더 기쁘게 하는 것이 없듯이, 사랑만큼 사람을 좌절시키는 것도 없다. 대중 가수들이 부르고 보통 사람들이 따라하는 유행가 가사 중 90프로 이상이 사랑에 대한 구구절절한 이야기로 채워져 있다. 사랑은, 모든 사람들이 전전긍긍하는 삶의 주제이다.

교회 또는 하나님의 부르심을 받은 언약 백성 안에서도, 사랑은 그 어느 것보다 큰 주제이다. 찬송가 가사가 알려 주듯, 세상이 냉랭하고 곳곳마다 번민하는 사람들로 가득한 이유는 '사랑이 없기' 때문이다(503장). 하나님께서 사신이 택한 언약 백성에게 주신 율법의 핵심은 '하나님을 사랑하고, 이웃을 사랑하는 것'을 배우는 일이다. 하나님께서 그 아들을 세상에 보내신 이유 역시 '그 많으신 사랑과 긍휼' 때문이다.

인생을 사는 이유나 교회에서 신앙을 배우는 이유, 어쩌면 온 우주의 가장 중요한 문제나 길고 긴 인간 역사의 주제 역시 '사랑'을 빼고는 이야기할 수 없다. 사랑이 그렇게 쉽고 간단한 문제라면 그 많은 심오한 문학과 예술 작품들은 나오지 않았을 것이다. 마찬가지로, 우리가 하나님의 사랑을 온전히 알았더라면, 인간과 세상의 역사가 이렇게 길게 이어질 이유도 없었을 것이다. 결국, 성경의 이야기, 곧 하나님께서 행동과 말씀으로 자신을 계시하신 목적이나 그 핵심적인 내용도 '사랑'에 관한 것이다. 사랑이란 무엇인가?

> "사랑하는 자들아, 우리가 서로 사랑하자. 사랑은 하나님께 속한 것이니 사랑하는 자마다 하나님으로부터 나서 하나님을 알고, 사랑하지 아니하는 자는 하나님을 알지 못하나니 이는 하나님은 사랑이심이라."(요일 4:7-8)

사랑은 누구나 하지만, '아무나 잘 할 수' 있는 것이 아니다. 사람은 사랑을 하지 않고 살 수가 없다. 산다는 것 자체가 무엇인가를 사랑한다는 뜻이기 때문이다. 사람이 무엇이든 사랑하지 않을 수 없다는 사실은, 인간이 하나님의 형상으로 지음받았다는 사실을 방증한다. '하나님은 사랑'이시기 때문이고, 모든 사랑은 '하나님께 속한' 것, 즉 그분의 사랑에서 유래한 것이기 때문이다.

하나님께서 사랑하시는 분이심으로, 하나님께서 지으신 사람도 사랑하며 살 수밖에 없다. 그러므로 무엇인가를 사랑하다가 좌절하고 실패한 후에, '다시는 사랑하지 않겠다'라고 결심해도 그것은 그저 공연한 생각에 그칠 뿐이다. 항간에 '나 혼자 산다'는 TV 프로그램이 유행이지만, 그 프로그램조차 '나 혼자 사는 사람들끼리 모여서' 사는 모습을 보여 준다. 사랑하기가 어렵고 힘들고, 어떤 이유이든 함께 그 사랑을 배워 가기가 어렵지만, 사람은 사랑을 그만둘 수는 없는 존재이다. 그 대상이 사람이든 교회이든 세상이든, 그 대상을 사랑하다가 상처받고 실패했다고 해서, 사람이 사랑하기를 그만두는 것은 애초에 불가능한 일인 것이다.

문제는, '무엇을, 어떻게, 어떤 사랑으로 사랑하느냐'이다. 사랑은 거의 본능적이지만, 올바로 사랑하려면 배워야 할 것이 많다. 우리의 인생과 신앙과 인류의 역사는, 사실 사랑을 배우는 길고 먼 길이다. 사랑할 수밖에 없지만 사랑이 어려운 이유는, 우리 자신과 세상 전체가 '죄와 죽음과 허무'라는 어둠 속에 갇혀 있기 때문이다. 죄는 사랑을 더럽히고, 죽음은 사랑을 병들게 하며, 허무는 사랑조차 무의미하게 만든다. 그렇게 세상에서 하는 우리의 사랑은 너무나 쉽게 왜곡되고, 변질되며, 파괴적이 된다.

하나님을 사랑할 때 가장 행복을 느끼도록 창조된 사람이, 그 동일한 사랑의 열정으로 하나님이 아닌, 결코 하나님처럼 될 수 없는 '어떤 사람이나 물질이나 권력이나 명예'를 그토록 사랑하게 되면 어떻게 될까? 하나님이 아닌 존재를 하나님처럼 사랑하면, 그 사랑의 대상은 자기에게 사랑을 바치는 그 사람을 배반하게 된다. 자기 자신이 하나님일 수가 없기 때문이다. 부모가 자녀를 하나님처럼 소중하게 여기고 떠받들며, 그에게서 자신의 삶의 모든 의미를 얻기까지 '사랑하면', 자녀는 그 '왜곡된 사랑'에 질식해 버리고 만다.

남녀 간의 사랑도 마찬가지다. 그가 사랑하는 '그녀'도, 그녀가 사랑하는 '그이'도 모두 '하나님처럼' 될 수가 없다. 그런데도 에로스적인 사랑은 상대방을 거의 '신'(神)으로 모시는 경향 속에 빠진다. 남편에게서 아버지를 찾는 아내나, 아내에게서 어머니를 찾는 남편처럼, 하나님에게나 마땅한 사랑을 사람에게 쏟으면, 그렇게 '신격화'(神格化)된 사람은 스스로 파멸할 뿐 아니라 그를 숭배하는 자들을 파멸시킨다.

교회에서도 마찬가지다. 성도들이 목사를 하나님처럼 떠받들고 신격화하면, 하나님이 될 수 없는 목사는 자의 반 타의 반으로 하나님 흉내를 내다가 실족하여 타락하고 만다. 목사가 성도들을 사랑하기 때문에, 성도들이 예수님처럼 행동할 것이라고 기대하는 것도 그리 바람직하지 않다. 예수님이 성도 안에서 사시는 것일 뿐, 성도는 그저 연약한 죄인이기 때문이다.

인간은 자연환경을 좋아하고 누리기는 하지만, 올바로 사랑하지도 못한다. 만일 인간이 자연을 올바로 사랑했다면, 지구 환경이 오늘날처럼 이렇게 돌이킬 수 없을 만큼 파괴되지는 않았을 것이다. 자연도 하나님께서 창조하시고 돌보시는 피조물이라는 사실을 깨닫지 못한다면, 인간은 결단코 자연에 대해서도 바른 사랑으로 접근하기 어렵다.

세상에서 우리가 하는 사랑은 이처럼 자주 '잘못된 대상을 향해, 잘못된 동기로, 잘못된 방식을 따라, 잘못 나아가기'가 쉽다. 세상 자체가 비틀어져 왜곡되고 깨어져 있기 때문이다. 자동차가 아무리 빠른 속도로 달린다 해도, 휘어진 길을 똑바로 갈 수 없는 이치와도 같다. 그래서 이 세상에서는, 사랑하면 할수록 자신과 상대방을 살리는 것이 아니라 도리어 죽이는 결과가 오기도 한다. 사랑은 '진리'가 없이는 종종 사랑이 되지도 않는다. 진리가 없는 사랑은 속이는 것이 되기 때문이다. 도대체 사랑이란 무엇이며, 어떻게 해야 하는 것인가?

> "하나님의 사랑이 우리에게 이렇게 나타난 바 되었으니, 하나님이 자기의 독생자를 세상에 보내심은 그로 말미암아 우리를 살리려 하심이라. 사랑은 여기 있으니 우리가 하나님을 사랑한 것이 아니요, 하나님이 우리를 사랑하사 우리 죄를 속하기 위하여 화목 제물로 그 아들을 보내셨음이라."(요일 4:9-10)

하나님께서 자신을 '계시'하지 않으시면 우리가 하나님을 알 수 없듯이, 하나님께서 자기 아들을 세상에 보내심으로써 '사랑을 나타내 보이지' 않으셨다면, 우리는 사랑이 진정 무엇인지 영원히 알 수 없었을지 모른다. '사랑은 여기 있으니!', 요한은 하나님께서 우리를 '먼저' 사랑하셔서, 우리를 '살리기 위하여', 자기 아들을 '보내심으로써' 우리를 향한 자신의 사랑을 '나타내셨다'고 선포한다. 여기에, '신실한'(faithful) 사랑의 '원형'(original) 곧 참된

(truthful) 사랑이 있다.[3]

'사랑이 무엇이냐' 하는 질문에 대해 사람들은 나름대로의 대답을 내어 놓지만, 사도 바울은 하나님의 사랑이 갖는 첫 번째로 우선되는 특징은 '오래 참는 것'이라고 말한다(고전 13:4). 매우 통상적이지 않으며 낯설기까지 한 대답임에 틀림이 없다. 그만큼 사랑이 무엇인가에 대한 신약성경의 답변은, 우리가 알고 있는 통상적 관념을 뛰어넘는다. 그것은 우리가 그만큼 참된 사랑에서 멀리 떨어져 있다는 의미이기도 하다. 그만큼 우리는, 그 참된 사랑으로 사랑하게 되기까지, 그 사랑을 받아 경험하고, 그 사랑 안에 거하며, 그 사랑으로 치유받고, 그 사랑을 배워 가야 하는 것이다.

하나님의 사랑이 '나타난'(9절) 사랑이라는 것은, 하나님께서 그 사랑으로 '오래 참으셨다'는 뜻이다. 중간에 포기할 이유가 바다에 모래알처럼 많았어도, 그 모든 실망과 배신과 수모와 고통에도 불구하고, 하나님께서는 끝까지 그 사랑으로 사랑하신 대상을 자신의 영광스러운 수준에까지 끌어올리셨다는 것이다. 그분께서 창조하셨지만 그분을 떠난 우리와 피조 세계의 구원과 완성을, 그 사랑으로 신실하게, 끝까지, 이루어 내셨다는 것이다. 이것이 사랑이다. 사람도 자기 자신과 이웃을, 교회와 세상과 모든 피조 세계를, 상대가 그 자신의 가장 영광스러운 상태에 이르기까지 신실하게, 끝까지, 포기하지 않고 사랑해야 한다. 사랑은, 그때에서야 비로소 사랑이 되기 때문이다.

또한 하나님의 사랑이 그 아들을 '보내신'(9, 10절) 사랑이라는 것은, 참된 사랑이란 원래 '받은 만큼만 주는' 거래이거나 대가성이 있는 것이 아니라, 자신의 가장 귀한 것을, 그것을 받을 자격이 없는 자에게 은혜로 내어 주는 '선물'과 같은 것임을 알려 준다. 하나님의 아들은 영광으로 가득한 하늘로부터 이 세상의 가장 비참한 자리, 인간의 죄와 죽음의 그 밑바닥까지 찾아오셨

3 채영삼, 『코이노니아와 코스모스』, 418-484.

다. 사랑이란, 가장 귀한 것을 가장 비천한 대상에서 내어 주어, 그것을 받은 대상이 그 사랑으로 인해 영광스러워지는 것을 가장 기뻐한다. 그 아들을 통해 영원한 생명을 받고, 그 영생과 함께 하나님의 사랑을 받은 성도들도, 하나님께서 '보내신' 그 자리에서 그 아들의 생명과 아버지의 사랑을 꽃피우고 열매 맺어야 한다. 그것이 진정한 사랑의 길이기 때문이다.

하나님의 사랑이 '살리는'(9절) 사랑이며 그것이 참사랑의 본질이라는 사실은, 우리가 하는 사랑이 종종 상대를 '죽이는' 사랑이라는 사실에서 뚜렷하게 드러난다. 사랑한다고 다 사랑이 되지도 않고, 사랑할수록 내가 사랑하는 그 사람이 살아나는 것도 아니다. 오히려 사랑할수록 더욱더 우리는 우리가 사랑하는 사람을 질식시키고 죽음으로 몰아갈 수도 있다. 진리가 없는 사랑은 사랑이 되지 않기 때문이다. 육신의 정욕을 따라, 안목의 정욕을 따라, 이생의 자랑을 따라 세상이나 세상에 있는 것들을 사랑하면, 우리의 사랑은 세상처럼 더러워지고 썩어지고 허무해져서, 우리가 사랑하는 이들을 더럽히고 상처 주며 방황하게 만든다.

세상이나 세상의 정욕들을 향한 사랑은, 세상과 함께 점점 더 무겁게 되어 결국 점점 더 밑으로 가라앉는다. 반대로 우리가 하나님을 사랑하고, 하나님의 말씀이 인도하는 진리의 길을 따라 사랑하면, 우리가 하는 다른 모든 사랑들은 점점 더 바른길로 나아가고, 점점 더 가볍고 쉬워지며, 하늘에 계신 아버지의 품에 이르기까지 점점 더 위로, 위로 올라간다.

하나님의 사랑은 또한, '먼저'(10절) 하는 사랑이다. 사랑하려면, 사랑할 능력이 있어야 하는데 그것은 그가 가진 '생명의 풍성함'에서 나온다. 하나님의 아들을 믿고 받음으로써 영원한 생명을 은혜로 받은 그리스도인은, 그 아들을 세상에 보내신 아버지의 사랑으로 충만하게 된다. 아들의 생명이 있는 자에게 또한 아버지의 사랑이 있기 때문이다.

그래서 사람은 하나님의 사랑을 은혜로, 선물로 받을 때에 비로소 참된 사랑이 무엇인지 깨닫게 되고, 그런 참된 사랑을 연습하고 점차로 나타낼 수 있게 된다. 이 경우에도 그런 참된 사랑은 '유기적이고 점진적인' 성격을 드러낸다. 애초에 하나님의 사랑을 받은 적이 없다면, 우리는 온전한 사랑을 결코 이루지 못한다. 하지만 하나님의 사랑을 받은 사람이라도 그 사랑 안에서 그 사랑으로 사랑을 한다는 것은, 오랜 연습과 훈련을 포함하는 점진적인 과정을 통과한다는 사실을 의미한다.

하나님의 사랑을 받은 사람은, 아버지께서 먼저 그를 사랑하신 사랑을 따라 상대방을 '먼저' 사랑하는 사랑에까지 이르게 된다. 사랑은 원래 생명처럼 '나눔'이 그 존재 방식이다. 나누지 않는다면, 생명일 수도 사랑일 수도 없기 때문이다. 사랑은 원래 '하나님에게서 출발'했다. 그렇게 시작한 참된 사랑을 받은 자는, 그 사랑으로 '꺼져 가는 심지와 상한 갈대처럼 가망 없는' 자신과 이웃을 사랑하기 시작하며, 하나님을 떠나 '반역하는 사람들과 세상'이라도 '먼저' 사랑하기를 시도하고, 연습하며, 결국 그 사랑 안에서 성장한다.

그는 자신 안에 거하는 하나님의 사랑이 밖으로 흘러가고자 할 때, 그것을 막지 않고 도리어 그 사랑에 의지하여 그 사랑이 가는 곳까지 가는 사람이다. '하나님의 사랑이 우리 안에 있다'는 것과 '우리가 하나님의 사랑 안에 거한다'는 것은 비슷하지만 다른 현상이다(요일 4:13-16). 하나님의 사랑이 '우리 안에' 있을 때, 우리는 살아난다. 하지만 우리가 '하나님의 사랑 안에' 지속적으로 거하며 그 사랑으로 우리 자신의 모든 왜곡된 사랑들을 치유받을 때, 비로소 우리는 '하나님의 사랑이 이끄는 곳'까지 이르게 된다.

하나님의 사랑은 우리 안에 거할 뿐 아니라, 우리 자신도 '그 온전한 사랑 안에 거하게 되어' 그 하나님의 사랑이 강권하는 대로, 그 사랑이 인도하는 대로 흘러가 결국 그 사랑의 목적지까지 도달하는 것이다. 삼위 하나님과의 코이노니아 곧 그 '만남과 사귐과 거함'의 신비와 능력이 여기에 있다. 인생도, 신앙생활도, 우주와 역사도, 그리고 교회 역시 한가지로 '사랑'을 배우기 위해 존재한다. 인간에게 있어서, 하나님의 그 영원한 사랑의 신비와 풍요함, 그 깊이와 높이와 넓이와 길이를 경험하는 기쁨보다 더 큰 기쁨은 없다.

하나님과의 막힘없는 교제가 있었던 최초의 동산의 이름이 '에덴'(Eden)이고 이는 '기쁨'이라는 뜻이다. 기쁨은 원래 교제, 코이노니아에서 나온다. 그것이 사람과 세상을 창조하신 하나님의 근본적인 '디자인'(design)이다. 그 아들과 아버지와 함께하는 생명과 사랑의 코이노니아 안에 거하는 것보다, 더 기쁜 일은 없다. 삼위 하나님과의 교제로부터 흘러나오는 그 영원한 생명과 사랑이 온 피조 세계 안에 충만해질 때, 우리는 그 영원한 기쁨으로 가득한 새 하늘과 새 땅이 눈앞에 펼쳐지는 것을 보게 될 것이다.

이해와 나눔을 위한 질문

1. 하나님 나라의 현재적 통치 가운데 '생명의 통치'에 관해서, 당신이 가장 인상 깊게 배운 것이 있다면 그것이 무엇이며, 왜 그렇게 생각하는지, 그리고 어떻게 하면 우리의 삶에서 생명의 통치가 더욱 온전히 이루어질 수 있을지 이야기해 보라.

2. 하나님 나라의 현재적 통치 가운데 '의와 화평의 통치'에 관해서, 당신이 가장 인상 깊게 배운 것이 있다면 그것이 무엇이며, 왜 그렇게 생각하는지, 그리고 어떻게 하면 우리의 삶에서 의와 화평의 통치가 더욱 온전히 이루어질 수 있을지 이야기해 보라.

3. 하나님 나라의 현재적 통치 가운데 '사랑의 통치'에 관해서, 당신이 가장 인상 깊게 배운 것이 있다면 그것이 무엇이며, 왜 그렇게 생각하는지 그리고 어떻게 하면 우리의 삶에서 사랑의 통치가 더욱 온전히 이루어질 수 있을지 이야기해 보라.

새 언약 성취에 따른, 새 하늘과 새 땅의 복음

신약성경을 이해하려면, 우선 '성경'이 무엇인지 알아야 한다. 우리가 알고자 하는 대상에 따라 그것을 인식하는 방식도 달라지기 때문이다. 성경은 인간 저자들을 통해 기록된 역사적이고 문학적이며 신학적인 책이지만, 우선적으로 하나님께서 자신과 자신의 뜻을 드러내셨고 또한 드러내시는 계시의 책이다. 마치 '말씀'이신 하나님의 아들이 '성육신'(the Incarnation)하셨듯이, '하나님의 계시'로서 시간과 공간 속에서 형성된 '역사적, 문학적, 신학적 텍스트'인 성경을 바로 이해하고자 할 때 요구되는 합당한 해석학적 태도가 있다면, 첫째가 겸손이요 둘째는 부지런함이다.

계시와 언약 그리고 옛 언약과 새 언약

하나님의 계시는 그 영역에 따라 창조 계시와 구속 계시로 나뉘는데, 창조 이후 인간의 타락으로 말미암아 인간과 모든 피조물의 구속을 위한 계시가 나타났고, 구속 계시는 다시 창조 계시의 완성을 향한다. 창조이든 구속이든, 하나님의 말씀은 그분의 행동으로 반드시 성취된다. 하나님께서는 타락으로 인하여 창조 세계를 폐기하지 않으시며, 도리어 구속 계시를 통하여 이를 완성하신다.

하나님의 계시는 또한 그 방식에 따라, 행동 계시와 말씀 계시로 분류될 수 있다. 하나님께서 '빛이 있으라' 말씀하셨을 때 빛이 창조된 것처럼, 하나님의 말씀은 그분의 행동과 함께 나타나며 그 행동 계시로 성취된다. 하나님께서는 말씀하신 바를 반드시 행하시고, 행하신 후에는 말씀으로 설명하신다. 이렇게 하나님의 말씀 계시와 행동 계시는 서로 앞서거니 뒤서거니 하면서 '성경적인 역사와 신학'을 형성한다. 성경은 하나님의 계시의 역사(history of revelation)에 대한 성경 신학(biblical theology)적 기록인 것이다.

하나님의 계시는 '유기적이고 점진적'인 특징을 갖는데, '유기적'이라는 것은 하나님의 계시 전체가 하나의 통일성을 갖는다는 의미이고, 점진적이라는 것은 그 계시가 다양할 뿐 아니라 완성을 향해 단계적으로 나아간다는 뜻이다. 계시가 이처럼 유기적이고 점진적인 이유는, 하나님 자신이 일관된 뜻을 품으시고 세상과 역사 안에서 그 뜻을 단계적으로 이루어 나가시기 때문이다. 창조하신 분께서 구원하시고, 구원하신 분께서 창조를 완성하신다.

성경은 이처럼 하나님의 행동 계시를 '설명하고 또한 예고하는 말씀 계시'로 이루어져 있는데 구약이든 신약이든 동일하게, 하나님의 구원 행동을 기록한 복음서(모세오경, 사복음서)와 그 구원을 경험하고 하나님과 동행하는 역사서(역사서, 사도행전), 그리고 하나님과 동행하면서 얻어진 경건에 관한 기록인 문학서(시가서, 서신서), 마지막으로 장래에 있을 하나님의 행동 계시를 예고하는 말씀 계시(예언서, 계시록)의 순차적인 구조로 이루어져 있다.

하나님의 말씀 계시와 행동 계시는 성경에서 특별히 '언약'(言約, covenant)의 형태로 드러나는데, 그것은 창조도 타락도 구원도 새 창조도 모두 '하나님의 말씀'이 결정적인 요인이기 때문이다. 하나님께서는 말씀으로 세상을 창조하셨고, 세상의 부패는 '하나님의 말씀을 버린 사람의 문제'에 기인하므로, 세상의 구속과 회복 역시 하나님의 형상으로 지음받은 사람이 '하나님의 말씀을 다시 믿고 순종'하는 방식 곧 '언약'이라는 방식으로 주어지는 것이다.

구약 시대에 하나님께서 주신 언약들에는, 노아 언약, 아브라함 언약, 모세 언약 그리고 다윗 언약이 있다. 노아 언약은 새 하늘과 새 땅에 대한 약속이고, 아브라함 언약은 열방의 회복 즉 하나님 백성의 창조에 관한 것이며, 모세 언약은 법과 통치, 그리고 다윗 언약은 영원한 왕권을 가진 영원한 나라의 왕에 관한 약속이다.

성경의 모든 언약의 핵심 공식은 "나는 너희의 하나님이 되고, 너희는 내 백성이 되리라"라는 것이다. 이 목적을 이루기 위하여, 언약은 '은혜와 요구의 이중 구조'를 갖는다. 언약 안에서 은혜는 항상 요구에 앞서며, 요구는 항상 은혜를 뒤따른다. 하나님께서는 은혜를 주지 않은 채 요구하지 않으시며, 하나님의 요구 또는 계명을 수반하지 않는 은혜도 없다. 언약에 수반되는 요구는, 은혜의 '조건이 아니라 증거'이기 때문이다. 하나님의 언약은 하나님의 주권적 은혜에 기인하지만 또한 본질상 인격 간의 상호적(reciprocal) 관계이다. 언약적인 요구는, 언약 백성이 그 은혜를 더 풍성히 누리며 자신의 것으로 견고하게 소유하는 방식이며, 하나님과 그들 사이의 언약적인 관계를 더 깊고 진실하며 항구적인 것으로 만든다.

옛 언약들은 구약 안에서 이미 '새 언약'으로 종합되고 갱신되었다. 하나님은 신실하게 언약을 성취하셨지만, 옛 언약 백성은 그 언약 안에 포함되어 있는 요구들을 준행하는 일에 실패했기 때문이다. 새 언약은 이처럼, 옛 언약이 실패한 자리에서 시작한다. 새 언약에서 하나님은, 언약의 은혜를 누리고도 언약의 요구를 준행하는 일에 '무능'(無能)한 백성의 처지에 더 깊이 개입하신다.

그래서 새 언약에서는 그 계명이 '돌판'이 아니라 새 백성의 '마음'에 기록되며, 하나님의 영이 '돌로 지은 성전'이 아니라, 그들의 심령 안에 친히 거하신다. 그렇게 하시는 목적은, 새 언약 백성이 스스로의 능력으로는 할 수 없는 일을 이루시기 위함인데, 곧 그들로 '말씀을 순종하는 새 백성'이 되게 하려 하심이다. 새 언약의 주요 약속들을 8가지로 요약하면, 영원한 속죄, 마음에 심긴 말씀, 성령의 내주(內住), 새 마음, 말씀을 순종하는 새 백성, 열방의 회복, 하나님의 이름과 영광, 그리고 새 하늘과 새 땅에 관한 약속이다.

새 언약의 성취와 하나님 나라

신약성경은, 예수 그리스도를 통해 이 '새 언약이 전격적으로 성취'되기 시작했다는 기쁜 소식에 관한, 삼위(三位) 하나님의 계시의 역사에 관한 신학적 증언이요 선포이다. 하나님께서 종말에, '하나님의 아들'이요, '하나님의 종 다윗'이요, '아브라함의 아들'이요, 천상적 존재인 '인자'(人子)이신 '메시아' 예수를 통해, 구약의 모든 언약들과 그 옛 언약들을 종합하고 갱신한 새 언약의 내용을 결정적으로 성취하시는 시대가 마침내 이르게 된 것이다.

이제, 예수 그리스도를 통하여 영원한 속죄가 이루어졌고, 믿는 자들을 구원할 능력이 있는 말씀 곧 썩지 아니하는 씨앗이 그들의 심령에 심겨졌으며, 하나님의 영 곧 성령께서 하늘로부터 임하셔서 그들의 심령에 친히 거하신다. 그들은 성령의 거듭나게 하심으로 새롭게 된 양심을 갖게 된 자들이며, 그 새 마음을 따라 저들 안에 거하시는 성령의 도우심으로 그 마음에 심긴 영원하고 살아 있는 말씀을 순종하는 새 백성들이다.

이제, 온 세상에 흩어져 '의'(義)의 싹을 내는 새 언약 백성들, 곧 주 예수 그리스도의 교회를 통해 열방이 주께로 돌아오고, 하나님의 이름과 영광이 온 땅에 충만해지며, 새 하늘과 새 땅이 펼쳐지는 그날이 전격적으로 시작되었고, 진행 중이며, 그 열매가 무르익어 가고 있다. 지금도 하늘에 예비되어 있는 '더럽지 않고, 썩지 않고, 쇠하지 않는' 그 나라는, 죄를 이기신 예수 그리스도의 십자가와 죽음을 이기신 그의 부활, 그리고 성도 안에 내주하시는 성령을 통해, 새 언약 백성 안에 '이미' 들어와 있고, 그들 안에 거하고 있으며, 장차 온전한 모습으로 드러날 것이다.

이것이, 예수 그리스도께서 '하나님의 나라가 가까이 왔으니, 회개하고 복음을 믿으라'고 말씀하신 까닭이다. 하나님 나라는 무엇인가? 나라가 구성되려면 왕, 백성, 법과 통치, 그리고 영토가 있어야 한다. 구약은 언약들을 통해서 장차 완성될 하나님 나라를 준비해 왔다. 노아 언약은 새 하늘과 새 땅을, 아브라함 언약은 새 백성을, 모세 언약은 법과 통치를, 그리고 다윗 언약은 영원한 왕을 바라보았다.

그리고 구약 시대에도, 다윗 왕국을 통해 이 땅에 '하나님의 나라'가 실험되었다. 하나님께서는, 다윗 왕조의 왕들이 율법을 준행함을 통해 그 나라의 백성을 하나님의 뜻대로 다스림으로써 열방이 자신에게로 돌아오게 되기를 원하셨지만, 그 왕들은 백성과 함께 율법을 버린 채 열방 앞에서 그들이 짊어진 하나님의 이름을 더럽히고 짓밟았다.

이제 하나님께서는 '자신의 크고 거룩한 이름을 위하여', 자신의 아들인 메시아 예수를 통해 열방을 회복할 종말의 새 백성을 창조하신다. 그들은 '더럽지 않고, 썩지 않고, 쇠하지 않는' 나라, '아버지의 나라, 그 영원한 나라'를 유업으로 받은 '하나님의 자녀들'이다. 장래에 그 '흔들리지 않는 나라'가 온전하게 드러날 때에는, 지금의 하늘과 땅, 지금은 악한 자 마귀 아래에 놓여 있는 '모든 피조물들'은 더러움과 썩어짐과 허무함에서 해방될 것이다.

그 해방의 날은 마치 여인이 아이를 낳는 것과 같은 '해산(解産)의 날'처럼 고통스럽겠지만, 그 끝은 새 생명의 탄생일 것이다. 그날에 모든 것을 태우며 해체하시고 새롭게 창조하실 '심판과 정화(淨化)와 새 창조의 불'이신 성령 하나님은, 지금 새 백성의 심령 안에서 타오르는 '죄를 깨닫게 하시고 깨끗하게 하시는 빛이요 사랑의 불'로 역사하신다.

하나님 나라는 이렇게 '이미' 그 나라의 백성 안에 임했고, 현재도 더욱 충만히 임하고 있으며, 장차 온전히 이루어질 것이다. 그때에는 죄나 죽음이나 마귀나 쇠하는 것이 모두 사라질 것이다. 그 거룩한 나라는, 세상을 창조하신 말씀의 '의'(義)가 그 생명과 영광으로 영원토록 거하는 새 하늘과 새 땅이다.

하나님 나라가 '언제' 완성될 것인지에 대한 관심보다 더 중요한 것은, 그 나라의 '통치의 내용'이다. 왜냐하면, 지금 여기에서도 그 나라의 통치 안에서 살고 있으면, 비록 완전하지는 않지만, 장차 그 영원한 나라에서 사는 것과 본질상 같은 생명과 의와 기쁨과 영광을 누리기 때문이다. 하나님 나라는, 은혜의 통치, 진리의 통치, 성령의 통치, 생명의 통치, 의와 화평의 통치, 그리고 사랑의 통치가 그 특징인 나라이다.

하나님 나라의 강력인 은혜의 통치는 비은혜의 세상을, 진리의 통치는 거짓의 지배를, 성령의 통치는 마귀와 악한 영들의 미혹을, 생명의 통치는 죽음의 권세를, 의와 화평의 통치는 불의와 파괴의 세상을, 그리고 사랑의 통치는 증오와 살인을 '이미' 정복했고, '지금도' 정복하고 있으며, '장차' 완전히 정복할 것이다. 어둠이 빛을 이길 수 없듯이, 하나님 나라의 통치는 이 세상을 하나님과 그의 그리스도의 나라가 되게 하신다.

그날이 오면, 모두가 놀랄 것이다. 하나님은 그의 말씀을 반드시 성취하시는 분이시다. '육신으로 오셨던 말씀'이신 '주(主) 예수 그리스도'께서 세상에 다시 오시는 그날, 모든 육체는 그분의 심판대 앞에 설 것이며, 믿는 자들은, 약속대로, 그들의 눈앞에 펼쳐진 새 하늘과 새 땅을 보게 될 것이다.

"이르시되 때가 찼고, 하나님의 나라가 가까이 왔으니,
회개하고 복음을 믿으라 하시더라"(막 1:15)

신약의 이해를 위한 단권 추천 도서

1. 마태복음: 채영삼, 『긍휼의 목자 예수』, 이레서원, 2011.
2. 마가복음: 박윤만, 『마가복음: 길 위의 예수, 그가 전한 복음』, 감은사, 2021.
3. 누가복음: 강대훈, 『누가복음』, 홍성사, 2022.
4. 요한복음: 김회권, 『하나님 나라 신학으로 읽는 요한복음』, 복있는사람, 2020.
5. 사도행전: 에크하르트 슈나벨/정현 역, 『강해로 푸는 사도행전』, 디모데, 2018.
6. 로마서: 홍인규, 『로마서 어떻게 읽을 것인가』(개정판), 성서유니온, 2018.
7. 고린도전서: 권연경, 『오늘을 위한 고린도전서』, IVP, 2022.
8. 고린도후서: 정성국, 『고린도후서 어떻게 읽을 것인가』(개정판), 성서유니온, 2020.
9. 갈라디아서: 더글러스 무/최원용 역, 『BECNT 갈라디아서』, 부흥과개혁사, 2018.
10. 에베소서: 길성남, 『에베소서 어떻게 읽을 것인가』(개정판), 성서유니온, 2016.
11. 빌립보서: 박영호, 『빌립보서』, 홍성사, 2017.
12. 골로새서: 길성남, 『골로새서, 빌레몬서』 한국성경주석 12, 이레서원, 2019.
13. 데살로니가전서: 제프리 웨이마/배용덕 역, 『BECNT 데살로니가전후서』, 부흥과개혁사, 2018.
14. 데살로니가후서: 제프리 웨이마/배용덕 역, 『BECNT 데살로니가전후서』, 부흥과개혁사, 2018.
15. 디모데전서: 한규삼, 『목회서신: 디모데전 · 후서, 디도서』, 감은사, 2021.
16. 디모데후서: 한규삼, 『목회서신: 디모데전 · 후서, 디도서』, 감은사, 2021.
17. 디도서: 한규삼, 『목회서신: 디모데전 · 후서, 디도서』, 감은사, 2021.
18. 빌레몬서: 길성남, 『골로새서, 빌레몬서』 한국성경주석 12, 이레서원, 2019.
19. 히브리서: 이풍인, 『히브리서 강해: 은혜와 책임』, 킹덤북스, 2016.
20. 야고보서: 채영삼, 『지붕 없는 교회』, 이레서원, 2012.
21. 베드로전서: 채영삼, 『십자가와 선한 양심』, 이레서원, 2014.
22. 베드로후서: 채영삼, 『신적 성품과 거짓 가르침』, 이레서원, 2017.
23. 요한1서: 채영삼, 『코이노니아와 코스모스』, 이레서원, 2021.
24. 요한2서: 채영삼, 『지키심을 입은 교회』, 이레서원, 2022.
25. 요한3서: 채영삼, 『지키심을 입은 교회』, 이레서원, 2022.
26. 유다서: 채영삼, 『지키심을 입은 교회』, 이레서원, 2022.
27. 요한계시록: 이필찬, 『요한계시록 어떻게 읽을 것인가』(개정2판), 성서유니온, 2019.

성구 색인

구약성경

신약성경

마가복음

누가복음

요한복음

사도행전

로마서

고린도전서

고린도후서

갈라디아서

이레서원 출간 도서

❖ 채영삼 교수 저서

1. 『긍휼의 목자 예수: 마태복음의 이해』 152×223, 488쪽
2. 『지붕 없는 교회: 야고보서의 이해』 152×223, 398쪽
3. 『십자가와 선한 양심: 베드로전서의 이해』 152×223, 476쪽
4. 『신적 성품과 거짓 가르침: 베드로후서의 이해』 152×223, 544쪽
5. 『삶으로 드리는 주기도문』 124×182, 208쪽
6. 『삶으로 내리는 뿌리』 140×200, 304쪽
7. 『공동서신의 신학: '세상 속의 교회', 그 위기와 해법』 152×223, 800쪽
8. 『코이노니아 성경 해석 가이드북』 148×210, 88쪽
9. 『코이노니아와 코스모스: 요한일서의 이해』 152×223, 576쪽
10. 『지키심을 입은 교회: 요한이서, 요한삼서, 유다서의 이해』 152×223, 472쪽
11. 『복음의 회복과 세상 속의 교회』 137×210, 200쪽
12. 『그리스도인의 성장과 생활 속의 신앙』 137×210, 264쪽
13. 『흔들리지 않는 나라에 뿌리내리기』 137×210, 304쪽
14. 『코이노니아 성경: 공동서신』 140×200, 80쪽

❖ 성경 연구

1. 『중동의 눈으로 본 예수님의 비유』 케네스 E. 베일리(오광만 역), 152×225, 400쪽
2. 『하나님 중심의 성경 해석학』 번 S. 포이트레스(최승락 역), 152×225, 352쪽
3. 『히브리서 산책: 성취와 기다림』 최승락, 140×200, 224쪽
4. 『성경 역사, 지리학, 고고학 아틀라스』 앤슨 F. 레이니 외(강성열 역), 240×320, 562쪽
5. 『예수님의 비유』 최갑종, 152×223, 470쪽
6. 『갈라디아서』 최갑종, 152×225, 696쪽
7. 『(이해와 설교를 위한) 고린도후서 주석』 조석민, 152×225, 296쪽
8. 『로마서: 이방인의 사도가 전한 복음』 최종상, 152×223, 496쪽
9. 『어떻게 천천히 읽을 것인가』 제임스 사이어(이나경 역), 139×216, 264쪽
10. 『(이해와 설교를 위한) 요한복음』 조석민, 152×225, 520쪽
11. 『다시 읽는 창세기』 민경구, 152×223, 312쪽
12. 『예수님의 비유 해석 입문: 배경, 해석사, 해석 원리와 실제』 로버트 스타인(오광만 역), 150×220, 280쪽

13.『골로새서 · 빌레몬서』(한국성경주석 12) 길성남, 152×225, 464쪽

14.『고린도에서 보낸 일주일: 바울 사역의 사회적, 문화적 정황 이야기』 벤 위더링턴 3세(오현미 역), 140×200, 232쪽

15.『에베소에서 보낸 일주일: 1세기 그리스도인은 요한계시록을 어떤 의미로 읽었을까?』 데이비드 드실바(이여진 역), 140×200, 264쪽

16.『고대 문학의 렌즈로 보는 성경』 마셜 존슨(차준희 역), 140×210, 272쪽

17.『요한복음 연구』 조석민 외, 152×225, 336쪽

18.『성경 한눈에 보기: 구약』 전희준, 133×225, 377쪽

19.『성경 한눈에 보기: 신약』 전희준, 133×225, 280쪽

20.『성경 해석의 관점』 류호영, 152×225, 471쪽

21.『성경 해석의 방법과 실제』 류호영, 152×225, 471쪽

22.『마태복음』(한국성경주석 01) 양용의, 152×225, 1511쪽

23.『막힘없이 성경 읽기』 머리 해리스(오현미 역), 147×220, 320쪽

24.『그리스도의 종인가 노예인가?』 머리 해리스(이여진 역), 147×220, 304쪽

25.『버가모에서 사라진 비밀 편지: 1세기 기독교의 위험한 세계에 관한 창의적 이야기』 브루스 롱네커(이여진 역), 140×200, 272쪽

❖ 신학

1.『마크 존스의 선행과 상급』 마크 존스(오현미 역), 130×200, 248쪽

2.『마크 존스의 예수 그리스도』 마크 존스(오현미 역), 130×200, 120쪽

3.『조지 래드의 종말론 강의』 조지 래드(이승구 역), 148×210, 232쪽

4.『칭의의 여러 얼굴』 제임스 패커 외(김형원 역), 140×200, 304쪽

5.『선지자적 반시대성』 오스 기니스(김형원 역), 124×182, 192쪽

6.『예수님과 안식일 그리고 주일』 양용의, 152×223, 456쪽

7.『삼위일체: 신약신학 · 실천신학적 연구』 리처드 보컴 외(신호섭 역), 152×225, 400쪽

8.『구약의 그리스도, 어떻게 설교할 것인가』 시드니 그레이다누스(김진섭, 류호영, 류호준 역), 152×223, 536쪽

9.『아들을 경배함: 초창기 기독교 예배 의식 속의 예수』 래리 허타도(송동민 역), 140×200, 168쪽

10.『바울 복음의 심장: 개인, 교회, 창조세계를 변화시키는 복음』 데이비드 드실바(오광만 역), 140×200, 224쪽

11.『(소요리문답과 함께하는) 365 교리 묵상』 임경근, 152×225, 392쪽

12.『예배학 지도 그리기: 목회자와 예배 사역자를 위한 예배 기획 지침서』 문화랑, 150×220, 248쪽

13.『영적 전쟁: 바울 서신으로 본 사탄과 악한 영들』 클린턴 E. 아놀드(길성남 역), 152×225, 320쪽

14.『바울에 관한 새로운 탐구』 티모 라토(김명일 역), 124×182, 120쪽

15.『기독교 교파 한눈에 보기』 전희준, 140×200, 144쪽

16.『결핍, 섬김, 그리고 신뢰: 그리스도와 연합한 신자는 어떻게 살아야 하는가』 토드 빌링스(송용원 역), 140×210, 328쪽

17. 『바울과 믿음 언어: 그리스도인의 믿음은 지적 동의인가, 신실한 행함인가』 니제이 굽타(송동민 역), 147×220, 384쪽
18. 『바울의 사역 원리: 성도를 온전하게 하고 세상을 위로하는 교회 세우기』 김명일, 140×200, 168쪽
19. 『성경의 그림 언어와 상징 해석: 성경과 신학에 사용된 그림 언어의 힘과 오용』 앤서니 티슬턴(최승락 역), 147×220, 440쪽
20. 『바울이라는 세계: 바울 연구의 주요 경향과 논쟁 탐구』 벤 위더링턴 3세, 제이슨 마이어스(안규식 역), 147×220, 342쪽
21. 『그리스도의 승천: 방치되어 있던 교리의 재발견』 패트릭 슈라이너(박장훈 역), 140×200, 184쪽
22. 『이야기 마가복음: 마가복음 서사 비평 입문』 데이비드 로즈, 조안나 듀이, 도널드 미키(양재훈 역), 137×210, 392쪽
23. 『네 이름이 무엇이냐: 사탄, 그 존재에 관하여』 전원희, 137×210, 180쪽.

❖ <일상을 변화시키는 말씀> 시리즈

1. 『하나님께 소리치고 싶을 때: 욥기』 크레이그 바르톨로뮤(송동민 역), 130×200, 128쪽
2. 『십자가와 보좌 사이: 요한계시록』 매튜 에머슨(김광남 역), 130×200, 120쪽
3. 『신비를 엿보다: 다니엘』 바바라 륭 라이(송동민 역), 130×200, 120쪽
4. 『무대 뒤에 계신 하나님: 에스더』 웨인 바크후이젠(송동민 역), 130×200, 144쪽
5. 『왕을 버리다: 사사기』 데이비드 벨드먼(김광남 역), 130×200, 136쪽
6. 『기도의 심장: 누가복음』 크레이그 바르톨로뮤(송동민 역), 130×200, 136쪽
7. 『소외된 이들의 하나님: 룻기』 캐롤린 C. 제임스(이여진 역), 130×200, 160쪽
8. 『함께 세상으로: 사도행전』 마이클 와겐맨(이여진 역), 130×200, 120쪽
9. 『우주의 시작: 창세기 1-11장』 드루 존슨(이여진 역), 130×200, 168쪽
10. 『그리스도 안에서 변화되다: 고린도전서』 론 엘스던, 윌리엄 올하우젠(안규식 역), 130×200, 128쪽
11. 『어둠을 끊어 내다: 고린도후서』 존 배리(안규식 역), 130×200, 214쪽

❖ 영적 성장

1. 『요한계시록 40일 묵상 여행』 이필찬, 152×223, 248쪽
2. 『365 힐링 묵상: 밤에 부르는 아침의 노래』 류호준, 127×205, 408쪽
3. 『복음과 생명』 서형섭, 152×225, 352쪽
4. 『마르바 던의 위로』 마르바 던(김병국 역), 140×200, 336쪽
5. 『고귀한 시간 낭비 '예배'』 마르바 던(김병국, 전의우 역), 152×223, 166쪽
6. 『말씀 앞에 서는 용기: 구약 인물의 실패에서 배우다』 한주원, 150×220, 256쪽
7. 『다시 시작하는, 엄마 수업』 하재성, 150×220, 344쪽
8. 『우울증, 슬픔과 함께 온 하나님의 선물』 하재성, 148×210, 344쪽
9. 『강박적인 그리스도인』 하재성, 148×210, 355쪽

10. 『5가지 친밀한 관계』 레스&레슬리 패럿(서원희 역), 124×182, 304쪽
11. 『하이 콜링: 당신을 향한 하나님의 거룩한 초대』 모리스 로버츠(황영철 역), 150×220, 256쪽
12. 『아름다운 '안녕': 확신과 소망으로 죽음이라는 신비에 다가가라』 매럴린 매킨타이어(오현미 역), 140×200, 224쪽
13. 『기꺼이 불편한 예배』 김재우, 128×188, 192쪽
14. 『윗필드 씨! 제발 좀 마이크 내려놓고 쉬세요!: 열정의 논스톱 복음 전도자 조지 윗필드 전기』 아놀드 A. 댈리모어(오현미 역), 140×220, 360쪽
15. 『사도신경으로 하는 신앙 고백 훈련』 김상권, 170×200, 220쪽
16. 『초기 교회에서 배우는 주기도문: 과거와 오늘의 교회가 함께 드리는 주님의 기도』 후스토 곤잘레스(오현미 역), 137×210, 247쪽
17. 『교회 공동체의 믿음: 하나님, 인간, 구원, 교회, 종말, 삶에 대한 기독교 역사의 대답』 후스토 곤잘레스(오현미 역), 137×210, 188쪽
18. 『회개의 기쁨: 거짓 전능감에서 물러서는 우리의 회개 이야기』 하재성, 137×210, 304쪽